AF396893

ÉCOLE NORMALE SUPÉRIEURE

D'ENSEIGNEMENT PRIMAIRE DE SAINT-CLOUD

Livre-Souvenir

(1881-1906)

PARIS

IMPRIMERIE ALCIDE PICARD ET KAAN

11, RUE SOUFFLOT, 11

Livre-Souvenir

(1881-1906)

PALAIS DE SAINT-CLOUD. — RUINES D'UN PORTIQUE

Livre-Souvenir

(1881-1906)

PARIS

IMPRIMERIE ALCIDE PICARD ET KAAN

11, RUE SOUFFLOT, 11

SAINT-CLOUD. — LE CHATEAU BATI SOUS LOUIS XIV, INCENDIÉ LE 13 OCTOBRE 1870

INTRODUCTION

SOUVENIRS HISTORIQUES

SUR

SAINT-CLOUD ET SON CHATEAU

Saint-Cloud, dont le château a été peut-être le moins connu des châteaux français, fut le théâtre des événements les plus importants de notre vie nationale.

On ne peut qu'être frappé de sa singulière destinée qui a voulu que le 1er août 1589 la branche des Valois y finît par l'assassinat de Henri III, que la première République y fût renversée le 19 brumaire, que la Restauration, le 1er août 1830, y disparût à son tour, et qu'enfin Napoléon III en partit vers le 1ᵉʳ août 1870, pour aller chercher à Sedan une fin tragique. Singulière destinée aussi qui a voulu qu'après avoir abrité les rois, Saint-Cloud reçût une élite de la jeunesse française et que la simplicité toute démocratique de nos élèves se substituât aux manières de la cour.

Origines. — Le nom de Saint-Cloud est celui de l'un de nos premiers rois ; il remplaça celui de *Novigentum*, qui avait été donné au petit village que la forêt de Rouvres abritait et que sa pauvreté défendait contre les luttes de la domination romaine.

Ce roi Clodoald, fils de Clodomir, avait échappé à la mort en recevant les ordres ; il fonda un monastère dont il reste encore quelques pierres. Il y mourut le 7 septembre 560, et fut inhumé dans la crypte de l'église, aujourd'hui disparue.

Saint-Cloud, lieu de pèlerinage, n'était pas sans importance, même comme position militaire ; ses communications avec Paris étaient facilitées par un pont de bois jeté sur la Seine et qui existait déjà au temps de la domination romaine ; c'était la grande route sur Paris.

Les Normands, pour faire le siège de Paris, en 885, s'en emparèrent, et Charles le Gros ne le leur fit abandonner qu'à prix d'or. Les ravages des Normands réparés, les évêques de Paris surent accroître leur seigneurie de Saint-Cloud en se faisant assurer la possession des moulins construits sur le pont.

Le pont était si vieux et si délabré qu'en 1307, Philippe le Bel permit aux habitants de lever un droit pour sa reconstruction ; l'importance de la position fut si bien comprise qu'au moment de la guerre de Philippe de Valois contre les Anglais on fortifia le pont avec une tour placée au milieu, on y établit des défenses et on entoura le village lui-même de fossés. Édouard III, en 1346, après avoir conquis Poissy et Saint-Germain-en-Laye, recula devant ce village et se retira après avoir ravagé les environs. Après Poitiers, les Anglais et les Navarrais, avec Charles le Mauvais,

SAINT-CLOUD. — PANORAMA

brûlèrent Saint-Cloud, tuèrent la plupart des habitants, et le bourg fut réduit à nouveau à l'état le plus misérable.

Après le guet-apens de la rue Barbette, les fils de Louis d'Orléans, le 13 octobre 1411, de connivence avec Collin de Puisieux, s'emparent de Saint-Cloud, espérant pouvoir ainsi se rendre maîtres de la personne du roi qui refusait de leur rendre justice du meurtre de leur père. Mais, après un assaut, la place leur fut enlevée de vive force par les Bourguignons; elle regorgeait de cadavres et ruisselait de sang; 900 chevaliers armagnacs y avaient perdu la vie, tandis qu'on les excommuniait à Paris, « chandelles éteintes et cloches sonnantes ».

Après la mort de François Ier, à Rambouillet, son corps fut porté à Saint-Cloud, conduit en grande pompe à la cathédrale de Paris, puis de là, à Saint-Denis.

Henri II, son fils, aimait Saint-Cloud ; il y fit bâtir une maison de plaisance dans le goût italien et remplaça le vieux pont par un nouveau de quatorze arches en pierre.

La maison de Gondi. — On prétend que dans une charmante maison de Saint-Cloud appartenant à Gérôme Gondi, aventurier qui avait suivi Catherine de Médicis, « *frétillant* à la vue du beau pays de France », on avait, le 1er août 1552, au milieu des joies et des parfums d'une fête, jeté la première pensée du monstrueux projet de la Saint-Barthélemy.

Mais la brillante résidence de Saint-Cloud allait acquérir une autre célébrité. Le 1er août 1589, la main d'un moine fanatique devait y faire périr le dernier des Valois. La vie disparate du singulier monarque qu'était Henri III préparait la ruine de son pouvoir. La mort de Henri de Guise, à Blois, le 23 décembre 1588, avait, avec celle du cardinal de Lorraine, doublé les forces de la faction qui brisait les images du roi et foulait aux pieds les emblèmes de la royauté. Il voulut alors recourir à son beau-frère, Henri de Navarre. Ils résolurent tous deux de faire le siège de Paris, où Mayenne se trouvait avec une partie de ses forces. Bientôt toutes les portes qui entourent la capitale tombent au pouvoir des troupes royales, et c'est à coups de canon que les ligueurs, balayés, sont forcés d'abandonner Saint-Cloud où Henri III s'installe dans la maison de Gondi, tandis que Henri de Navarre occupe la maison de Tiller.

Paris, réduit à merci, allait tomber au pouvoir des troupes royales ; c'est au milieu d'un déchaînement de passions féroces que devait paraître Jacques Clément, le régicide. D'un esprit étroit et borné, des excitations sans nombre avaient exalté en lui un courage déjà préparé par le fanatisme. Il sortit de Paris le 31 juillet 1589. Arrêté, disant apporter à Henri III des nouvelles de ses amis, il ne fut reçu par le roi que le lendemain matin. Henri III vient de se lever ; il est seul dans sa chambre avec M. le Grand ; son vêtement est en désordre, ses chausses mal attachées ; il n'a point encore mis la peau de buffle qu'il avait coutume de porter sous sa cuirasse. Le moine se présente dans une humble attitude ; les yeux baissés, les mains jointes, il s'agenouille en entrant. Mais M. de Laguesle, qui l'avait introduit, toujours en défiance, se place par deux fois devant lui et l'arrête. A côté du roi se tient M. de Bellegarde ; plus loin, du Halde écoute et observe. M. de Laguesle veut l'empêcher d'approcher ; Clément montre sa fausse missive et répète qu'il a des choses importantes et secrètes à communiquer au roi, qui, d'un geste, le fait approcher près de l'embrasure d'une fenêtre. Le roi, absorbé par sa lecture, ne voit pas le jacobin saisir le couteau qu'il tenait dans sa manche. Il reçoit un tel coup dans le bas-ventre que les entrailles sortaient avec le sang. Il avait vu pourtant l'ombre du couteau, et avait paré le coup de la main qui avait été blessée. Se sentant atteint, il s'écria : « Ah ! le méchant moine ! il m'a tué, qu'on le tue ! » et tirant le couteau de la blessure, il en frappa le front du régicide. Renversé d'un coup d'épée par Laguesle, Clément fut ensuite percé de coups d'épée et de dague par quelques-uns des Quarante-Cinq qui jetèrent son corps par la fenêtre. D'après le *Discours véritable sur la mort d'Henri II*, imprimé en 1589, le corps fut simplement pendu ; d'après un document des archives de Seine-et-Oise, il fut tiré à quatre chevaux, mis en quartiers, puis brûlé sur le pont de Saint-Cloud.

Le château. — Après ce meurtre, il ne se passe plus guère d'événements intéressants jusqu'à l'époque où la maison de Gondi devenue propriété d'un contrôleur de finances, est agrandie et transformée en un splendide château où Hervard dépense plus de 2 millions, dit-on. Très vaniteux, ce financier tint à honneur de recevoir la visite du roi. Mazarin, resté après le départ du souverain, qui voulait acquérir le château pour son frère, Philippe, duc d'Orléans, usa de subterfuge et l'acheta à bon compte. Craignant d'être accusé de malversations et obligé de satisfaire à des demandes restitutionnelles, Hervard dut céder les quatre maisons de Saint-Cloud moyennant 240 000 livres et faire, par surcroît, contre mauvaise fortune bon cœur. La maison appelée le Tiller, celle de Duverdier, une autre appartenant au duc de Charost, furent réunies à la première. L'agrandissement du parc de Saint-Cloud se fit par l'adjonction de terres que le roi donna à son frère, en lui accordant la moitié de la seigneurie de Sèvres. Un dessin d'Israël Sylvestre a conservé le souvenir des modifications que *Monsieur* fit au château.

Louis XIV et sa cour aimaient à le fréquenter. Marie-Thérèse et Anne d'Autriche y accompagnèrent un jour le roi en galiote ornée. Le roi, voulant marier son frère, chargea, en 1660, Girard et Lepaute d'agrandir le palais ; Le Nôtre dessina les jardins, et Jules Hardouin-Mansard construisit les cascades.

La veuve de Charles Ier s'étant réfugiée en France, fut accueillie à la cour. Sa fille, Henriette d'Angleterre, demandée en mariage par le frère du roi, fut reçue dans une grande fête à Saint-Cloud, le 12 août 1660.

Saint-Cloud devint un lieu de délices. La nouvelle duchesse d'Orléans, mère de trois filles charmantes, était

LENDEMAIN DE GUERRE

brillante de grâce, d'esprit et de jeunesse. Chacun connaît sa fin prématurée, si puissamment évoquée par Bossuet. « Madame se meurt, Madame est morte ! » Madame succombait à Saint-Cloud le 29 juin 1670, à l'âge de vingt-six ans, empoisonnée, dit-on, peut-être plus exactement atteinte d'une appendicite. Le 21 novembre de la même année, Monsieur épousait en secondes noces la princesse de Bavière, et cinq mois après, le bruit des fêtes succédait aux cris de douleur et de désolation dont Bossuet s'était fait l'écho.

Après la mort de Marie-Thérèse, le 30 juillet 1683, Louis XIV vint se reposer chez son frère et, dans son accablement, lui dit : « J'ai vécu vingt-trois ans avec la reine sans qu'elle m'ait donné aucun souci, voilà le premier chagrin qu'elle m'ait causé. »

On trouva à Saint-Cloud, dans un établissement fondé en 1695, le secret de la porcelaine de Sèvres ; Chantilly l'imita ; Vincennes en 1740, puis Sèvres en 1756, continuèrent les procédés de cette première fabrication.

Après la mort de Monsieur, son fils Philippe d'Orléans, alors âgé de vingt-sept ans, lui succéda et devint régent de France malgré les intrigues de Mme de Maintenon, en faveur des princes légitimés. Saint-Cloud ne fut pas délaissé ; le Régent fit bâtir l'Ermitage au bout du Mail. C'est en 1722 que la princesse Palatine, mère du Régent, mourut à Saint-Cloud, laissant la réputation d'une femme spirituelle et instruite.

En 1735, le château reçut la visite de Marie Leczinska ; elle fut enchantée de l'accueil qu'on lui fit ; le duc d'Orléans avait fait installer en son honneur deux statues colossales, la *Seine* et la *Marne*, dues au ciseau du sculpteur Adam.

En 1743, Louis-Philippe d'Orléans se marie avec Louise de Bourbon-Conti ; il construit une salle de spectacle. De goûts moins austères que ceux de son mari, qui fit brûler la *Léda* du Titien, l'un des plus beaux tableaux du Palais-Royal, la duchesse donna des fêtes qui restèrent célèbres, mettant en jeu toutes les merveilles de la mythologie ; un

SAINT-CLOUD. — RUINES DU CHATEAU

livre curieux : *Voyage de Saint-Cloud par terre et par mer*, en fait la relation piquante. Vieux, le duc d'Orléans fit une union inégale avec Mme de Montesson. Celle-ci, jalouse et inquiète, engagea son mari à se défaire non seulement du Palais-Royal, mais encore de Saint-Cloud, en faveur de son fils. Le duc de Chartres et la duchesse y recevaient déjà des hommages. Le prince y donna une preuve de courage en montant dans le ballon des frères Robert, qui partit du bassin des Vingt-Quatre-Jets, et qui, surpris par des flots de vapeur, s'enleva très haut et alla descendre avec la plus grande rapidité à Meudon, d'où le duc de Chartres revint en hâte pour rassurer la duchesse. Son fils, le futur roi Louis-Philippe, âgé de sept ans, habitait en 1781 le pavillon de Valois. Mais il fallut quitter Saint-Cloud. Le vieux duc d'Orléans, poussé par Mme de Montesson, sollicité par Marie-Antoinette, vendit à la reine le château de Saint-Cloud avec ses meubles, autant pour prouver sa soumission que pour pouvoir se libérer de 6 millions de dettes.

La Révolution vint, et la reine ne jouit pas longtemps de sa coûteuse acquisition. En 1790 elle y tint avec Mirabeau la conférence fameuse dont parle Michelet.

Dans la tempête révolutionnaire, Saint-Cloud perdit même son nom et s'appela Pont-la-Montagne et la Montagne-Chérie, jusqu'au Directoire.

La journée du 18 brumaire, plus exactement du 19 brumaire, plaça le pouvoir dans les mains de Bonaparte, à la suite d'un coup d'État qui faillit échouer et qui ne réussit que grâce à la cavalerie de Murat.

Dès lors les événements mémorables allaient se succéder à Saint-Cloud. Cambacérès présente à Napoléon le sénatus-consulte qui lui donnait l'Empire ; le 1er avril 1810, l'Empereur et l'impératrice Marie-Louise s'y marient. En 1815, Blücher se couche tout botté dans le lit de l'Empereur. Louis XVIII s'installe le 17 juin 1817 au château. Charles X s'en échappe le 1er août 1830 pour aller en exil. Louis-Philippe habite le château jusqu'en 1848.

Louis Bonaparte, comme son oncle, y reçoit la puissance impériale, le 7 novembre 1852. Il y habitait souvent avec l'impératrice Eugénie. Ils y reçurent de nombreuses visites princières, la reine Victoria, le roi de Suède, le roi d'Espagne, Guillaume Ier de Prusse, les empereurs de Russie et d'Autriche, le vice-roi d'Égypte. Napoléon III partit de Saint-Cloud pour n'y plus revenir, et la ville subit une fois de plus les horreurs de la guerre. Les Allemands en chassèrent les habitants ; ils furent un moment délogés de leur position, le 19 janvier 1871, par les mobiles bretons du commandant de Lareinty ; mais ceux-ci cernés par 7 000 Prussiens durent bientôt se rendre ; un armistice, signé le 28 janvier 1871, aurait dû assurer la sécurité du château ; le 30 janvier le feu y prenait, durait plusieurs jours, et bientôt il ne restait que des ruines.

C'est dans les dépendances datant de la première transformation du palais, qu'en 1881 fut installée l'École normale d'enseignement primaire dont on vient de célébrer le vingt-cinquième anniversaire.

Nous avons cru utile de faire l'historique, en général incomplètement connu, de Saint-Cloud et de son château. Dans le *Livre-Souvenir*, il rappellera aux élèves des promotions passées quelques bonnes années de leur existence, le souvenir des lieux qu'ils ont fréquentés. Rien n'y a été changé, le paysage resterait à peu près le même si quelques notes criardes ne venaient au loin enlever la belle unité d'une couronne idéale de verdure.

A. KELLER,
Professeur de dessin à Saint-Cloud.

A MES ANCIENS ÉLÈVES

Mon cher Président,

Pour commémorer le vingt-cinquième anniversaire de l'École de Saint-Cloud, vous avez eu l'heureuse idée de réunir en un volume que vous vous proposez d'intituler *Souvenir*, un certain nombre d'articles signés par vos anciens maîtres et par vos jeunes camarades, et vous avez demandé à votre premier directeur d'écrire pour ce volume une sorte de préface, où seraient rappelés les origines de l'École, le but que se sont proposé

2

ses fondateurs, l'esprit dans lequel elle a été dirigée, les services enfin qu'elle a rendus. Je me suis d'abord dérobé, quand vous m'en avez parlé pour la première fois, vous renvoyant à deux notices publiées par moi à l'occasion des Expositions de 1889 et de 1900. Mais vous avez insisté avec une bonne grâce si flatteuse que j'ai cédé à la tentation de rompre le silence qui convient à ceux qui, ayant dépassé les limites ordinaires de la vie, ont acquis le droit de vivre uniquement de leurs souvenirs. Ce qui m'a surtout décidé, c'est qu'en répondant à votre appel, je trouvais l'occasion de revivre ces souvenirs, de parler de notre chère École, non plus en style administratif, mais à cœur ouvert, de mettre enfin dans ces courtes pages quelque chose de plus cordial et, si vous me le permettez, de plus personnel. Voici donc, brièvement retracés, les souvenirs et impressions que vous m'avez demandés, étant bien entendu que, s'il se mêle quelques parcelles de plomb à l'or de votre livre, vous en porterez la responsabilité.

N'attendez pas de moi que j'apporte ici et que j'analyse les décrets et arrêtés qui ont présidé à la fondation de l'École; tout cela a sa place dans les papiers officiels, mais non pas dans une causerie amicale, entre gens qui se connaissent de longue date, qui ont conservé les uns pour les autres une sincère affection, et qui ont d'autres choses à se dire. Aussi bien la lecture de ces pièces ne vous apprendrait rien que vous ne sachiez aussi bien que moi. Il n'y a d'ailleurs qu'un document qui vous puisse intéresser, c'est le décret de 1881, qui tient en quelques lignes et qui constitue, à vrai dire, toute la charte de l'École. C'est la loi sous laquelle vous avez vécu et qui vous est familière. Telle elle a été au début, telle elle est encore aujourd'hui, sauf quelques modifications de détail. Comme les peuples heureux, vous n'avez pas eu d'histoire, d'histoire administrative s'entend; mais l'École a eu une vie intime, dont je voudrais évoquer avec vous les principaux traits.

Et, pour commencer, je tiens à dire qu'en ce qui me concerne, les dix-huit années pendant lesquelles j'ai gardé la direction de l'Ecole, ont été les plus heureuses de ma vie. Certes, j'avais trouvé bien des satisfactions dans ma carrière d'inspecteur d'académie, et ceux d'entre vous qui, en qualité d'inspecteurs primaires, remplissent des fonctions analogues, savent, comme moi, tout ce que ces fonctions ont de captivant, avec quelle maîtrise, je dirais presque avec quelle tyrannie, elles s'emparent de l'esprit et du cœur de ceux qui en sont investis. Commander à des hommes qui forment des âmes et préparent ainsi l'avenir, les voir chaque jour à l'œuvre, être témoin de leur inlassable dévoûment, les diriger, les conseiller, les défendre au besoin, et, à force de sollicitude, se les attacher et s'en faire aimer, c'est là une noble mission, et qui porte avec elle sa récompense! Mais cette récompense, il faut l'acheter par une vie de travail et de soucis, ce qui n'est rien, mais aussi bien souvent par une vie de luttes incessantes, qui sont comme la rançon des joies sévères goûtées par ailleurs. Pendant dix ans j'avais connu ces joies et ces amertumes; j'avais vécu dans la fournaise, dans la fournaise du 16 mai en particulier, et j'en sortais meurtri, quand tout à coup, par un bonheur inespéré et à coup sûr immérité, je fus appelé à la direction de l'École de Saint-Cloud. Quel changement! Quitter

un champ de bataille où s'usent les plus fermes courages,
se trouver transporté dans une atmosphère de calme
et de silence, travailler dans la paix, sous le regard
bienveillant de chefs qui furent la bonté même, entre-
prendre une des plus belles tâches qui puissent échoir
à un homme, être aidé dans cette tâche par toute une
phalange de collaborateurs aussi dévoués que distingués, vivre en contact permanent avec une élite de
jeunes gens sérieux, modestes, avides de s'instruire, et
dociles! et reconnaissants! Encore une fois, quel changement!

Comment ce changement se fit-il? La République
venait d'être fondée, ou plutôt de s'asseoir définitivement
sur les bases de la Constitution de 1875. Les chefs du
grand parti républicain, reprenant les traditions de leurs
ancêtres de la Révolution, pensèrent, à juste titre, que,
pour consolider l'édifice qu'ils venaient de construire
à grand'peine, il fallait, avant tout, rendre la nation
souveraine digne de sa haute destinée, et, pour cela,
répandre à flots l'instruction jusque dans les couches les
plus profondes d'une « démocratie qui coulait à pleins
bords ». Ce n'est pas que le pays manquât d'écoles et
de maîtres dévoués; mais les unes étaient trop peu
nombreuses encore et les autres ne possédaient pas des
méthodes d'enseignement assez sûres. Et, tandis que,
de toutes parts, par un accord tacite des populations et
du gouvernement, des écoles s'élevaient comme par en-
chantement, un grand ministre résolut de doter ces
écoles de maîtres et de maîtresses imbus de l'esprit
laïque et capables de remplir dignement la haute mission
qui allait leur être désormais dévolue. « Il n'y a pas d'en-

M. E. JACOULET,

Inspecteur général de l'Instruction publique,
Directeur de l'École de Saint-Cloud (1882-1900).

seignement national sans les écoles normales, » disait J. Ferry, et il fit voter la loi du 9 août 1879, qui obligeait chaque département à entretenir une école normale d'instituteurs et, à bref délai, une école normale d'institutrices. Mais ce n'était pas tout d'avoir des maisons d'éducation, où se formerait un personnel enseignant primaire : il fallait pourvoir ces maisons de maîtres munis d'une instruction solide, au courant des meilleures méthodes pédagogiques et qui, dominant leur tâche, fussent en état de la conduire à bien. Où trouver ces maîtres et ces maîtresses? Des écoles normales d'instituteurs, il y en avait presque partout ; mais le personnel qui y enseignait, infiniment respectable et dévoué d'ailleurs, était trop peu nombreux et avait besoin, à la fois, d'accroître son instruction et d'être initié à des procédés nouveaux d'enseignement. Du côté des écoles normales d'institutrices, tout ou presque tout était à faire. On alla au plus pressé, et l'École de Fontenay-aux-Roses fut créée en juillet 1880. Un an après, à la suite d'un essai de cours préparatoires qui avait donné les résultats les plus encourageants, l'École de Saint-Cloud fut fondée et s'ouvrit en mars 1882.

Pour diriger une École, telle que celle de Fontenay-aux-Roses, pour y introduire et y faire régner un esprit vraiment laïque, pour faire de jeunes femmes élevées pour la plupart dans un milieu étroit et borné, des éducatrices au plein sens du mot, c'est-à-dire initiées à une haute vie intellectuelle et morale, il fallait un homme d'élite, supérieur non seulement par l'intelligence, mais encore par le caractère, philosophe épris de vérité, psychologue perspicace, dont la vie, austère comme le devoir, imposât le respect et dont la bonté contagieuse commandât l'affection, un homme enfin qui fut un manieur et un conducteur d'âmes. Cet homme se rencontra : ce fut Pécaut, et puisqu'il a bien voulu m'honorer de son amitié, je saisis avec empressement l'occasion qui m'est offerte de saluer la mémoire de ce compagnon de route trop tôt disparu. Quant à l'École de Saint-Cloud, il suffisait, pour la diriger, d'un homme de bonne volonté : on me désigna, et voilà comment je fus appelé à vivre les belles années dont je rappelais tout à l'heure le souvenir.

Ce n'est pas sans un grand serrement de cœur, vous le pensez bien, que je me suis séparé de cette maison, où j'avais mis le meilleur de moi-même, et vous pensez bien aussi que, pour m'y résoudre, il m'a fallu de bien puissantes raisons ; mais, du moins, ne l'ai-je quittée que quand j'ai été assuré qu'elle tomberait entre bonnes mains. Ces mains sont celles de mon excellent collègue et ami, M. Pierre, qui a bien voulu continuer, avec autant de sollicitude et plus de paternelle bonté, l'œuvre commencée par moi, ce dont je lui sais un gré infini.

Elles ont été belles aussi pour vous, n'est-il pas vrai ? anciens élèves de l'École de Saint-Cloud, les années que vous avez passées dans cette maison. Vous avez dit, vous avez écrit si souvent qu'elles avaient été les plus heureuses de votre jeunesse qu'il faudrait vous en croire, même si je n'avais pas été le témoin de votre vie, studieuse et joyeuse à la fois. D'abord vous fûtes reçus, parce que, sans doute, fils du peuple souverain, dans un ancien château de nos rois, ou tout au moins dans ce que les Allemands avaient laissé debout de ce château, et, avec une installation sinon luxueuse, du moins confortable, vous y trouvâtes le grand air, les grands arbres et les grands horizons. Partagée entre le travail et les longues promenades, votre vie s'écoula laborieuse et paisible. Et j'ose dire que la direction ne vous fut pas trop pesante. Vous étiez des hommes, elle vous traita en hommes et vous eûtes toutes les libertés compatibles avec l'intérêt de vos études. Pas de règlement écrit et affiché; à peine quelques recommandations aux nouveaux venus, au début de chaque année, et dont la conclusion était : Imitez vos anciens, et, comme eux, soumettez-vous spontanément à une règle très douce. Ce n'est pas cependant que l'École vous ait été une abbaye de Thélème. Vous saviez que le « patron » — c'est de ce nom, n'est-ce pas? que vous appeliez votre directeur, qui n'avait garde de s'en offenser, puisque par définition, le « patron », c'est le second père — n'était pas loin et qu'il ne tolérerait pas les écarts, s'il s'en produisait. Mais vous saviez aussi qu'avec ses allures sévères et son air rébarbatif, le « patron » était, au fond, un brave homme qui vous aimait et qui était uniquement préoccupé de vos intérêts et de votre bien-être. Au surplus, et c'est ce dont j'ai peut-être le droit de tirer vanité pour vous et pour moi, pendant dix-huit années, je n'ai jamais eu de réprimande un peu sévère à vous adresser, pas même un avertissement sérieux; à peine, de loin en loin, une observation amicale.

Ne vous souvient-il plus de ces études si libres et en même temps si utilement remplies, de ces bruyantes causeries, l'hiver, autour du poêle de la salle de réunion,

L'ÉCOLE DE SAINT-CLOUD. — PAVILLON CENTRAL.

et, dans la belle saison, de ces joyeuses promenades dans un des plus beaux parcs du monde, durant lesquelles vous échangiez vos confidences et vos projets d'avenir, à moins que vous ne discutiez quelque théorie littéraire ou que vous ne démolissiez quelque système philosophique, ou encore que vous ne cherchiez une solution aux questions sociales? C'étaient les littéraires surtout qui se livraient à ce genre d'exercice, tandis que les scientifiques, courbés vers la terre, faisaient la chasse aux cailloux du chemin et aux petites bêtes de l'herbe. Et ces belles envolées du dimanche, où, après un déjeuner sommaire, vous dévaliez le long de l'avenue, pour courir vers Paris, le grand Paris, si nouveau pour vous, où vous attendaient les joies d'une visite dans un musée ou les émotions d'une représentation en matinée! C'était, pour vous, toute votre jeunesse qui s'envolait et pour votre directeur une sorte de renouveau qui le rajeunissait! Vous en souvient-il?

Dans cette paix intérieure et extérieure, avec le sentiment très vif de vos devoirs présents et des responsabilités qui vous attendaient dans un avenir prochain, vos deux années s'écoulèrent rapides. Votre labeur fut fécond et vos succès aux examens ininterrompus. Comment en eût-il été autrement, quand vous aviez à votre disposition tous les instruments de travail, bibliothèques, collections de toute sorte, cabinet de physique, laboratoire de chimie, ateliers, etc., et surtout, quand vous aviez, pour vous guider, les excellentss maîtres dont vous avez tous, je le sais, conservé un reconnaissant souvenir. Comme ils vous appréciaient, ces maîtres, qui vous étaient tout dévoués et dont vous étiez les élèves de prédilection ! Que de fois ne m'ont-ils pas témoigné leur satisfaction d'enseigner à Saint-Cloud ! Voyant votre zèle à vous instruire et l'attention que vous apportiez à leurs leçons : « Quelle bonne terre ! » me disaient-ils, « et comme on peut y labourer profond ! » Et moi, je leur répondais, me souvenant de vos modestes origines : « Oui, la terre est bonne ; elle est presque vierge ; il ne lui manque que de l'eau et du soleil ; versez-les-lui à grands flots ! » Ni cette eau, ni ce soleil ne vous ont fait défaut, et vous êtes devenus des hommes instruits, et, ce qui vaut mieux encore, des hommes de devoir.

Dirai-je que dans toutes les situations qu'ils ont occupées, les élèves de l'École de Saint-Cloud ont fait honneur à la chère maison où ils avaient été formés et qu'ils ont réalisé les espérances que nous fondions sur eux ? Grâce à eux, le niveau des études s'est élevé dans les écoles normales et dans les écoles primaires supérieures, pour le plus grand profit de l'enseignement populaire tout entier. Grâce à eux, la direction des écoles normales et l'inspection primaire ont été en partie renouvelées et rajeunies ; et ce n'est pas sans fierté que j'entends dire de ceux qui remplissent ces difficiles et délicates fonctions, qu'ils forment un corps d'élite digne de tous les éloges et de toutes les sympathies. Dirai-je encore que bon nombre de ceux qui sont restés fidèles à l'enseignement, non contents d'avoir obtenu leurs grades primaires, ont abordé avec succès les études secondaires et même supérieures ? Que deux de ces derniers sont actuellement attachés au Muséum, l'un comme Professeur, membre de l'Institut, l'autre comme Assistant, chargé de missions scientifiques lointaines ; que six sont docteurs ès lettres, ès sciences et même en médecine, que sept sont agrégés d'histoire ou de langues vivantes et que les licenciés ne se comptent plus? Rappellerai-je enfin que, tandis que l'École voyait des étudiants étrangers, Anglais, Allemands, Luxembourgeois, Bulgares, Roumains, Arméniens, Égyptiens, Tunisiens et même Japonais, s'asseoir sur ses bancs, un grand nombre de vos camarades essaimaient dans toutes les directions et portaient la bonne parole à Tunis, au Caire, à la Réunion, à Madagascar, à Pondichéry ? Mais où ne conduit pas l'École de Saint-Cloud, puisque l'un des vôtres, et non des moindres, unique et brillant transfuge de l'enseignement, représente la France au pays des Boërs, avec le titre de consul général?

Hélas ! de tels exils conduisent aussi à la mort ! Quatre de nos vaillants amis ne sont pas revenus, ou sont revenus mourants de ces pays lointains et meurtriers : donnons-leur un affectueux souvenir. Donnons-en un aussi aux vingt-neuf d'entre vos camarades qui, usés prématurément par les fatigues de l'enseignement, ont disparu en cours de route, en pleine jeunesse. Et pour achever de remplir ce devoir pieux, saluons respectueusement la mémoire de cinq de vos excellents professeurs, qui sont morts trop tôt pour l'École.

Quand une institution compte à son actif les succès que je viens de rappeler, c'est qu'elle a rempli, et même au delà, tout son office.

L'avouerai-je cependant? Son organisation ne m'a jamais satisfait complètement, et, dès l'origine, j'avais eu pour elle une ambition plus haute. J'aurais voulu que l'École de Saint-Cloud fût, non seulement une maison où les fortes études seraient en honneur, mais encore une maison d'éducation professionnelle, où les élèves feraient leur apprentissage pédagogique. Si cette conception se fût réalisée, la durée des études eût été de trois ans, les deux premières étant consacrées à l'acquisition des connaissances indispensables à qui veut enseigner, la troisième, au développement de la culture générale, et surtout à l'étude et à la pratique de l'enseignement. Les deux premières années eussent conduit à un certificat supérieur d'instruction, la troisième à un certificat d'aptitude professionnelle. Cette préparation professionnelle se serait faite dans une école normale primaire annexée à l'École et dont l'emplacement était tout indiqué. En même temps qu'ils auraient fait cet apprentissage pédagogique, les élèves de la troisième année auraient affermi et complété leurs connaissances, à l'intérieur de l'École, par des travaux personnels de longue haleine, au dehors par la fréquentation des cours de la Sorbonne ou de l'École des Hautes-Études. Quelle heureuse et féconde année c'eût été ! Ce projet fut écarté à l'origine, non comme trop ambitieux, mais parce qu'on avait un besoin urgent de professeurs et qu'il fallait aller vite. Je le repris quelques années plus tard et j'eus la bonne fortune, éphémère, hélas ! de le faire agréer. Le décret du 18 janvier 1887 porte, en effet, en son article 91, qu'une école normale primaire d'application sera annexée à chacune des Écoles de Saint-Cloud et de Fontenay-aux-Roses, et l'arrêté, de la même date, est ainsi libellé : « Dans les deux Écoles de Saint-Cloud et de Fontenay-aux-Roses, la durée des études est fixée à trois années. » Je crus avoir cause gagnée ! Malheureusement, elle ne fut gagnée que sur le papier : la période des « vaches maigres » survint, et les difficultés budgétaires empêchèrent la réalisation de ce projet. J'en éprouvai un grand regret. L'idée n'était déjà pas si mauvaise, puisque c'est elle qui a présidé à la réforme des écoles normales accomplie l'année dernière.

Quoi qu'il en soit, l'École de Saint-Cloud a dignement répondu à l'attente de ses fondateurs, mais ce qui, plus encore que ses succès, lui est à grand honneur, c'est que, partout où ils sont allés, ses élèves ont emporté avec eux une marque distinctive, et, j'espère, indélébile. Cette marque, cette empreinte, c'est l'esprit de Saint-Cloud que je voudrais essayer de définir brièvement. Tous ceux qui ont été formés sous une même discipline, qui ont eu, pendant un temps plus ou moins long, les mêmes préoccupations, le même objectif et les mêmes intérêts, continuent, même quand ils sont dispersés, à vivre dans une étroite communion de pensées et de sentiments. L'École de Saint-Cloud n'a pas échappé à cette loi : elle a son esprit, qui est comme la résultante de tous les enseignements que ses élèves ont reçus, de toutes les influences qu'ils ont subies, même à leur insu. Cet esprit est d'abord essentiellement laïque et républicain, et je n'ai pas besoin d'en dire les raisons. D'autre part, il est fait de bonne camaraderie, et l'association amicale que vous avez fondée et qui vous rapproche chaque année, dit assez les liens d'amitié et de solidarité qui vous unissent. Il est fait ensuite d'attachement à la maison où vous avez été formés et de respectueuse reconnaissance pour les maîtres qui vous ont guidés. Il est fait aussi de simplicité, car si

vous avez une haute idée de vos fonctions, vous pensez
modestement de vos personnes, sachant bien que, pour
avoir une culture supérieure à certains égards, vous ne
détenez encore que quelques parcelles de la vérité et de
la science, et qu'il vous reste beaucoup à apprendre. Il
est fait enfin de tolérance, non pas seulement les uns
envers les autres, mais encore envers ceux qui ne pensent pas comme vous, et de respect pour tout ce qui est
respectable. Inutile d'ajouter, n'est-ce pas, qu'il est fait
de dévouement professionnel, ce qui est encore la meilleure façon de prouver son patriotisme, et qu'il y entre
enfin beaucoup de bonté pour ceux que vous avez la mission de former ou de diriger, ayant appris, par expérience, que, pour atteindre les intelligences, il faut d'abord
gagner les cœurs.

Ce sont là les principes que je me suis efforcé de
vous inculquer pendant les années de notre vie commune, et je sais que vous les mettez en pratique. L'esprit de Saint-Cloud c'est, sous sa forme la plus élevée,
« l'esprit primaire » dont on a beaucoup parlé et quelque
peu médit en ces derniers temps. Ne vous laissez pas
émouvoir par les critiques de ceux qui l'attaquent. J'ai
appartenu pendant vingt ans à l'enseignement secondaire et pendant trente ans à l'enseignement primaire,
j'ai donc pu comparer, et je crois avoir le droit de vous
dire : Si l'esprit primaire n'est pas parfait, et quelle
chose humaine est parfaite? il a du bon, beaucoup de
bon, tenez-vous-y ; conservez ses qualités qui sont solides, et s'il y a lieu, corrigez-vous des quelques défauts
qu'on vous reproche. Ne soyez ni tranchants, ni agres-
sifs, surtout évitez les paroles qui offensent et les gestes

qui proscrivent. Ne jugez pas précipitamment, ni sévè-
rement les autres : la terre est pavée plus qu'on ne croit
de bonnes intentions, et les bonnes intentions c'est le
commencement des bonnes actions. Enfin n'oubliez pas
ce proverbe, dont je vous ai proposé si souvent de faire
la règle de votre conduite : « Le bruit ne fait pas de bien
et le bien ne fait pas de bruit. »

Mais je m'aperçois que cette causerie tourne à l'homé-
lie, chose maussade : les conseils ont du bon ; mais
« les exemples vivants ont un autre pouvoir ». Je finirai
donc, comme je finissais quand je m'adressais jadis aux
nouveaux venus : Pour l'honneur et les traditions de
l'École, regardez faire vos aînés et faites comme eux! Et
puissiez-vous, avec le même esprit, avec le même cœur,
célébrer le cinquantenaire de notre chère Maison !

E. JACOULET,

EMPLACEMENT DU PALAIS. — VUE PRISE DE L'ÉCOLE

INTERVIEW

Il m'a paru intéressant d'interroger les élèves actuellement à l'École sur ce qu'ils pensent de l'École, du
régime auquel ils y sont soumis, de l'enseignement
qu'ils y reçoivent et sur les modifications qu'ils seraient
désireux d'y voir introduire. Voici, sans commentaire et
sans discussion, les résultats de cette enquête.

UTILITÉ PRÉSENTE DE L'ÉCOLE. — L'École offre aux élèves
un chez eux, et des plus agréables, à l'abri de tout souci
matériel. Ils ont à leur disposition, abondamment, les
instruments de travail, des livres, des revues, une bibliothèque qui s'enrichit peu à peu, des laboratoires. Les

3

professeurs les connaissent personnellement, ce qui facilite leur tâche et la rend plus efficace. Et, à tout prendre, malgré l'internat, les avantages de la vie en commun, avec les relations de bonne camaraderie qu'elle entraîne, l'emportent sur les inconvénients. Il est donc entendu qu'on ne se plaint pas du régime actuel. Mais on peut concevoir un Saint-Cloud différent du Saint-Cloud d'aujourd'hui ; on peut même exprimer cette opinion, que si l'Ecole veut conserver et accroître son bon renom, il semble utile qu'elle se modifie sur un certain nombre de points.

Tout d'abord, l'idéal serait que tous les futurs professeurs d'Ecole normale pussent passer par Saint-Cloud, comme tous les instituteurs par les écoles normales des départements. Jusqu'ici, une minorité favorisée en profite seule ; il est désirable de l'ouvrir au plus grand nombre, à tous ceux, sans exception, qui auraient prouvé, d'une manière ou d'une autre, qu'ils sont capables de suivre utilement les cours. On pourrait maintenir l'examen d'entrée : on dispenserait de cet examen les admissibles au professorat. Des bourses d'entretien seraient accordées à tous ces élèves, sans exception ; il n'y aurait plus d'internes, l'école deviendrait un externat.

LE RÉGIME INTÉRIEUR. — Sans vouloir examiner ici et mettre en balance les avantages et les inconvénients de l'externat, il est à craindre que les nécessités budgétaires ne permettent pas de réaliser de sitôt cette transformation : on ne se dissimule pas que, pour entretenir deux fois plus d'élèves, il faudrait disposer de crédits deux fois plus larges. En attendant, l'administration de l'école s'efforcera, nous en sommes sûrs, de rendre l'in-

Inspecteur général de l'Instruction publique,
Directeur de l'École de Saint-Cloud.

ternat aussi agréable que possible, et d'en réduire au
minimum les exigences. La vie en commun réclame une
discipline, une certaine régularité dans la distribution
et l'emploi de la journée. Si nous regrettons de ne pas
jouir de la même liberté que les boursiers de licence et
d'agrégation, nous reconnaissons volontiers que l'école
n'est pas un cloître et que les portes en sont ouvertes sur
le monde extérieur. Nous disposons à notre gré du
dimanche tout entier et de l'après-midi du jeudi, et nous
en profitons pour aller au théâtre, entendre des conférences, participer à la vie sociale, ou simplement nous
promener. Nous avons des permissions de minuit deux
fois par mois. Il est question d'arranger l'emploi du
temps de façon à nous donner la possibilité de suivre
des cours à la Sorbonne ou ailleurs au moins deux jours
par semaine en dehors du jeudi. Enfin, même pendant
les heures d'étude, nous ne sommes pas rivés à notre
chaise devant notre pupitre ; il nous est loisible de nous
distraire à la salle de lecture en parcourant les revues
de la semaine ou le journal du jour, ou de travailler à
la bibliothèque. Ce n'est pas la liberté absolue qu'on
peut souhaiter à notre âge ; mais la règle n'est pas
étroite, et sa rigueur n'est pas inflexible. Et nous voulons espérer que ce régime assez doux, qui n'en reste
pas moins une sorte de régime de tutelle, s'adoucira
encore pour nos successeurs.

L'ENSEIGNEMENT. — A. *Examen d'entrée.* — Il n'existe
pas de programme précis et détaillé de l'examen d'entrée ; il faudrait l'établir. Tous ceux qui se sont présen-
tés à Saint-Cloud ont souffert de cette lacune. Il ne suffit
pas de dire qu'on sera interrogé sur les matières ensei-

gnées dans les écoles normales; c'est à la fois trop vague
et trop vaste. Pourquoi ne pas faire pour Saint-Cloud ce
qui se fait pour les autres écoles, et en particulier pour
celle de Sèvres ?

B. *Examen de sortie.* — Il n'existe pas non plus de
programme de l'examen de sortie, c'est-à-dire du certificat d'aptitude au professorat, sauf pour l'histoire et la
géographie. Qui n'en reconnaît l'impérieuse nécessité ?
Le déterminer, ce serait en même temps déterminer le
programme d'enseignement à l'école. Actuellement, les
professeurs sont réduits à se guider sur les indications
forcément confuses et incertaines qui leur sont fournies
par les sujets donnés et les questions posées à l'examen
du professorat. Encore faut-il ajouter que les commissions chargées de cet examen sont, faute de programme,
à peu près abandonnées à leur fantaisie.

C. *Division des sections.* — Qu'il soit créé comme à
Sèvres deux sections de lettres, l'une de lettres proprement dite, l'autre d'histoire et géographie, chacune par-
ticipant aux enseignements de philosophie et de langues
vivantes, et deux sections de sciences, l'une de mathématiques, physique et descriptive, l'autre de chimie et
histoire naturelle.

Cette spécialisation s'impose. Est-ce une supériorité
de pouvoir tout enseigner ? Ce qu'on gagne en surface
on le perd en profondeur. D'ailleurs, à peine sortis de
l'École, notre premier soin sera de nous spécialiser
dans une partie de l'enseignement, et pendant toute
notre carrière, si possible, nous n'enseignerons que ce
qui nous plaira le mieux. Il n'est pas inutile de remarquer que ceux qui nous recommandent de tout appren-

dre pour tout enseigner, trouvent parfaitement légitime que des licenciés de mathématiques ou des agrégés de grammaire soient nommés dans les écoles normales ou les écoles primaires supérieures des grandes villes et de Paris en particulier.

Le partage des élèves entre les différentes branches d'enseignement se ferait par ordre de mérite, les premiers choisissant la direction qui leur conviendrait le mieux. Mais il serait bien préférable, si les besoins le permettaient, de laisser chacun libre de son choix.

Cette réforme est naturellement subordonnée à celle de l'examen du professorat.

D. *Enseignement.* — Il serait surtout pratique et professionnel. Des leçons, beaucoup de leçons faites par les élèves et pour les élèves, sans se préoccuper de les adapter, sinon très rarement et par exception, aux écoles normales ou primaires supérieures ou à l'examen du professorat.

En outre, pour les scientifiques, les laboratoires toujours ouverts, beaucoup de manipulations et d'expériences, et deux préparateurs au lieu d'un pour les diriger ; pour les littéraires, des interrogations ou colles de littérature et de grammaire, d'histoire et de géographie.

Les professeurs se réserveraient l'étude approfondie de quelques sujets particuliers, au lieu de parcourir, d'une façon forcément rapide et superficielle, de trop vastes programmes.

Il y aurait des cours obligatoires, nous dirions volontiers aussi peu que possible de cours obligatoires, et des cours facultatifs, en particulier ceux de dessin et de musique (personne ne regretterait la suppression com-

plète du cours de musique), et en plus, pour les scientifiques, ceux de travail manuel et de littérature, voire
même de pédagogie, si la composition de pédagogie dis-
paraissait, comme cela est désirable, de l'examen du
professorat des sciences.

Tous les cours auraient lieu dans la matinée.

E. *Suppression de l'examen du professorat.* — Un diplôme
d'études, tenant lieu de certificat d'aptitude à l'enseignement dans les écoles normales et primaires supérieures,
serait délivré par le Conseil des professeurs à la fin de la
seconde année. Les élèves qui l'obtiendraient seraient
nommés professeurs. Les autres seraient simplement délégués ; ils pourraient d'ailleurs revenir devant le Conseil
et obtenir le diplôme l'année ou les années suivantes.

F. *Destination des élèves.* — Les écoles normales et
les Écoles primaires supérieures sont, avec l'inspection
primaire, les débouchés naturels de l'école normale de
Saint-Cloud ; mais combien ces débouchés sont rétrécis.
Dans les Écoles primaires supérieures des villes importantes, dans les écoles normales elles-mêmes, nombre
de postes sont occupés par des membres de l'enseignement secondaire. Les scientifiques surtout en pâtissent
eux à qui l'inspection primaire, accessible, elle aussi,
aux licenciés ès lettres de l'enseignement secondaire,
est à peu près fermée à cause du caractère exclusivement littéraire de l'examen.

Deux mesures s'imposent donc :

1° Réserver exclusivement aux primaires les emplois primaires, le professorat, l'inspection primaire,
l'inspection départementale ou direction départementale primaire, l'inspection générale primaire ;

2° Modifier, pour le rendre accessible aux scientifiques, l'examen du certificat d'aptitude à l'inspection primaire, ce qui revient à dire : mettre un peu plus d'équité dans le programme et par suite dans le choix des postulants.

Tels sont, fidèlement traduits, les desiderata exprimés par les Cloutiers d'aujourd'hui. Ils ne manquent pas de hardiesse et même d'imprévu : la jeunesse est audacieuse et ne se préoccupe guère des obstacles et des impossibilités. On trouvera peut-être qu'il y a quelque chose à en retenir.

A. Pierre.

PARC DE SAINT-CLOUD. — PLACE DU CHATEAU ET JARDIN DU TROCADÉRO

PAUL BOITEAU

(SIMPLE SOUVENIR)

Nouveau venu dans la ville d'Angoulême, je vais un jour visiter son musée, un musée sans grand intérêt du reste, et dont on a vite fait le tour. Je me disposais à sortir quand, au détour d'une galerie, j'avise une figure qui ne m'est pas inconnue.

Je m'approche et je me trouve nez à nez avec..... M. Paul Boiteau, mon ancien professeur d'instruction civique à Saint-Cloud. Profonde surprise !

C'est lui, pourtant, à n'en pas douter : face de gros chanoine largement épanouie, menton rond à fossette, cou puissant serré d'une lavallière à boucles amples, et surtout, signe plus probant que tout autre, cette longue mèche barrant obliquement le front, mèche toujours rebelle, toujours retombante sur l'œil éveillé du vénérable professeur.

Je m'inclinai respectueusement et... silencieusement, car je n'avais devant moi, hélas ! qu'un buste de marbre blanc.

Je ne savais pas et j'appris là, par une brève étiquette, que M. P. Boiteau appartenait à une vieille famille angoumoisine. Sa veuve avait fait don au musée d'Angoulême de cette image si expressive qui m'arrêtait au passage.

Un long moment j'évoquai Saint-Cloud.

Je me revoyais au « cours d'instruction civique », si original, si capricieux, invraisemblable pourrait-on dire. Qu'en ai-je donc retenu ? me demandai-je.

Et après un instant de réflexion, je retrouvai, au fond de ma mémoire, deux affirmations de M. Boiteau, celle-ci : *que rien n'est plus intéressant à lire qu'un budget de l'État,* et cette autre : *que si un cataclysme menaçait tous les livres imprimés, celui qu'il faudrait sauver entre tous ce serait l'*Annuaire du Bureau des Longitudes !

Eh ! eh ! C'est déjà quelque chose, tandis que de maints autres cours.....!

Oui, vous souriez, mes vieux camarades de Saint-Cloud ; avouez cependant que si, à l'unanimité, nous nous déclarions déroutés par M. Boiteau, professeur,

Professeur à l'École de Saint-Cloud (1881-1886),
Président fondateur de l'Amicale.

cette unanimité se retrouvait pour dire de lui : « Quel puits de science et quel digne homme ! »

Vous aurez plaisir, n'est-ce pas, à retrouver au milieu de ces pages de souvenirs sa sympathique figure que l'objectif d'un habile photographe amateur d'Angoulême, secondé par notre excellent camarade Robert, de Confolens, a bien voulu reproduire à votre intention.

E. GOUGÈRE.
Promotion mars 1882.

Cliché Bréger frères.

SAINT-CLOUD. — LE PARC

L'ASSOCIATION AMICALE

Quand on m'a demandé, mes chers amis, d'ajouter un feuillet au *Livre-Souvenir de Saint-Cloud*, sur la Société amicale des anciens élèves, j'ai été quelque peu embarrassé. Comme certains peuples, bien rares, les associations heureuses n'ont pas d'histoire ; si la nôtre en a une, c'est celle de notre École, de l'École d'hier, d'aujourd'hui, de demain aussi, n'est-ce pas ? Or, le passé a été raconté en des pages qui sont l'or pur de ce livre, par celui qui reste pour nous le créateur et le père, M. Jacoulet. M. Pierre a vivement tracé le tableau de l'heure présente,

que son activité assure, que sa droiture réconforte.
L'avenir? C'est vous, jeunes gens, qui le ferez, et vous le
ferez de telle sorte que mes successeurs soient fiers
plus tard de le raconter. Il ne me restait plus qu'à glaner : c'est l'occupation du soir ! J'ai donc feuilleté mes
bons vieux bulletins, sous leur couverture verte, un peu
jaunie par le temps. J'y ai retrouvé des souvenirs qui
n'ont pas perdu pour moi toute leur fraîcheur. Pour
quelques-uns d'entre vous au moins, ce ne seront pas
tout à fait des herbes sèches ni des fleurs fanées.

La Société fut fondée en mai 1883, par un groupe de
jeunes Saint-Cloud très alertes, auxquels s'étaient joints
ceux que nous appelions familièrement les « Vieux
Sèvres ». Le pasteur de ce petit troupeau plein d'entrain
était un professeur de l'École, M. Paul Boiteau, maître
des Requêtes au Conseil d'État. Je regrette de ne l'avoir
pas connu ; mais je sais que sa vie fut un bel exemple
de courage et de fermes convictions républicaines ; quant
à son enseignement, il était d'une séduisante originalité :
il savait tout, parlait de tout, éveillait toutes vos curiosités, ayant satisfait toutes les siennes. Il fut pour les premiers pas de la Société un guide dévoué et aimable, avec
sa cordialité assaisonnée de verve. Dès la première réunion «statutaire », le 7 août 1884, il se félicitait, non
sans humour, que « dans ce Saint-Cloud, qui avait vu
périr des constitutions, personne n'eût encore demandé
la revision de la nôtre », et il constatait « que nos finances
se posaient déjà sur de solides fondements »! A dire le
vrai, nos recettes tenaient dans le creux de la main : les
gens maigres sont sujets à se bien porter.

Il avait aussi décidé en souriant « que, pour éviter les

frais de notices nécrologiques, il était défendu aux sociétaires de mourir avant dix ans » ! Il fut, hélas ! un des premiers à enfreindre cet article. Il mourut presque subitement le 11 juillet 1886. Les membres de la Société qu'il avait fondée, n'ayant pas pu assister à ses funérailles, lui ont du moins rendu en corps, quelques mois plus tard, au cimetière de Versailles, un hommage de filiale reconnaissance.

Il fallut trouver un autre Président : celui-ci, je l'ai bien connu et je ne vous en parlerai pas, sinon pour vous dire (je le tiens de bonne source) combien il fut et combien il reste touché de la fidélité avec laquelle vingt générations d'anciens élèves le maintinrent « au fauteuil ». C'est un cher souvenir pour lui que celui de ces matinées d'août, généralement sénégaliennes, où il serrait tant de mains affectueusement tendues. Après « l'allocution d'usage », les débats sans aigreur et les scrutins sans brigue, venait le déjeuner « où la plus franche gaieté ne cessait de régner », c'est le *Bulletin* qui l'atteste régulièrement chaque année, et je m'en porte garant. Oh ! de ces déjeuners, tout de même ! comme disaient *ceusses* du Midi ! surtout les déjeuners au réfectoire de l'École, où M. Abraham, aujourd'hui le patriarche de l'Économat, renouvela souvent « pour les convives qui ne s'étaient pas fait inscrire » le miracle de la multiplication des pains et des poissons. Beaucoup de professeurs y prenaient part en camarades, sans effort ; car chez nous l'enseignement est presque un commerce d'amitié, et nulle part peut-être le lien n'est aussi étroit entre élèves et maîtres.

Combien de ces maîtres nous ont été enlevés pendant

ces vingt-cinq ans, léguant à leurs excellents successeurs ces traditions fidèlement gardées : après Paul Boiteau, Marot, Capellaro, Chabrier, Poiré, Rebière, celui-là après un suprême effort pour venir encore faire une leçon à Saint-Cloud. Combien d'anciens élèves aussi, tombés prématurément ; et pour ne citer que les ouvriers du matin et les collaborateurs de la première heure : Péré, Cléau, et ce doux et aimable Causard, et Baccus qui, tous les deux ans, nous arrivait du pied des Pyramides, par le plus court, gravé sous le fez, très bronzé, très oriental ; et Fiancé, victime d'un affreux accident en venant assister à nos dernières fêtes. Elle n'est pas toujours gaie, la lecture des *Bulletins*...

Je la reprends, et j'essaie de reconstituer le chapitre des discussions ; car que faire en une réunion à moins qu'on ne discute. On n'y réussissait pas toujours ; pendant de longues années nous n'avons pas eu le tempérament très combatif. Quelques questions, toujours les mêmes, surgissaient de temps en temps, fort à propos pour donner à nos assemblées un petit air parlementaire, susciter des motions, provoquer des ordres du jour. D'abord celle de la fixation d'une date pour la réunion au début des vacances. Pour des raisons diversement excellentes, Paris voulait l'avancer, la province la reculer. Nous léguons à nos successeurs le soin de résoudre cette quadrature du cercle. Une manière de solution, élégante et très goûtée, du moins par les résidents de Paris et des environs, a été trouvée il y a quelques années : les 28 du café de l'Univers, cordiales et joyeuses causeries, qui se sont élevées quelquefois (je le sais) à la dignité de punch d'honneur.

M. R. JALLIFFIER,
Professeur d'histoire à l'École de Saint-Cloud,
Président de l'Association amicale (1886-1904).

Puis les discussions sur la cotisation et sur l'emploi des fonds. Le Président a dû quelquefois prémunir les Sociétaires contre les enivrements de la fortune ; il a toujours réussi à leur persuader que la bienfaisance prompte et discrète est la plus belle prérogative de la camaraderie.

Et la question du *Bulletin* que j'allais oublier ! Dès 1887, quelques jeunes plumes impatientes tombèrent en arrêt sur notre modeste fascicule annuel, qui faisait, en effet, pauvre figure, avec son procès-verbal, son compte rendu financier et sa liste des sociétaires. On parla de lui « donner de nouveaux éléments d'intérêt » ; les plus hardis rêvaient d'en faire un *Magazine*, presque un journal, « un organe » enfin.

Les sages vieillards hochaient la tête ; ils disaient qu'un journal est *une affaire*, et que nous ne pouvions y engager les ressources de la Société ; ils craignaient que ce beau feu ne s'éteignît ; que cette feuille qui avait, par bonne fortune, des abonnés obligatoires ne manquât bien vite de rédacteurs, chacun comptant lire l'article du camarade ; qu'enfin, comme disait le rapporteur, Alfred Perrin, « tous ayant demandé la parole, on s'aperçut bientôt qu'on n'avait rien à dire ». Les sages avaient raison, les audacieux n'avaient pas tort.

Fort à propos quelques journaux scolaires s'ouvrirent alors à ceux « qui avaient quelque chose à dire » : ceux-là sont nombreux aujourd'hui, et ils se sont fait une assez jolie place dans la presse pédagogique.

Pris d'une belle émulation, le *Bulletin* lui-même s'élargit, s'enhardit à devenir bisannuel, pas tous les ans cependant, s'enrichit de *Variétés...* Mes chers amis, ne jetez pas vos vieux *Bulletins* aux vieux papiers ; faites-leur

VUE PRISE D'UNE CHAMBRE D'ÉLÈVE

une place — toute petite, dans votre bibliothèque, et feuilletez-les quelquefois. Vous y méditerez d'abord une définition devenue classique de l'esprit de Saint-Cloud par celui qui l'a créé. Vous y retrouverez aussi, comme de vieux amis, l'esprit alerte, l'humour, la finesse d'observation de vos camarades, de ceux-là surtout qui, dans les pays lointains, se rappelaient Saint-Cloud et se rappelaient à Saint-Cloud. C'est un petit *Tour du Monde* que, des bords de la Tamise, du Rhin, du Danube, du Nil, dans le Levant ou l'Extrême-Orient, ont rédigé pour vous nos *Globe-Trotters*. Ai-je besoin de dire combien ils ont gagné à courir le monde, à quel point ils ont élargi leur horizon intellectuel, accru partout le bon renom de l'Ecole et étendu la « zone d'influence » de l'Université de France. Dans un article récent de l'*Ecole nouvelle*, à propos de nos fêtes, un professeur autrichien a traduit l'aimable souvenir que Saint-Cloud en voyage a laissé partout à ses hôtes d'un jour. Ces amis de passage longtemps regrettés, il les nomme. Je ne nommerai personne, pas même ceux qui, dans des missions plus longues et d'une plus haute importance, à Tunis, au Caire, à Madagascar, dans l'Inde, dans l'Indo-Chine, partout où il faut implanter et défendre l'esprit français, ont fait et font encore œuvre de bons Français.

Et je vous laisse le soin de nommer vous-mêmes celui qui, sans conteste, détient parmi nous le record kilométrique — brillamment couru. Entre deux étapes, à Tunis ou à Londres, au Caire ou au 137° de ligne, je ne sais plus, il avait détaché pour le *Bulletin* quelques feuillets d'un joli recueil poétique, *Vain exode*. L'exode a continué ! Vous aviez cru fixer enfin ce vagabond d'élite, en

lui donnant le fauteuil présidentiel. La diplomatie vous
l'a repris. En vérité, je vous le dis, la Société amicale
mène à tout, sans qu'il soit même besoin d'en sortir.

Je me suis trop attardé au milieu de mes souvenirs ;
il me reste peu de place pour mentionner nos fêtes :
mais ces Grands Jours de Saint-Cloud, où l'École était
trop étroite pour contenir la foule des anciens et des
jeunes, sont dans toutes nos mémoires.

En 1895, M. Jacoulet venait d'être nommé officier de
la Légion d'honneur ; le 6 août, plus de cent représentants des quinze générations sorties de Saint-Cloud, pressés autour du maître et du père, lui offrirent, avec les
insignes de sa nouvelle dignité, un buste en bronze, où
le camarade Frixon avait fixé, en artiste véritable, l'autorité morale et la bonté exquise du modèle. Avec quelle
émotion ce présent fut offert et reçu ! Le 2 août 1900,
nous étions plus de cent encore : mais était-ce bien une
fête ? M. Jacoulet avait résigné la direction de l'Ecole : il
vivrait désormais non loin d'elle, au-dessus d'elle, et
elle continuerait à vivre de sa pensée ; c'est ce que nous
avons essayé de lui dire ce jour-là en lui remettant le
beau bronze de Chapu, avec un hommage plus modeste
mais significatif, un *album* de Saint-Cloud, une simple
liste, où il n'y avait pas un nom qui ne fût d'un ami.

Celui qui eut, dans ces fêtes de famille, l'honneur et
la joie d'être votre interprète, a reçu lui aussi l'hommage
précieux, le témoignage plus précieux encore de votre
affection. Reconnaissant de votre fidélité et fier de votre
attachement, il a dû s'évader de la présidence où vous
l'éternisiez, lorsque a sonné pour la Société amicale l'heure
de la majorité ; mais il a gardé au fond de son cœur le

souvenir de la réunion tout intime dans laquelle il rendit ses comptes de tutelle.

Il pouvait, sans péril, vous remettre à ce moment le gouvernement de vos intérêts. En 1904, en effet, notre Société était arrivée à l'âge d'homme. Elle a virilement tenu, depuis, les promesses de son enfance; les souvenirs inoubliables de juin 1906 l'attestent assez. Qu'elle garde seulement de cette enfance, en somme joyeuse et douce, la gaieté, qui fut de toutes nos fêtes, et l'esprit de camaraderie qui maintiendra unie la grande famille de Saint-Cloud.

R. JALLIFFIER.

EMPLACEMENT DE L'ORANGERIE

L'ENSEIGNEMENT DES SCIENCES

NATURELLES

A L'ÉCOLE NORMALE SUPÉRIEURE DE SAINT-CLOUD

En 1880, on m'annonça un jour la visite d'un M. Bertrand, qui n'avait pas donné d'autre qualité. J'étais alors président de la Commission chargée de constituer les collections d'histoire naturelle des lycées et en rapport indirect, pour cette raison, avec M. Bertrand, directeur du Comptoir géologique, et qui nous fournissait des collections de fossiles ; je pensai qu'il s'agissait de lui, qu'il venait me voir à l'occasion de l'une de ses fournitures, et ce fut sur ce terrain que j'engageai la conversation avec mon visiteur que je n'avais jamais vu.

Celui-ci marqua d'abord quelque surprise et finit par me dire : « Mais, Monsieur, je ne suis pas géologue ; je n'ai fourni aucune collection aux lycées ; je suis inspecteur général de l'Instruction publique, et je viens de la part de M. Buisson, directeur de l'Enseignement primaire, vous demander un service. M. Buisson voudrait relever l'enseignement des écoles normales primaires ; il a réuni un groupe des élèves les plus distingués de ces écoles auxquels il compte faire faire une série de conférences par des professeurs de Paris ; cet essai sera continué, s'il donne les résultats qu'on en espère, et il en sortira peut-être une école normale supérieure d'enseignement primaire ; mais M. Buisson n'a encore aucun crédit à sa disposition ; il ne sait pas s'il en obtiendra, et il fait pour le moment appel à votre dévouement. »

J'avais toutes sortes de raisons d'accepter cette offre. Le travail énorme qui s'accomplit dans les laboratoires du Muséum national d'histoire naturelle, bien qu'il ait transformé la science, est inconnu de beaucoup de gens, même éminents, qui s'imaginent dès lors volontiers que l'on n'y fait rien pratiquement. C'était une opinion très répandue à la fin de l'Empire, si bien que le ministre Duruy, à qui l'on doit tant d'excellentes réformes, s'était demandé en 1870, sous des influences sans doute désintéressées, mais dont il est demeuré assez difficile d'expliquer le crédit, s'il ne conviendrait pas « d'utiliser » ce vaste établissement ; il avait songé à en faire une sorte d'Insitut agronomique. où des élèves-maîtres, sortant des écoles normales, seraient venus puiser un complément de connaissances applicables à l'agriculture.

Sous la direction d'un homme fort distingué, l'inspecteur général Baudouin, un groupe de jeunes instituteurs vint effectivement suivre au Muséum des conférences spécialement organisées à son usage ; je fus chargé, comme aide-naturaliste de la chaire de Malacologie, des conférences sur les parasites des animaux ; ce furent mes premières leçons dans l'enseignement supérieur. Les événements ne permirent pas à l'institution nouvelle de prendre corps ; elle ne fut cependant pas inutile ; l'un des instituteurs qui firent partie de cette première équipe, Eugène Berlin, s'enthousiasma pour les sciences naturelles ; en 1876, devenu professeur, je pus le rappeler comme aide-naturaliste au Muséum ; il y est mort au moment où la publication de travaux remarquablement consciencieux commençait à établir sa réputation.

J'avais donc été frappé du profit que les bons élèves des Écoles normales pouvaient tirer d'un enseignement supérieur approprié, et l'offre de M. Buisson me parut une occasion de continuer l'expérience trop tôt interrompue.

D'autre part, j'avais été élevé au contact permanent de l'enseignement primaire ; je savais, par l'exemple de mon père, ancien élève de l'École normale de Tulle, comment, en partant d'une école normale et en demeurant dans l'enseignement primaire, on pouvait devenir, par un effort continu, un homme de toutes façons distingué ; directeur de l'école primaire supérieure annexée au collège de Tulle et d'une école professionnelle du soir destinée aux ouvriers, inspecteur primaire de l'arrondissement de Tulle, directeur de l'École normale de Moulins, mon père savait tout ce qu'il y a de ressources intellectuelles inutilisées dans la clientèle de l'enseignement primaire ; dans toute sa carrière il avait cherché, avec un brillant succès d'ailleurs, à mettre en valeur ces ressources ; j'avais bien souvent admiré le parti que son zèle en avait su tirer, et je voyais dans l'œuvre à laquelle j'étais convié moi-même, le moyen d'étendre l'œuvre éminemment démocratique qu'il avait poursuivie depuis son entrée dans l'enseignement, qu'il poursuivait encore avec ardeur à ce moment et qui lui valut en 1884, sous le ministère Jules Ferry, la croix de la Légion d'honneur demeurée toujours rare dans l'enseignement primaire.

J'avais enfin une autre raison.

En 1880, les sciences naturelles étaient, peut-on dire, en pleine fermentation. Il y avait déjà tout près de vingt ans que Darwin avait publié son livre fameux *l'Origine des espèces*, et Hæckel, appliquant l'hypothèse de la descendance au Règne animal tout entier, avait remplacé les vieilles classifications et les principes plus ou moins métaphysiques sur lesquels elles s'appuyaient par un simple essai de généalogie du Règne animal.

Sa *Création naturelle*, son *Anthropogénie* avaient vulgarisé les principes développés dans sa *Morphologie générale* à l'usage des savants ; mais ces idées nouvelles avaient rencontré en France une vive opposition. Il faut dire d'ailleurs qu'elles étaient loin de donner à l'esprit pleine satisfaction.

Darwin se bornait à démontrer avec un luxe de détails inconnu jusqu'à lui, que les formes vivantes appartenant à une même lignée étaient susceptibles de variations étendues ; que de petites variations accumulées amenaient des

M. EDMOND PERRIER,
Directeur du Muséum,
Professeur de sciences naturelles à l'École de Saint-Cloud.

Cliché Pirou.

modifications de forme importantes et que la sélection naturelle brisait en segments, en apparence indépendants, qui étaient les espèces, la chaîne primitivement continue des êtres appartenant à une même série généalogique.

Hæckel usait de tout ce que l'on savait de l'organisation et surtout de l'embryogénie des organismes pour essayer d'établir qu'ils étaient étroitement reliés les uns aux autres et de les placer sur un même arbre généalogique ; mais d'explication précise d'une forme animale ou végétale donnée, du mécanisme de la production d'une forme quelconque, il n'est question ni chez Darwin, ni chez Hæckel. Ils laissaient donc place à toutes les discussions.

Les explications résultent, en effet, d'une application rationnelle et continue des principes de Lamarck, qui peuvent se résumer en ceci : les modifications des organismes résultent exclusivement de la façon dont réagissent les substances vivantes sous l'influence soit des agents extérieurs, soit de leurs propres actions réciproques. C'était la voie scientifique par excellence, celle qui ne se borne pas à rapprocher des formes mortes, suivant leur degré de ressemblance, mais qui les considère en pleine activité, détermine les conditions et les conséquences de cette activité, et reliant sans cesse les effets à leur cause, arrive progressivement à des explications que peuvent contrôler tout à la fois l'observation et l'expérience ; c'est la méthode, si l'on veut, qui relie d'une façon étroite la morphologie à la physiologie.

Mon enseignement de date récente au Muséum avait fixé mon attention sur ces idées que je jugeais non seulement fécondes au point de vue purement scientifique, mais capables, par leur comparaison avec celles qui avaient cours dans les sciences naturelles, de donner à l'esprit la plus forte éducation philosophique. Je regrettais un peu l'auditoire restreint, mais si ouvert aux idées justes et à la claire logique, de l'École normale supérieure où j'avais professé de 1872 à 1876, alors que je n'étais pas encore maître de la conception des sciences naturelles qui m'apparaissait désormais nettement. N'allais-je pas retrouver un auditoire moins informé sans doute, mais ayant les mêmes qualités de vigueur et de franchise dans le raisonnement, si précieux dans l'auditoire que je venais de perdre juste au moment où je commençais à pouvoir lui être sérieusement utile ?

J'acceptai donc de grand cœur l'offre que me faisait si gracieusement M. Buisson, et dont il me présentait l'acceptation comme un acte de dévouement, sans se douter à quel point elle allait au-devant de mes sentiments et de mes aspirations.

Lorsque, sous l'éminente direction de M. Jacoulet, l'École, d'abord installée à l'ancienne manufacture de Sèvres, où avaient déjà logé les instituteurs de Duruy, s'organisa définitivement à Saint-Cloud, et qu'il fallut y réunir deux années, je demandai seulement la faveur de faire le cours d'histoire naturelle tout entier : Zoologie, Botanique, Géologie. Ce n'était pas de ma part une bien grande témérité puisque les choses se passent ainsi dans les lycées ; sans doute, je comptais faire à Saint-Cloud un cours plus élevé que celui des lycées, mais avec un peu plus de travail, j'étais assuré, dans le milieu où je vivais, de me tenir au courant de la science et de ne pas faillir à ma tâche. L'organisation que je proposais était d'ailleurs économique. Les trois branches des sciences naturelles sont suffisamment indépendantes pour qu'on puisse commencer un cours d'histoire naturelle indifféremment par l'une ou par l'autre. Je conseillai, dès lors, de réunir les deux années et de leur faire un enseignement commun. Une année entière serait consacrée à la zoologie, une autre à la géologie et à la botanique ; l'étude des sciences naturelles à l'École commencerait alternativement par la zoologie ou par la géologie et la botanique ; deux conférences par semaine en tout suffiraient pour parcourir le programme, et, la tâche ne dépassant pas les forces ordinaires, on économisait un maître de conférences.

L'avantage de la combinaison, au point de vue de l'enseignement, était que toute divergence de méthode dans l'enseignement de sciences connexes était supprimé, ainsi que tous les doubles emplois ; que les élèves par conséquent y gagnaient un temps précieux ; qu'ils prenaient rapidement une vue d'ensemble des sciences naturelles, vue qui ne pouvait être ni partiale, ni étroite, puisque, mon enseignement reposant avant tout sur le groupement des faits dans leur ordre de dépendance, je discutais, à mesure qu'elles se présentaient, les hypothèses plus ou moins métaphysiques par lesquelles on avait essayé de les relier et les prétendues lois par lesquelles on avait tenté de les résumer.

Si bien que mon cours de l'École de Saint-Cloud m'a inspiré le projet non encore réalisé, faute de temps, d'écrire un livre sur la *Méthode de raisonnement dans les sciences naturelles*, livre qui aurait pu avoir pour sous-titre : *L'art de se tromper, de défendre l'erreur et de l'éviter dans les sciences naturelles.*

Au point de vue de l'avenir des élèves de l'École, la concentration dans les mêmes mains de tout l'enseignement des sciences naturelles était particulièrement favorable.

Les grades universitaires dans les sciences naturelles sont indépendants, et dans une très large mesure, des connaissances que l'on peut avoir dans les sciences physiques ou mathématiques. Quel que fût le programme adopté pour l'enseignement de ces sciences à l'École, en prenant pour base du mien le programme de la licence ès sciences naturelles ou des certificats qui l'ont aujourd'hui remplacé, je pouvais, sans encombre, conduire les élèves jusqu'au seuil de la licence. Ceux qui, à leur sortie, se décidaient à faire le faible effort nécessaire pour conquérir le baccalauréat, pouvaient rapidement ensuite devenir licenciés ès sciences naturelles. Dès lors, un nouvel avenir leur était ouvert. Le Muséum d'histoire naturelle dispose, en effet, d'un certain nombre de bourses d'agrégation et de doctorat. Des conférences préparatoires à l'agrégation y ont fonctionné avec le plus grand succès jusqu'au moment où cette préparation a été à peu près entièrement concentrée à l'École normale supérieure de la rue d'Ulm ; de tout temps tous les laboratoires ont été ouverts aux jeunes gens qui préparent une thèse de doctorat.

Il était donc facile aux élèves de l'École normale de Saint-Cloud de continuer au Muséum leurs études et leurs travaux, d'arriver ainsi à l'agrégation et au doctorat et de trouver en même temps des maîtres capables de les guider dans le reste de leur carrière. Quelques postes de préparateur pouvaient aussi leur être attribués. C'est la voie qu'ont suivie MM. Bouvier, aujourd'hui professeur au Muséum et membre de l'Institut ; Gravier, agrégé de l'Université, docteur ès sciences, assistant au Muséum, lauréat de l'Institut ; Hasenfratz, nommé directement préparateur au Muséum ; Bunlet, associé aux travaux de Georges Ville, tandis que d'autres se frayaient en province ou même à l'École un chemin ayant le même point de départ, comme M. Marceau, docteur en médecine, attaché à l'École de médecine de Grenoble, ou M. Causard, surveillant général à l'École, docteur ès sciences naturelles, agrégé de l'enseignement spécial, dont la mort prématurée a été pour l'École un deuil cruel. Son successeur à Saint-Cloud, M. Tallent, est licencié ès sciences naturelles.

Des succès analogues ont été obtenus par mes collègues dans les divers ordres d'enseignement ; M. Pastouriaux, préparateur à l'École, vient d'être reçu agrégé ès sciences physiques en même temps que M. Messager, professeur à l'École normale de Rennes ; M. Pézard a été reçu agrégé ès sciences naturelles ; M. Jaloustre a été admis cette année même à l'École normale supérieure, et les littéraires ne se sont pas moins distingués que les scientifiques.

On peut donc dire que l'École normale supérieure de Saint-Cloud a permis de jeter un véritable pont entre l'enseignement primaire et l'enseignement supérieur ; qu'elle est devenue un organe démocratique, grâce auquel des forces qui se seraient épuisées dans le métier scolaire, ont été mises au service du progrès scientifique ; qu'elle a fait la démonstration de la possibilité du passage direct, même tardif, de l'enseignement primaire à l'enseignement supérieur.

ÉCOLE DE SAINT-CLOUD. — LES SALLES DE PHYSIQUE ET DE SCIENCES NATURELLES

Ce n'est pas à dire, pour cela, que l'enseignement secondaire soit inutile, qu'il ait fait son temps, qu'il puisse être remplacé par des écoles primaires supérieures, où l'on enseignerait avant tout la vie pratique, et qu'il soit avantageux pour l'État, économique et démocratique d'opérer cette substitution. C'est là une question qu'il serait hors de propos de discuter ici ; il serait regrettable, à mon sens, que les élèves de l'École de Saint-Cloud, qui sont animés du désir d'arriver, se laissent pénétrer par cette idée que les grades scientifiques qu'ils auront su conquérir suffisent à faire un homme éminent. Il y a autre chose qu'ils devront s'efforcer d'acquérir, et qui n'est pas pour eux, tant s'en faut, hors d'atteinte. La Science représente le Vrai ; il reste, pour parler le langage de Victor Cousin, le Beau et le Bien. La Science a sa beauté, sans doute ; mais ce n'est pas la beauté ; par le culte de la Vérité, on peut soutenir qu'elle conduit à la vertu ; mais le savoir n'est pas non plus la vertu, et, d'ailleurs, il faut savoir exprimer la beauté et rendre aimable la vertu, c'est là ce qu'apprennent les *humanités*, comme on disait autrefois; c'est par elles que les hommes s'affinent, et si les Français peuvent, sans qu'on les contredise par trop, affirmer encore qu'ils sont les plus policés, les plus généreux et, dans une certaine mesure, les plus artistes des hommes, ils le doivent, sans aucun doute, au souci que, dans l'éducation universitaire, on a toujours montré des belles formes littéraires, de la hauteur morale et de la délicatesse des sentiments. Ce n'est pas parce qu'ils sont le passé qu'elle maintient dans ses programmes les grands écrivains de l'antiquité ; c'est parce qu'avec le temps, les générations ont fait leur choix et n'ont conservé de tout ce qui a été écrit par les anciens que ce qu'elles avaient suffisamment admiré pour le transmettre aux générations suivantes, de sorte que ce qui a survécu représente ce que les hommes ont pensé de mieux.

Sans doute, on est tombé dans un autre travers quand on a fait de l'étude des lettres anciennes le pivot de l'éducation, et qu'on semble faire de l'art de parler et de celui d'écrire le but suprême des études classiques. On a ainsi favorisé outre mesure le développement de l'art d'envelopper de mots sonores et de phrases séduisantes des idées fausses et de propager des chimères, en même temps qu'on rendait ceux dont le métier n'est pas de penser plus sensibles à l'influence de la rhétorique banale.

L'étude de ce que l'on appelle un peu prétentieusement la philosophie des sciences naturelles est particulièrement apte à corriger ce travers, et l'on en peut tirer le plus grand parti pour l'éducation de l'esprit.

Le développement de ces sciences a rencontré, en effet, des obstacles tout particuliers, et elles ont dû procéder, jusqu'à une époque relativement récente, au rebours des autres sciences. Elles ont eu à lutter contre les théologiens, à se défendre des philosophes, à combattre même des conceptions nées spontanément, disait-on, dans la conscience et qui pouvaient sembler, au premier abord, absolument légitimes. Durant toute l'antiquité, ou bien le monde a été accepté tel quel, ou bien on a tenté d'expliquer l'existence des êtres vivants par des hypothèses qui n'expliquaient rien. Les théologiens ont coupé court aux hypothèses en acceptant en bloc le récit mosaïque de la *Genèse* qui n'a cessé de dominer toutes les conceptions des disciples de Cuvier. La création étant un acte de la volonté divine, l'existence des êtres vivants, comme leur organisation, échappait à toute explication.

On s'est résigné assez facilement à s'en passer ou on a transposé la dénomination d'explication à de simples constatations finalistes se ramenant à ceci :

« Tel être vit dans de telles conditions; dans ces conditions, ses organes sont ceux qui paraissent le plus propres à l'accomplissement de ses fonctions; il est donc tout naturel qu'il les possède. »

Cette prétendue explication est, au fond, la négation de toute explication.

Dans un tel état d'esprit, peu importait que l'on commençât l'étude de la nature d'une façon ou d'une autre; et, puisque nous sommes constamment en présence de nous-mêmes, il devait paraître logique de commencer l'étude des animaux par ceux qui ressemblent le plus à l'homme, celle des végétaux par ceux d'où il tire le plus de profit. Buffon l'écrit tout au long et explique ainsi son dédain pour les classifications de Linné. C'est ainsi que toute l'histoire naturelle a été, jusque vers le second tiers du xixe siècle, étudiée à rebours, que les rapports des êtres et le langage dont on se sert pour les exprimer ont été intervertis, et qu'un savant, pénétré des méthodes scientifiques, qui s'aventure pour la première fois dans le domaine où ont évolué les naturalistes du siècle précédent, peut se croire transporté dans le curieux édifice qui eut sa célébrité à l'Exposition de 1900 et qu'on appelait « la maison à l'envers » ; par un jeu de glaces, tous les objets apparaissaient renversés.

Les philosophes du xviiie et de la première moitié du xixe siècle se sont chargés d'arranger tout cela, à coups de principes; les gens du monde sont intervenus à leur tour avec leurs préjugés, n'importe qui se croyant compétent pour juger des choses de la vie ; les naturalistes, faute de mieux, ont respectivement adopté les principes et les préjugés qui convenaient à leur tempérament, ont ainsi créé des doctrines auxquelles ils semblaient apporter la consécration des faits et autour desquelles se sont parfois groupées de puissantes écoles. Des façons de raisonner, des formes de langage ont été créées dans ces écoles, ont pénétré dans le langage courant; les faits ont été vus sous un certain jour, groupés d'une façon plus ou moins artificielle en théories illusoires (1). Et c'est en présence de cet état de choses établi, fait de théologie, de philosophie, de préjugés, que se sont trouvés les naturalistes lorsque, pénétrés de l'idée que le monde vivant était explicable comme les phénomènes secondaires du monde inanimé, ils ont voulu introduire dans leur science la méthode commune aux autres sciences. La chose n'est donc pas allée sans difficulté. On s'est d'abord contenté d'admettre que les êtres vivants avaient apparu sur la terre sous des formes très simples, et que tout ce qui vit descendait de ces formes simples par une série ininterrompue de générations donnant naissance à des êtres de plus en plus compliqués. Comment cette complication avait-elle été réalisée, par quelles causes détermi-

____

(1) Comme la théorie fameuse des *générations alternantes*, par exemple.

nables un organisme donné avait-il pu produire un organisme plus compliqué que celui dont il était lui-même issu? On ne s'en est à ce moment que fort peu préoccupé et, comme on ne cherchait pas entre les formes de lien de causalité, toutes les vieilles façons de raisonner, les vieilles formes de langage aidant sont venues se juxtaposer à la doctrine rénovatrice, la fausser et enrayer son développement et le stériliser, en la maintenant aussi près que possible des vieilles conceptions.

Les naturalistes, qui ne cultivent qu'une partie restreinte du domaine scientifique, ne peuvent s'apercevoir de ces contradictions : en s'appuyant, par exemple, sur ce principe que la nature va du simple au composé, ils peuvent confondre le simple avec le simplifié, prendre des formes dégradées pour des formes originelles, dresser de plusieurs façons, et souvent en sens exactement inverse, l'arbre généalogique de certains groupes du règne animal. Comment en serait-il autrement, puisque, déshabitués des explications, ils dédaignent tout à la fois la recherche des causes de complication et celle des causes de simplification dont la connaissance les aurait éclairés sur le sens de l'évolution du groupe qu'ils étudient.

La nécessité des explications purement physiologiques n'étant pas sentie, chacun se croit le droit d'avoir son opinion sur chaque chose et la défend dès lors par les procédés courants dans les prétoires, dans les assemblées ou les simples conversations, pour défendre une opinion basée sur des convictions, sur des présomptions et non pas sur des faits. Mais si l'on prend la peine de grouper les faits essentiels de la science, en ayant toujours présent à l'esprit ce principe de toute science

qu'il n'y a pas d'autre façon rationnelle et susceptible
de faire surgir les explications, d'opérer leur groupement que de rapprocher les effets de leurs causes, soigneusement déterminées par l'observation et par l'expérience, que toute forme a des causes physiologiques
déterminables et ne peut être considérée comme déri-
vant d'une autre forme que si l'on connaît ou si l'on est
en état de présumer les causes physiologiques qui ont
pu produire cette dérivation, alors apparaissent clairement les procédés par lesquels les erreurs naissent,
se conservent et se défendent.

Ces procédés sont toujours les mêmes ; la comparaison
critique des doctrines qui ont dominé dans les sciences
naturelles, ou même simplement des opinions qui ont été
émises sur un sujet restreint, permet de les mettre nettement en relief ; ce travail de critique, on l'appliquera
ensuite inconsciemment à tout ce qu'on entend, à tout
ce qu'on lit, et l'on acquerra ainsi une aptitude à discerner la vérité, particulièrement précieuse dans un pays
où l'on peut tout dire et tout imprimer.

L'étude bien conduite des sciences naturelles apparaît
ainsi comme ayant une vertu éducatrice particulière qui
s'affirme par la méfiance qu'elle a de tout temps inspiré
aux vieilles écoles philosophiques. Elle développe ce
que l'on appelle, d'un seul mot, le bon sens.

Cuvier leur attribuait une autre influence bienfaisante
sur l'esprit : « L'habitude que l'on prend nécessairement, dit-il (1), en étudiant l'histoire naturelle, de classer
dans son esprit un très grand nombre d'idées est l'un

(1) Préface du *Règne animal*, 3e édition, p. xv.

des avantages de cette science dont on a le moins parlé, et qui deviendra peut-être le principal, lorsqu'elle aura été généralement introduite dans l'éducation commune ; on s'exerce par là dans cette partie de la logique qui se nomme la méthode, à peu près comme on s'exerce par l'étude de la géométrie dans celle qui se nomme le syllogisme, par la raison que l'histoire naturelle est la science qui exige les méthodes les plus précises, comme la géométrie celle qui demande les raisonnements les plus vigoureux. Or cet art de la méthode, une fois qu'on le possède bien, s'applique avec un avantage infini aux études les plus étrangères à l'histoire naturelle. Toute discussion qui suppose un classement de faits, toute recherche qui exige une distribution de matières se fait d'après les mêmes lois ; et tel jeune homme, qui n'avait cru faire de cette science qu'un objet d'amusement, est surpris lui-même à l'essai, de la facilité qu'elle lui a procurée pour débrouiller tous les genres d'affaires. » Cuvier ne pouvait prévoir qu'après avoir formé l'esprit à la méthode, lui avoir appris, comme on dirait aujourd'hui, à sérier les questions, les sciences naturelles auraient bientôt l'ambition de les résoudre, qu'elles aspireraient à manier les ressorts qui lui semblaient avoir été « irrésistiblement réglées par la Providence », à joindre aux méthodes qu'il leur reconnaissait en propre, celles même de la géométrie. J'aurai été bien heureux si, en les faisant servir à l'intervention générale de l'esprit, justement par la comparaison des conceptions et les façons de raisonner de Cuvier et de ses disciples, avec la conception actuelle, j'ai laissé entrevoir aux générations, déjà nombreuses, d'hier à qui j'ai eu l'honneur de les enseigner, toute la grandeur des problèmes qu'elles ont abordés, toute la puissance de la lumière qu'elles ont projetée sur l'origine de notre espèce, sur sa place dans le monde, sur son avenir, lumière qui a éclairé d'un jour nouveau toute notre histoire et nous a donné la pleine conscience du but vers lequel doit tendre toute organisation sociale.

Edmond PERRIER.

L'ENSEIGNEMENT DES MATHÉMATIQUES

A L'ÉCOLE NORMALE DE SAINT-CLOUD

Lorsque je fus appelé, il y a quelques années, à succéder à l'improviste au regretté M. Rebière (1), comme professeur de mathématiques à l'Ecole normale de Saint-Cloud, je fus tout d'abord un peu embarrassé en présence d'un enseignement aussi nouveau pour moi.

(1) Qu'il me soit permis d'adresser ici un dernier hommage à la mémoire du professeur dévoué, de l'homme excellent, auquel tant de fibres me rattachaient.　　　　　　　　　　　　　　　　　　E. G.

Notre excellent directeur, M. Pierre, dont je sollicitais les conseils, me répondit fort aimablement qu'il s'en rapportait à moi pour enseigner ce que je jugerais « le plus utile ».

Je ne pouvais qu'être flatté de ce témoignage de confiance ; mais, comme programme, c'était un peu vague. Tous les anciens élèves de Saint-Cloud comprendront aisément la cause de mes hésitations. En effet, le programme de l'examen d'entrée à l'École est le même, au moins pour la partie mathématique, que celui de l'examen du professorat, que subissent les élèves à leur sortie. Il y a, tous les ans, paraît-il, un assez grand nombre de candidats qui affrontent à la fois les deux examens. Quelques-uns sont reçus aux deux ; il arrive même quelquefois, mais plus rarement, qu'un candidat reçu au professorat échoue à Saint-Cloud. On conçoit que, dans ces conditions, le professeur de mathématiques de l'École n'est plus obligé de suivre un programme strictement déterminé pour son enseignement, puisque les élèves qui entrent à l'École ont déjà acquis les connaissances mathématiques sur lesquelles ils seront interrogés à leur sortie.

Il s'agissait donc de trouver le meilleur emploi possible des quelques heures consacrées aux mathématiques dans chaque semaine pour le développement intellectuel de ces jeunes gens.

Fallait-il se limiter strictement au programme du professorat, en procédant à une revision sévère des connaissances déjà acquises et les complétant au besoin sur quelques points ? On peut parfaitement soutenir que l'étude approfondie des éléments est suffisante pour for-

mer de bons esprits, sans qu'il soit nécessaire d'aller au
delà ; c'était l'opinion de mon prédécesseur, et elle peut se
défendre par de fort bons arguments. Fallait-il, au contraire, considérant les éléments comme suffisamment
connus des élèves, les conduire hardiment au delà, et
faire de l'enseignement de Saint-Cloud quelque chose
comme une édition revue et *diminuée* du cours de mathématiques spéciales de nos lycées, ou même de certains
cours de Facultés ? Il serait facile également de fournir
de bons arguments en faveur de cette solution. Entre ces
deux façons absolument opposées de concevoir l'enseignement des mathématiques à l'École normale de Saint-
Cloud, j'en ai adopté... une troisième, dont je dirai
quelques mots pour en faire comprendre l'esprit et les
raisons qui m'ont guidé.

Ainsi que je le rappelais tout à l'heure, on peut
admettre que les élèves reçus à Saint-Cloud possèdent
les éléments des mathématiques. Mais la connaissance
qu'ils en ont est celle que peut avoir un bon élève, c'est-
à-dire un peu formelle (je ne parle pour le moment que
de ceux qui n'ont pas encore enseigné). Ils connaissent
les énoncés des théorèmes et leurs démonstrations, ont
une pratique en général suffisante du calcul algébrique,
savent par cœur un grand nombre de formules, et il ne
faudrait pas me presser beaucoup pour me faire ajouter
qu'à mon avis ils en savent trop. En effet, la multiplicité
de ces formules, d'importance très inégale, engendre
forcément un peu de confusion dans leur esprit. Tel
élève, qui écrira sans hésitation l'expression de l'aire
d'un triangle en fonction des rayons du cercle inscrit et
des cercles exinscrits, sera soudain pris de scrupules si

on lui demande simplement d'écrire une relation entre les trois côtés d'un triangle et l'un des angles. Aux yeux d'un autre, la formule qui donne la somme des carrés des diviseurs d'un nombre entier a tout autant d'importance que la théorie même des nombres premiers. Je m'arrête là; il serait trop facile de multiplier les exemples. Cela tient évidemment à ce que des exercices purement scolastiques, dont le seul but est de servir de gymnastique intellectuelle, occupent dans leurs souvenirs une place exagérée. Ce sont là des inconvénients inséparables de toute préparation un peu intensive à un concours, de quelque nature qu'il soit. Les examinateurs de nos grandes Écoles l'ont constaté depuis longtemps, et il est bien loin de ma pensée de vouloir déduire des remarques qui

M. GOURSAT

précèdent aucune conclusion défavorable à l'enseignement reçu par nos élèves avant leur entrée à Saint-Cloud.

Il est donc indispensable de revenir sur les éléments pour procéder à un travail de classification, mettre en évidence les idées dominantes dans chaque théorie et leur enchaînement logique, faire saisir l'esprit des méthodes, élaguer au besoin les connaissances parasites, ou du moins les reléguer au second plan. Je n'ai pas cru qu'il fût nécessaire pour cela de reprendre par le détail l'exposition de tout ce qu'ils ont déjà appris, souvent plusieurs fois, et de leur faire ajouter un nouveau *Cours d'Algèbre* ou de *Géométrie* à tous ceux qu'ils ont déjà dans leurs cahiers de notes. D'abord, cela serait matériellement impossible, avec le temps consacré aux mathématiques à l'École, et de plus cette méthode, qui exigerait d'eux beaucoup de travail inutile, n'atteindrait que très imparfaitement le but. En effet, ce travail de revision doit être essentiellement une œuvre de réflexions personnelles ; le professeur doit surtout stimuler l'activité intellectuelle de l'élève, le guider par ses conseils, au besoin discuter avec lui. Il y a bien longtemps qu'on l'a dit : la meilleure méthode d'apprendre, c'est d'enseigner. C'est donc au moyen de leçons faites par chaque élève à tour de rôle, et critiquées ensuite en commun par toute la classe, que l'on cherche à atteindre le but.

Ces leçons sont réservées exclusivement pour la seconde année. Il m'a semblé qu'il convenait tout d'abord de mûrir l'esprit des élèves, en élargissant un peu leur horizon intellectuel. On a fait souvent cette comparaison que, pour bien juger de l'ensemble d'un paysage, il fallait le contempler d'un peu haut. Et cette image, pour être devenue banale, n'en est pas moins d'une exactitude frappante. Il est certain, par exemple, que les différents artifices par lesquels on arrive en géométrie aux formules qui expriment les volumes ou les surfaces des polyèdres ou des corps ronds, ont un tout autre aspect pour quelqu'un qui a quelques notions de calcul infinitésimal que pour un élève qui n'est jamais sorti des élémentaires. De même, les discussions, parfois si ardues et si rébarbatives, de problèmes du second degré, s'éclairent singulièrement par l'emploi de la représentation graphique, et je pourrais citer bien d'autres exemples.

La plus grande partie de la première année est consacrée à l'exposition des éléments de la géométrie analytique, de la théorie des équations, du calcul infinitésimal, etc., dont les élèves peuvent avoir besoin pour suivre avec fruit le cours de physique. On va même un peu au delà sur certains points, tantôt dans une direction, tantôt dans une autre. Il va sans dire qu'on ne craint jamais de faire appel à l'intuition géométrique, quand cela est possible, et qu'on évite à tout prix cette rigueur un peu pointue, si fort à la mode dans certains milieux, qui ne réussit le plus souvent qu'à obscurcir ce qui paraissait clair.

Ainsi réduit à ses éléments essentiels, débarrassé de tout appareil métaphysique et de tous les développements purements formels, cet enseignement est suivi très facilement par la plupart des élèves. Il ne s'agit pas, bien entendu, de faire d'eux des savants ; mais ce coup d'œil jeté sur l'immense domaine des mathématiques, tout en leur inspirant quelque modestie (ce qui n'est pas un résultat à dédaigner), leur permettra plus tard de juger plus sainement de l'importance relative des parties élémentaires. C'est un fil conducteur qui leur sera très utile, si j'ai atteint le but proposé, pour se guider ensuite dans l'organisation de leur enseignement.

Les éléments ne sont pas pour cela complètement négligés la première année. Outre les interrogations faites par le préparateur, les élèves ont à traiter un grand nombre de problèmes, qui sont ensuite discutés au tableau. Beaucoup de ces problèmes peuvent être traités, soit d'une façon strictement élémentaire, soit au moyen de procédés plus élevés, se rattachant à l'enseignement reçu, et la comparaison des deux méthodes peut être extrêmement profitable pour tout esprit attentif et réfléchi.

La seconde année est l'année pédagogique par excellence. Chaque élève fait à son tour une leçon sur les points les plus importants ou les plus délicats qu'il aurait à enseigner plus tard. La leçon est ensuite discutée par tous les auditeurs. Pour qu'ils puissent retirer de cet exercice tout le bénéfice qu'on est en droit d'en attendre, il est essentiel que chaque élève prenne une part active à la discussion, et aille dans ses critiques jusqu'au bout de sa pensée. S'il y a dans sa critique quelque chose de juste, ce qui est le cas le plus fréquent, on peut l'en dégager, et tout le monde en fait son profit. Si l'idée est fausse ou incomplète, il est possible de la rectifier ou de la compléter, et d'éviter ainsi à d'autres une erreur qu'ils auraient pu commettre à leur tour. Parmi les nombreuses qualités dont la réunion est nécessaire pour former un bon maître, il en est quelques-unes que nos étudiants ne pourront acquérir complètement que peu à peu, par un contact prolongé avec de vrais élèves. Mais il en est d'autres, et des plus importantes, dont nous cherchons, mon dévoué collègue, M. Macé de Lépinay, et moi-même, à cultiver en eux le germe dès leur séjour à l'École : le goût de la simplicité et de la clarté, des méthodes logiques et naturelles, l'horreur du vague, des détails inutiles, des formules trop nombreuses ou trop étroites. En dehors de ces préceptes généraux, la plus grande latitude leur est laissée pour la composition de leurs leçons, où ils doivent surtout faire œuvre personnelle. J'ai tous les ans l'occasion de leur répéter bien des fois qu'on peut faire, sur un même sujet, plusieurs leçons très bonnes et qui ne se ressemblent pas du tout. Il serait téméraire d'affirmer que je réussis toujours à convaincre tous mes auditeurs, mais, en revanche, j'ai parfois la satisfaction de voir se manifester chez quelques-uns l'esprit d'initiative. Je ne parle pas de cette initiative brouillonne, qui adopte sans discernement tout ce qui est nouveau ou exotique, qui confond changement avec progrès, mais de cette initiative raisonnée, qui ne cesse de s'appuyer sur l'expérience, la seule qui soit vraiment féconde.

Cet esprit d'initiative réfléchie serait d'autant plus précieux chez nos futurs maîtres d'écoles normales que l'enseignement des mathématiques élémentaires en France arrive, semble-t-il, à une période d'évolution. Il se poursuit depuis quelques années, dans un certain nombre d'écoles normales, et à l'instigation d'un membre éminent de l'enseignement supérieur, une tentative des plus intéressantes. L'objet de cette tentative est de donner à l'enseignement de la géométrie un caractère moins hiératique et plus vivant, de rendre plus palpables pour les débutants, les rapports entre les théorèmes qu'on leur fait apprendre et l'univers dans lequel ils se meuvent. Cette transformation s'accomplira sûrement, j'en ai la conviction, pourvu qu'on ne la compromette pas par une hâte imprudente ou des exagérations ridicules. Mais je ne crois pas qu'elle puisse être tout entière l'œuvre d'un savant enfermé dans son cabinet, aussi distingué qu'on le suppose. Avant que les nouvelles méthodes n'aient atteint leur forme définitive, il faudra sans doute de longs tâtonnements et les efforts combinés d'un grand nombre de collaborateurs.

Voilà un beau champ d'activité pour tous les anciens normaliens qui ont le goût des mathématiques. Qu'au lieu de s'asservir à suivre pas à pas un ouvrage, quel qu'il soit, ils s'efforcent d'observer sans idées préconçues les méthodes qui s'adaptent le mieux aux intelligences de leurs jeunes élèves. Si, en réunissant ensuite leurs observations, ils peuvent en dégager quelque conclusion certaine, ils auront contribué d'une façon efficace à une œuvre qui intéresse au plus haut point notre enseignement national.

E. GOURSAT,

Professeur de mathématiques,
à l'École de Saint-Cloud.

ENTRÉE DU PARC

L'ENSEIGNEMENT DE L'HISTOIRE

A L'ÉCOLE NORMALE DE SAINT-CLOUD

Chargé, en 1880, de faire des conférences d'histoire aux maîtres de l'enseignement primaire réunis à Sèvres, j'ai assisté à la naissance de notre École normale. Depuis un quart de siècle, je la vois croître et prospérer. Au milieu des normaliens de Saint-Cloud s'est écoulée une bonne partie, la meilleure partie de ma vie universitaire. C'est donc avec un grand plaisir que je résume, en cette circonstance solennelle, les impressions que m'ont laissées ces vingt-cinq années d'enseignement.

Je ne crois pas faire injure aux premières promotions

qui, depuis, ont fourni tant de maîtres excellents, en rappelant qu'aux débuts de l'École, le bagage historique avec lequel nos élèves arrivaient à Saint-Cloud, était, d'habitude, assez léger. Nous devions nous attendre à cette insuffisance, — qui ne tardait pas, d'ailleurs, à disparaître, — car nous savions dans quelles conditions défectueuses l'histoire était enseignée dans la plupart des écoles normales. Nos élèves les plus anciens nous ont souvent raconté qu'ils n'avaient eu à leur disposition que des manuels élémentaires, incomplets, rédigés le plus souvent avec une arrière-pensée de propagande politique ou religieuse. A ces livres se joignaient parfois des « cahiers » qui n'avaient de respectable que leur âge. Rédigés dans des temps reculés, aussi zélés qu'incompétents, ces bizarres recueils enregistraient, avec un soin pieux, des légendes, des erreurs de faits, des singularités de jugements, qui se transmettaient de génération en génération.

Le premier soin des professeurs de Saint-Cloud fut donc d'enseigner l'histoire à ceux qui ne la savaient que d'une façon si incomplète. Les leçons de mes chers collègues, MM. Martine et Jalliffier, sur l'antiquité, le moyen âge et les temps modernes, furent une révélation pour la plupart de nos élèves. De mon côté, je m'efforçai de les mettre au courant des principaux résultats obtenus dans l'étude de l'histoire contemporaine.

Tout en professant des cours généraux, ce qui nous paraissait indispensable, nous cherchions, dans la mesure qui nous semblait la plus raisonnable, à initier nos auditeurs aux méthodes scientifiques. Mais on sent bien que nous ne pouvions pas pousser très loin cette partie de notre enseignement. Nous ne pouvions guère apporter à nos auditeurs que le résultat de nos travaux personnels, en sollicitant le crédit d'une confiance qu'ils ne nous ont jamais refusée. Nous devions, avant tout, combler les lacunes, rectifier les jugements, dresser nos élèves aux exercices pratiques, les initier à ce qu'on appelle avec un peu d'ambition « la pédagogie historique » ; en un mot les préparer à ce redoutable concours qui embrassait le trop vaste ensemble de l'histoire générale.

Pour traiter un programme qui renfermait simplement l'histoire universelle, nous ne disposions que d'un nombre assez limité d'heures d'enseignement. Mais, élèves et professeurs, nous nous mîmes allègrement à la tâche ; nous fûmes, les uns patients, les autres zélés, tous également pleins de bonne volonté. Et nous eûmes, au bout de peu d'années, la satisfaction d'apprendre que, dans les écoles normales, l'enseignement de l'histoire s'améliorait. Nos élèves étaient devenus de bons maîtres ; à leur tour, ils perfectionnaient les instruments de travail que nous avions remis entre leurs mains.

L'École de Saint-Cloud ne tarda pas à ressentir l'heureux effet de ces progrès. Les compositions écrites et les leçons d'histoire, au concours d'admission, témoignaient, chez les candidats, de connaissances de plus en plus sérieuses. Dès lors, à l'École, les professeurs purent se mouvoir avec plus de liberté dans leur enseignement, et offrir à leurs auditeurs une culture plus désintéressée.

L'Administration supérieure parut nous encourager dans cette voie, en même temps qu'elle se préoccupait d'alléger la tâche si lourde des candidats au diplôme du professorat. Une note ministérielle du 27 septembre 1890 fit connaître que les compositions écrites, en histoire et en géographie, porteraient désormais sur des périodes limitées et sur des sujets spécialement indiqués. Tous les intéressés, candidats et professeurs, accueillirent avec faveur cette innovation qui constituait un véritable progrès.

Le premier « programme spécial » indiqua, pour le concours de 1891, l'étude de l'histoire générale, de 1453 à 1610. Le même procédé était appliqué à la géographie : les candidats devaient étudier l'Asie et l'Afrique. — Depuis quelques années, le programme spécial comporte en même temps une période d'histoire moderne et une question d'histoire contemporaine. C'est ainsi que nous avons eu à étudier, pour l'histoire contemporaine, le régime constitutionnel en divers pays, les nationalités en Allemagne, en Italie, en Autriche-Hongrie, etc.

Quelque vastes que paraissent de tels sujets, ils laissent cependant au professeur plus de latitude que par le passé. Tout en traitant au point de vue du concours les questions proposées, nous pouvons, avec plus de liberté qu'autrefois, exercer nos élèves aux méthodes scientifiques, les intéresser à la bibliographie, lire et commenter quelques textes. Nous procédons, bien entendu avec réserve. Nous n'avons pas la prétention d'ériger

ÉCOLE DE SAINT-CLOUD. — LES SALLES DE CLASSE

notre École normale en rivale de la Sorbonne, ou de l'École des Hautes-Études. Nous nous proposons simplement d'inspirer aux jeunes gens intelligents et laborieux qui nous écoutent, le goût des recherches personnelles et des études supérieures. Nous leur montrons simplement la voie dans laquelle quelques-uns de leurs devanciers se sont engagés avec succès.

Élever sans cesse le niveau de l'enseignement n'est pas pour nous une obligation seulement professionnelle. C'est aussi, si l'on veut bien me permettre une expression dont on abuse parfois, une obligation sociale. Nous devons tendre à abaisser les barrières, si souvent conventionnelles, qui séparent encore les trois ordres d'enseignement. Or, ce n'est pas par de vains discours que l'on atteindra ce but si désirable. C'est en cultivant d'après les mêmes disciplines, les intelligences et les consciences, les diverses catégories de nos étudiants. Cette tâche, qui est très noble, n'est pas irréalisable, surtout quand il s'agit de pédagogie, de philosophie, d'histoire, en un mot de sciences sociales. C'est en créant le plus grand nombre possible de parentés intellectuelles et morales qu'on arrivera à constituer sur des bases meilleures une véritable famille universitaire.

Qu'il me soit permis de formuler un vœu, en terminant. L'enseignement de l'histoire et de la géographie a pris enfin dans nos écoles de tout ordre un développement conforme à son importance. De plus en plus, il exige de nos maîtres des connaissances étendues et spéciales. On peut prévoir, je pense, le moment où il deviendra nécessaire de scinder en deux parties distinctes le diplôme du professorat de l'enseignement primaire supérieur : grammaire et lettres d'une part, histoire et géographie de l'autre. Il va sans dire que la pédagogie et les langues vivantes resteraient communes aux deux diplômes. Une telle scission correspondrait aux besoins de l'enseignement. Elle ne serait que la consécration des usages actuellement en vigueur, puisque les maîtres de nos écoles normales et de nos grandes écoles primaires supérieures sont chargés, en fait, d'enseigner, les uns les lettres, les autres l'histoire et la géographie. Si la spécialisation existe dans l'enseignement, il serait équitable de l'introduire aussi dans le concours qui ouvre la carrière. Grâce à cette réforme, les candidats au professorat, — et je ne parle pas seulement de nos normaliens — ne seraient plus écrasés par une besogne vraiment très lourde.

Si nos élèves pouvaient, dès leur arrivée à Saint-Cloud, choisir leur spécialité et s'y consacrer pendant deux années, la culture historique, pour ne parler que de celle-là, deviendrait plus étendue en même temps que plus profonde. La tâche, librement choisie par nos élèves, leur serait plus légère. Ils auraient plus de loisirs pour lire, cultiver librement leurs esprits, acquérir de leur propre initiative les connaissances multiples qui sont maintenant indispensables aux professeurs d'histoire et de géographie.

Qu'on ne s'attende pas à trouver ici, en manière de conclusion, un jugement d'ensemble sur l'enseignement de l'histoire à Saint-Cloud. J'aurais mauvaise grâce, étant intéressé comme partie, à m'ériger en juge.

Je me bornerai donc à écrire que tous, élèves et professeurs, aujourd'hui comme il y a vingt-cinq ans, nous travaillons de notre mieux au succès d'une cause qui nous est chère.

Qu'il me soit permis d'ajouter que, depuis un quart de siècle, une sympathie réciproque, très cordiale et très sincère, unit dans une mutuelle affection les élèves et les maîtres. Les années ont passé, très brèves. Les promotions se sont succédé, toutes également pleines de foi dans leur mission future, également laborieuses, également sympathiques. Nous nous réjouissons de notre œuvre, en pensant que, pour une part modeste, nous avons contribué à donner à la France de bons citoyens, à l'Université de bons maîtres. Et notre joie est profonde quand des lettres échangées, une rencontre, un serrement de mains, nous rappellent que, tout en servant la République et l'Université, nous avons gagné pour nous-mêmes, ainsi qu'un cadeau précieux, l'amitié de nos chers élèves d'hier, de nos excellents collègues d'aujourd'hui.

L.-G. GOURRAIGNE,

Professeur d'histoire,
à l'École de Saint-Cloud.

L'ENSEIGNEMENT DU TRAVAIL MANUEL

A L'ÉCOLE NORMALE DE SAINT-CLOUD

Deux fois le bras nerveux d'Alain fait sursauter la cloche. C'est un appel aux élèves de la section des sciences. Là-bas, dans les ateliers, la machine se met à haleter ; son souffle, d'abord violent, s'adoucit et s'accélère ; les courroies se tendent, les transmissions geignent sous leur effort ; c'est bientôt le sourd grondement de la vie industrielle.

Cependant les élèves ont quitté veston, faux-col et

manchettes, toute la livrée bureaucratique. Ils ont revêtu le bourgeron et le pantalon de toile bleue. Ce sont maintenant de jeunes ouvriers à l'allure décidée.

A ces fils du peuple, le travail manuel offre un moyen de dépenser l'énergie physique de leurs muscles de vingt ans ; c'est pour eux une façon de sport ; et leur activité joyeuse remplit tout l'atelier. Mais c'est surtout, quelles que soient plus tard les matières qu'ils professeront, une préparation à leur future carrière. On trouvera peut-être que si cette préparation est nécessaire pour les futurs chefs d'atelier scolaire, elle est inutile — du moins à première vue — pour les professeurs de sciences ou de mathématiques. J'aurai l'occasion de m'expliquer dans la suite à ce sujet.

Ce qu'il y a de certain, c'est que Saint-Cloud est la seule grande École relevant du ministère de l'Instruction publique, où les éléments du travail du bois et des métaux sont enseignés. Un visiteur étranger à l'enseignement primaire est toujours surpris d'y trouver des ateliers. La vaste salle des tours, l'atelier de menuiserie et l'abondance de son outillage, la machine à vapeur et les machines-outils qu'elle commande le laissent un peu ébahi. L'ardeur intéressée des élèves quand il assiste à une séance, l'étonne. Et il fait naturellement cette remarque que l'enseignement du travail manuel doit occuper une bonne place à l'École.

Son illusion disparaît quand on lui montre l'emploi du temps. Il s'aperçoit que, si les ateliers sont assez bien pourvus, le temps que les élèves y passent est court. A peine trois heures par semaine ! Et deux années scolaires seulement ! C'est à peu près le temps nécessaire pour s'entretenir la main lorsqu'on sait travailler !

Sans doute, l'administration a jugé qu'il n'y a guère
plus à faire. Car les élèves qui entrent à l'École doivent
avoir suivi les cours de travail manuel des écoles normales primaires ; ils doivent avoir travaillé à l'atelier,
s'y être perfectionnés comme ils l'ont fait en mathéma-

APPAREILS DE PHYSIQUE CONSTRUITS PAR LES ÉLÈVES

tiques et en sciences physiques. L'examen d'entrée ne
comporte-t-il pas un exercice pratique qui permet d'éli-
miner les candidats incapables à l'atelier ? Il doit suffire
à l'École de compléter leurs connaissances techniques
et de développer un tant soit peu leur habileté manuelle.
A cela, trois heures sont suffisantes !

Mais nul n'ignore que personne ne prépare l'épreuve
de travail manuel. Le temps très court — une heure et
demie — consacré à cette épreuve oblige à choisir un

exercice simple, si simple que tous les aspirants l'exécutent; quelques-uns bien, le plus grand nombre mal; on en voit même — des lycéens — qui, sans aucun doute, n'ont jamais tenu un outil. Au reste, tous savent que cette épreuve n'a qu'un faible coefficient, et ils y ménagent leurs forces, surtout ceux qui pourraient faire très bien et qui, sottement, ne se donnent pas la peine de gagner là les quelques points qui assureraient peut-être leur succès.

En définitive, cette épreuve ne permet aucune sélection : parmi nos jeunes camarades qui entrent à l'École, il y en a toujours qui, non seulement n'ont jamais travaillé à l'atelier, mais — chose plus grave — sont très maladroits.

Que faire avec des élèves de force et d'aptitudes aussi différentes? Administrativement, la réponse est claire : il faut les amener tous à être capables de subir avec succès, après deux années, le concours du certificat d'aptitude à l'enseignement du travail manuel dans les écoles normales et les écoles primaires supérieures. Est-ce donc le programme de ce concours qui doit nous servir de guide?

L'écrit de cet examen ne porte sur aucune question qui relève du travail manuel proprement dit. Outre une leçon de technologie — dix à quinze minutes sur des sujets simples demandant seulement de la réflexion à ceux qui ont fréquenté les ateliers — l'oral, sur trois épreuves, n'en comporte qu'une qui soit une épreuve de travail manuel. Et cette épreuve même ne saurait donner une indication sur ce que peut être, à Saint-Cloud, cet enseignement. Elle consiste en un exercice soit d'ajustage, soit de menuiserie. Le premier est inva-

riable : il n'exige que l'usage du burin, du bédane et de
la lime pour l'exécution d'une pièce extrêmement
simple, toujours la même. L'autre porte sur l'usinage
d'un assemblage ; ici, on cherche la variété ; malheureusement, on ne sort pas des assemblages ; comme on a
épuisé la collection de ceux qui sont vraiment utilisés,
comme il est difficile, dans un domaine aussi battu, de
trouver des choses à la fois nouvelles et pratiques ; on
satisfait au besoin d'inédit en imposant aux candidats
un de ces assemblages bizarres que seuls, par souci de
singularité, les artisans de jadis, à qui le temps coûtait
peu, pouvaient songer à utiliser.

Tenir les élèves à l'étau jusqu'à ce qu'ils sachent
« limer droit », puis à l'établi jusqu'à ce qu'ils soient
capables d'exécuter un assemblage de façon qu'il
« joigne », tel serait donc le but à atteindre si l'on voulait suivre les indications du programme de l'examen.

Je n'étonnerai guère mes camarades en disant que de
telles indications sont insuffisantes. Il est possible à Saint-
Cloud, malgré le peu de temps dont on dispose, de faire
quelque chose de plus intéressant, et cela, sans perdre
de vue qu'on doit préparer les élèves à l'enseignement
du travail manuel dans les écoles normales et les écoles
primaires supérieures.

Cette préparation nécessite la reprise des exercices
élémentaires de menuiserie, de tour, de forge et d'ajustage. Indispensable pour ceux qui n'ont jamais fait de
travail manuel, cette série d'exercices est bonne aussi pour
ceux qui déjà sont habitués aux travaux d'atelier : car
elle leur donne une connaissance plus approfondie et
plus raisonnée de l'outillage et des modes d'usinage con-

sacrés par la pratique. Les connaissances qu'ils ont acquises dans leurs cours de mécanique et de sciences physiques, complétées par les notions de technologie qui leur sont enseignées à l'atelier, leur permettent de se rendre compte, mieux qu'ils ne l'ont fait jusqu'alors, de la nécessité de telle forme d'outil ou d'assemblage, de tel détail dans sa construction; elles leur font trouver la raison d'être de telle pratique dans l'usinage de telle pièce. C'est ainsi qu'à la menuiserie — pour prendre un exemple très familier — la forme de la varlope leur apparaît nécessitée par la nature du travail qu'elle doit exécuter — faire des plans — et par les variations très grandes de résistance qu'elle rencontre dans ce travail, ce qui explique la grande masse qu'on donne au fût. C'est ainsi qu'ils aperçoivent nettement la nécessité des modifications qui s'imposent à l'assemblage droit à tenon et mortaise lorsqu'on veut pousser une moulure sur les pièces assemblées, ménager une rainure pour loger un panneau, ou faire une feuillure pour loger une vitre.

Il est inutile, dans cette série de travaux, de sortir de ceux que la pratique a consacrés. C'est ainsi que je ne fais exécuter de ces assemblages compliqués à tenons et mortaises multiples qu'à mon corps défendant et parce qu'on en donne à l'examen de sortie. Jamais je ne fais faire de trait de Jupiter, ni aucun autre de ces exercices de fantaisie qui éblouissent le public dans les expositions et semblent n'avoir d'autre utilité que de rappeler de loin les chefs-d'œuvre que les apprentis devaient produire pour devenir compagnons. Ne gaspillons pas notre temps et nos forces; apprenons à connaître et à manier les outils en exécutant les exercices que l'expérience a imposés à ceux qui veulent faire vite et bien, et qu'une observation attentive fait découvrir dans les meubles, dans les appareils, dans les constructions au milieu desquels nous vivons.

L'exécution de ces travaux élémentaires, j'entends par là d'assemblages ou de pièces d'ajustage isolés, prépare les élèves à leur examen. Si l'on n'avait en vue que ce dernier, on s'en tiendrait là; on exigerait seulement une plus grande précision et un fini plus soigné. Mais une telle préparation, en assujettissant toujours les élèves au même genre de travail, deviendrait vite fastidieuse; je dirai même plus : il est nuisible de tenir les élèves sur de semblables exercices jusqu'à ce qu'ils les exécutent avec la précision qu'on exige dans les écoles spéciales. Ceux de mes camarades qui enseignent le travail manuel savent qu'un élève arrive assez vite à acquérir dans l'exécution une précision moyenne. A partir de ce moment — et lorsqu'on dispose de peu de temps à l'atelier — il ne faut plus le retenir sur le même genre de travail; souvent il ne se perfectionne plus et, quand il progresse, c'est toujours avec une lenteur telle qu'il se décourage et ne vient plus à l'atelier qu'à contre-cœur.

N'exigeons donc pas d'élèves qui passent à l'étau pour la première fois, qu'ils y restent jusqu'à tirer une pièce d'épaisseur au centième de millimètre; à l'établi, jusqu'à ce qu'ils exécutent ces petits chefs-d'œuvre d'inutilité dont je parlais tout à l'heure.

D'ailleurs, ne pas aller au delà des exercices élémentaires équivaudrait à retenir constamment les élèves d'une école primaire sur les quatre opérations en fait d'arithmétique: c'est insuffisant; il faut apprendre aux

enfants comment la combinaison rationnelle de ces opérations conduit à la solution des problèmes pratiques. Il
faut aussi poser à nos élèves des problèmes et les leur faire
résoudre ; et c'est ici qu'ils vont apprendre leur rôle
de professeur, qu'ils vont s'initier à la direction qui leur
incombera plus tard.

A cet effet, chacun d'eux est invité à présenter le
projet d'un travail d'ensemble. Ce projet doit être suffisamment étudié pour qu'il puisse être exécuté avec les
ressources dont on dispose à l'École : un croquis
général et les croquis détaillés des pièces délicates sont
exigés, ainsi que le choix raisonné des matières premières, des liaisons entre les diverses parties, de la
marche à suivre dans l'exécution. Il est curieux de voir
combien les élèves s'intéressent à ces travaux, quelles
recherches de toutes sortes ils sont obligés de faire,
quelles modifications successives leur sont imposées par
les exigences d'une technique avec laquelle ils ne sont
pas familiarisés, quelles simplifications leur sont sug-
gérées par la nécessité de faire vite et par les ressources
restreintes dont ils disposent en fait de temps et d'outils. Quand un projet est mûr, l'auteur, faisant office de
contremaître, distribue les croquis des différentes pièces
à trois ou quatre de ses camarades devenus ses élèves
pour quelques séances. Il veille aux travaux de ses asso-
ciés, tout en accomplissant lui-même sa tâche, leur
remettant les matières premières qu'il a fait préparer
par le chef ouvrier, expliquant ses croquis, vérifiant
l'exécution, indiquant les corrections qu'il y a lieu de
faire quand une pièce est « loupée ».

Il note le temps employé, calcule avec ses camarades le prix de revient de l'œuvre collective, en tenant compte seulement du prix des matières premières : il fait son apprentissage de futur chef d'atelier scolaire.

Mais où trouver des travaux qui puissent intéresser des jeunes gens de vingt à vingt-cinq ans? Quelques-

ATELIER D'AJUSTAGE

uns déjà ont fait ces petits objets de menuiserie d'utilité courante — boîte, banc, console, etc. — qui sont en honneur dans les écoles primaires supérieures et qui n'ont d'autre intérêt que la difficulté relative de leur exécution. C'est ici, je pense, qu'il faut se rappeler que nos futurs professeurs de travail manuel seront aussi professeurs de mathématiques ou professeurs de physique et chimie, qu'ils auront à entretenir et surtout à enrichir les laboratoires rudimentaires que la munificence de la troisième République a dispensés aux écoles du peuple. Montrons-leur donc, à Saint-Cloud, que l'atelier est le prolongement nécessaire du laboratoire, d'autant plus indispensable que celui-ci n'existe souvent qu'à l'état d'embryon. Essayons de les convaincre qu'un professeur d'école primaire supérieure ou d'école normale, en faisant exécuter à ses élèves des appareils simples qui lui permettront d'illustrer son cours, possède là un moyen puissant de les intéresser à la fois au travail manuel et à l'enseignement scientifique.

Laissons, pour ce faire, les élèves de Saint-Cloud glaner dans leurs cours de mécanique, de physique et même de chimie; ils ont là une mine d'exercices inépuisable, comprenant tous les genres de travaux, comportant toute la série des difficultés. Invitons-les à étudier les appareils en usage ; surtout, incitons-les à en réaliser de plus simples, souvent aussi démonstratifs, sinon d'aussi belle apparence, que ceux que les constructeurs nous livrent à prix d'or. L'appareil achevé, ils l'étudieront au laboratoire, s'ingénieront à montrer tous les services qu'il peut rendre et, s'il y a lieu, rédigeront une notice pour fixer les résultats obtenus. C'est ainsi que les laboratoires de l'École ont eu non seulement leur ancien matériel réparé par les élèves, mais se sont, en outre, enrichis d'instruments intéressants : pendule réversible, appareil pour l'étude de la torsion des fils, électromètre à cadran, galvanomètre Deprez-d'Arsonval (indiquant le 1/500 000 d'ampère), électrodynamomètre simplifié, voltamètre à sulfate de cuivre, appareil de polarisation de la lumière par réflexion, etc.

L'exécution de tels travaux nécessite la connaissance d'un outillage assez complet et un apprentissage portant sur des matières plus variées que celles du programme final. A l'atelier d'ajustage, les élèves doivent, non seulement passer à l'étau, mais apprendre à travailler les divers métaux à la forge, aux tours, aux machines à aléser ou à percer; ils doivent savoir exécuter les diverses soudures. Il faut apprendre à faire usage, à la menuiserie, de la colle forte et des vernis; il ne suffit plus que les assemblages « joignent », — c'est à la vérité chose secondaire, — il faut que les pièces d'un assemblage droit restent dans le même plan et que leurs champs soient d'équerre, conditions essentielles pour que l'assemblage puisse être utilisé, et dont l'importance échappe si l'on ne sort pas des travaux élémentaires.

Nous espérons qu'ainsi compris le travail à l'atelier peut profiter à tous les élèves. D'abord à ceux qui, plus tard, seront à la tête d'un atelier scolaire : leurs connaissances seront assez étendues pour qu'ils puissent utilement diriger leurs maîtres-ouvriers, et ils sauront s'inspirer des préoccupations et des besoins futurs de leurs jeunes élèves pour le choix des travaux à faire exécuter. Il peut aussi profiter à ceux qui seront professeurs de sciences. N'a-t-on pas senti la nécessité d'installer à l'École normale supérieure des ateliers où les physiciens et les chimistes peuvent apprendre à travailler le bois et les métaux ?

Et le cours de manipulations de physique, récemment publié par M. Abraham, maître de conférences à l'École normale, avec la collaboration d'un grand nombre de savants et de professeurs, ne débute-t-il pas tout simplement par un cours de travail manuel ? Les inspecteurs généraux de l'enseignement secondaire eux-mêmes recommandent — circulaire du 28 novembre 1904 — l'installation à côté des laboratoires de physique et de chimie d'un atelier avec étaux, forges, tours à fileter, tours à bois et invitent les professeurs de sciences à diriger dans cet atelier des travaux d'élèves. Un de nos jeunes maîtres de l'enseignement supérieur, M. Émile Borel, désire de même un *laboratoire de mathématiques*, où les élèves puissent réaliser des surfaces, des volumes géométriques, où ils fassent « avec des poulies et des ficelles les expériences de mécanique », où ils construisent des appareils élémentaires « qui seront l'occasion de calculs numériques très simples, avec très peu de décimales, mais dont l'erreur finale ne dépassera pas les erreurs de mesure ». C'est chez nos voisins les secondaires un mouvement très net et déjà très fort qui se dessine en faveur du travail manuel.

L'esprit dans lequel cet enseignement est donné à Saint-Cloud, est précisément celui qui a fait naître ce mouvement. Il ne vise pas, comme on peut le remarquer, à former des manœuvres capables d'atteindre une grande précision dans un genre de travail déterminé. A des jeunes gens dont l'esprit est sans cesse sollicité par des spéculations théoriques, il essaye surtout de montrer la nécessité d'un enseignement pratique ; il cherche à leur inspirer le désir de revenir aussi souvent que possible prendre contact avec la réalité. Il leur rappelle, au surplus, que le législateur, en instituant l'École normale de Saint-Cloud, n'a point voulu en faire une contrefaçon d'université, mais une pépinière de professeurs pour les enfants que la démocratie laborieuse envoie toujours en plus grand nombre dans les écoles primaires supérieures et dans les écoles nationales professionnelles.

L. PASTOURIAUX,
Professeur de travail manuel,
à l'École de Saint-Cloud.
Promotion 1896.

PARC DE SAINT-CLOUD. — LA GRANDE ALLÉE DU BAS PARC

ORIGINE DES ÉLÈVES DE SAINT-CLOUD

En de petits cartons séparés, nos géographies classiques nous montrent les régions de la France riches
plus que d'autres en céréales, en vins, en chevaux de
selle ou de labour, en tel ou tel autre produit du sol ou
de l'industrie. Par un procédé analogue, nous nous
sommes proposé de mettre en évidence les départements
français qui, depuis un quart de siècle, se sont signalés
comme particulièrement fertiles, toute révérence gardée,
en... élèves de Saint-Cloud.

C'est à l'occasion du vingt-cinquième anniversaire de

notre chère École que cette idée nous est venue. Nous
l'avons soumise au président de notre Société amicale, il
l'a favorablement accueillie et vite nous l'avons réalisée
pour apporter notre contribution au « Livre d'or » qui
marquera une date importante de l'histoire de l'École
normale supérieure d'enseignement primaire.

Nous avions songé tout d'abord à établir tout simplement une carte de France sur laquelle nous pointerions
chaque élève dans son département d'origine. Ce graphique, parlant aux yeux, devait donner une vue d'ensemble du recrutement de l'École.

Puis, en mûrissant notre projet, en essayant de le
mettre debout, nous nous sommes aperçu que la « production régionale » a notablement varié depuis 1882 et
qu'il était plus intéressant de dresser deux cartes qu'une
seule : l'une concernant les douze premières promotions
de Saint-Cloud ; l'autre, les treize dernières.

Nous avons cru utile, en outre, de noter par un signe
différent les littéraires et les scientifiques.

Notre enquête porte sur 497 noms, un demi-régiment !
Nous avons dû laisser de côté, pour diverses raisons et
surtout pour manque de renseignements, les élèves de la
promotion dite de Sèvres, et tous les externes, ne rete-
nant que les internes reçus au concours.

Cela nous a fourni 251 noms à distribuer dans la première carte et 246 dans la seconde.

Les 251 élèves de la période 1882-1893 se répartissent
ainsi : 124 littéraires et 127 scientifiques.

Les 246 élèves de la période 1893-1905 se décomposent
en : 132 littéraires et 114 scientifiques.

Ajoutons encore que nous avons jugé bon de placer les

élèves dans le département où ils sont nés ; du reste,
c'est ordinairement là qu'ils ont fait leurs études et, en

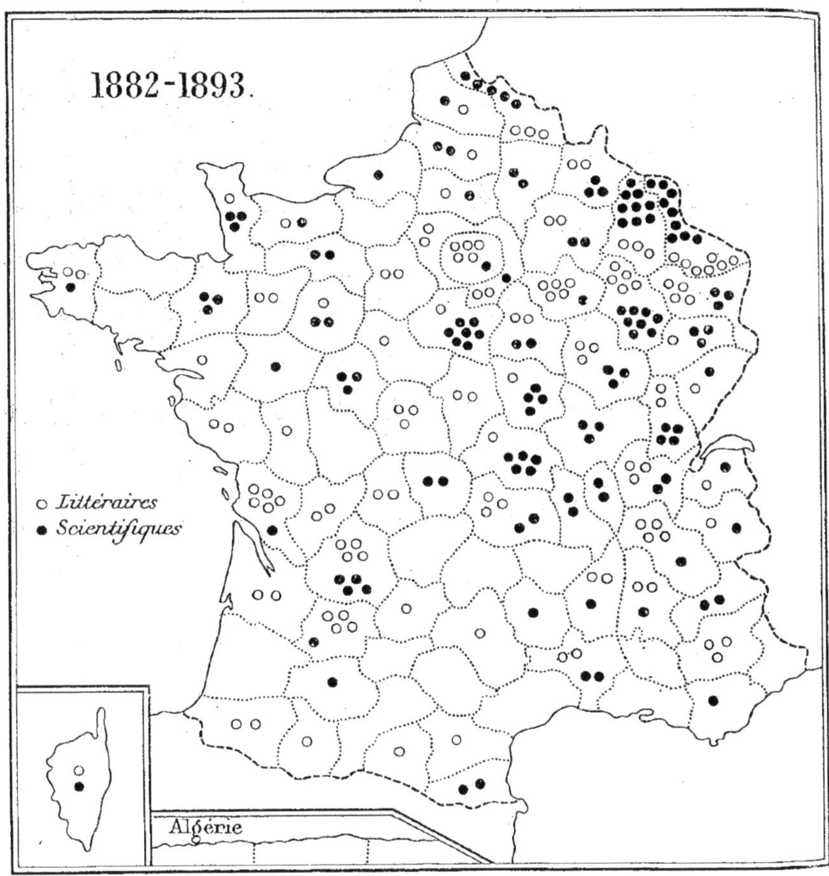

grande majorité, ils sortent de l'école normale primaire
de ce département.

Ces explications préalables données, essayons maintenant d'interpréter chacune de nos cartes.

A l'inspection de la première, l'œil est immédiatement frappé par le pointillé serré de la région du nord-est et principalement des trois départements lorrains et de la Haute-Marne. Il y a là un groupe de 48 noms, environ le cinquième du total. Le fait est notable. Comment l'expliquer? Sans aucun doute par l'avance qu'avait prise cette région relativement à l'enseignement primaire. Avant la loi sur l'obligation scolaire, l'est se distinguait par sa faible proportion d'illettrés, ses écoles primaires recevaient de meilleurs élèves, ses écoles normales recevaient et rendaient de meilleurs sujets, et ces jeunes instituteurs distançaient leurs concurrents sur le chemin de Saint-Cloud. L'enchaînement de ces causes et effets nous paraît logique.

En dehors de ce petit coin privilégié, méritent aussi une mention spéciale : le Nord, le Jura, l'Aube, le Loiret, l'Allier, la Charente-Inférieure, la Dordogne, ayant fourni au moins six élèves.

Nous laissons de côté la Seine pour ne lui attribuer en ce moment aucune « nomination » sur notre palmarès, car il est à remarquer que les six originaires de Paris ou de la banlieue ne sortent pas de l'école normale d'Auteuil. Ce sont, cinq sur six, des élèves d'écoles normales de province nés « accidentellement », pourrait-on dire, dans la capitale.

Nous retrouverons Paris en meilleur rang quand nous serons en face de notre second carton.

Nous n'avons pas à dénoncer davantage, notre graphique le fait suffisamment, les départements dont la blancheur reste immaculée ou presque. Disons tout de même que le Sud-Ouest, le Massif central, la Provence paraissent « bouder » Saint-Cloud, et que c'est tant pis pour Saint-Cloud !...

*
* *

Passons à notre second document.

Les quatre départements qui avaient mérité la mention la plus flatteuse dans la première période occupent encore un rang fort honorable dans la deuxième. Cependant leurs envois ont diminué juste de moitié : 24 au lieu de 48. La lutte devient, semble-t-il, plus difficile, la concurrence plus sérieuse.

Le Jura, déjà bien classé, se trouve au tout premier rang avec neuf noms. La Drôme, le Rhône, l'Ardèche, l'Allier, le Loir-et-Cher sont en progrès sérieux. Au contraire, sont quelque peu en baisse : l'Isère, le Lot-et-Garonne, la Dordogne, la Charente-Inférieure, le Loiret, l'Aube, mais surtout la Côte-d'Or, l'Indre et le Cher dont le contingent se réduit à zéro.

Dans la Provence, l'Auvergne, la Gascogne, le Languedoc, qui décidément boudent toujours, le Tarn se distingue et groupe cinq noms ; tache honorable !

L'Algérie se fait sa petite place.

Mais la caractéristique frappante de la carte qui est sous nos yeux est le gain considérable de Paris et de la Seine où nous avons peine à loger 15 littéraires et 6 scientifiques. Ils viennent en partie d'Auteuil, en partie de J.-B. Say, de Chaptal surtout. Paris, qui connaissait traditionnellement le Saint-Cloud où l'on dîne sur l'herbe, mais qui paraissait ignorer le Saint-Cloud où l'on étudie, le découvre soudain et s'élance pour en forcer les portes.

C'est là, évidemment, un fait marquant dans l'histoire

de notre École. Nous le constatons, mais nous laissons à
d'autres le soin de l'expliquer et de l'apprécier.

Nous croyions tirer avantage de la notation distincte
des élèves de lettres et des élèves de sciences. Par
exemple, nous pensions, *a priori*, que le Midi fournirait
plus de littéraires que de scientifiques. Les faits ne con-
firment pas l'hypothèse. Tels départements : Indre-et-
Loire, Creuse, Pyrénées-Orientales, n'ont donné jusqu'ici
que des scientifiques; tels autres : Seine, Haute-Vienne,
Aube, Drôme, Tarn, Lot-et-Garonne, Loir-et-Cher, ont
surtout donné des littéraires, mais rien ne dit que cette
proportion doive se maintenir. En sorte que la conclusion de notre pointage c'est que l'aptitude littéraire ou
scientifique se montre à peu près également répartie au
Nord et au Midi, à l'Est et à l'Ouest. Et c'est, somme
toute, preuve d'un heureux équilibre.

*
* *

Voilà, brièvement commenté, le modeste travail qu'il
est agréable à un vétéran de Saint-Cloud, de présenter à
ses camarades. Qu'ils veuillent bien l'accepter comme il
le leur offre, c'est-à-dire de tout cœur.

E. GOUGÈRE.
Promotion mars 1882.

L'ÉCOLE DE SÈVRES

LES COURS PRÉPARATOIRES DE SÈVRES

Vous êtes enfermé dans une impasse, sans lumière et sans horizon. Une porte s'ouvre et vous voilà libre sur la grande route et sous le clair soleil. La joie que vous éprouvez de cette délivrance, je l'ai pleinement sentie — d'autres l'ont dû sentir comme moi — le jour où je fus admis à suivre le Cours préparatoire de Sèvres, ébauche de l'École normale de Saint-Cloud.

Nos cadets se figurent malaisément ce qu'il y avait de misérable dans les possibilités d'éducation et les chances d'avenir d'un « primaire » de 1880. Un hasard heureux m'avait permis d'entrer dans une école normale de pro-

vince en qualité de maître surveillant. Inopinément
chargé du cours de littérature française qu'on venait
d'y créer, je me souviens du dialogue suivant par lequel
débuta ma première leçon :

— Connaissez-vous déjà, dis-je aux élèves de troisième année, quelques notions de la littérature française ?

— Non, Monsieur.

— Ni moi non plus.

— ?? (Effarement joyeux des élèves.)

— Faites-moi crédit. Je travaillerai, j'ai plus de temps
que vous, je tâcherai de vous aider...

Je m'étais, certes, donné beaucoup de peine, ainsi
que la plupart de mes camarades, soit comme élève-
maître, soit comme instituteur débutant. Mais jusqu'alors
je n'avais guère, dans mes pauvres études, marché qu'à
tâtons, dans la nuit, sans guide et sans boussole. Le
savoir que j'avais acquis au petit bonheur, incohérent,
inorganisé, indigeste, au lieu d'éclairer mon esprit, ne
faisait guère que l'obscurcir : c'était une matière lourde
et sans levain. Ne m'étais-je pas mis en tête de résumer
la compacte et inintelligente *Histoire des Français* de
Théophile Lavallée ? Et le *Manuel d'histoire littéraire* de
Mennechet, le seul que j'eusse sous la main, ne m'ensei-
gnait-il pas de mettre l'œuvre poétique de Béranger au-
dessus de celle de Victor Hugo ?

Les cours de Sèvres furent pour moi — et, sans doute
pour la plupart de mes condisciples, sinon pour tous —
comme la révélation de la lumière, de l'ordre et de la
beauté. Ils me firent pénétrer pour la première fois,
dans la région à peine entrevue des idées, et ce fut, pen-

dant les quelques semaines que nous demeurâmes à Sèvres, une fête sans trêve pour mon esprit. Au surplus, je n'étais pas très difficile. Je m'asseyais, affamé, à toute table. S'il en était peut-être, à notre goût, de médiocrement servies, d'autres n'offraient, en revanche, que des mets de premier choix.

J'en ai gardé quelques souvenirs ineffaçables. Combien de fois ne me suis-je pas répété, depuis vingt-cinq ans, la courte mais si dramatique scène d'*Horace* où le messager Flavien vient annoncer à Curiace qu'Albe l'a choisi pour champion ! C'est que vraiment, quand M. Marot nous la lut, en la soulignant d'un bref et significatif commentaire, pour la première fois de ma vie je pressentis la grandeur cornélienne. Avec quelle force contenue, de quel accent sourd et vibrant à la fois, le professeur nous récitait les derniers vers : « Dis-lui que l'amitié... » ! Et avec quel frisson d'admiration, écolier encore ingénu, je l'ai entendu, pendant que, d'un geste discret, il levait les bras au ciel, nous jeter d'une voix basse, mais fortement articulée, la réponse de Flavien : « Dieux !... »

Je n'oublierai jamais tels débuts de leçon de M. Chabrier. M. Chabrier, qui enseignait aussi la littérature, entrait ordinairement en classe d'un mouvement vif et élégant. Il déposait sa serviette, se promenait devant la chaire, corrigeait négligemment les plis de sa cravate La Vallière, enlevait lentement ses gants, d'une irréprochable fraîcheur, et, comme s'il se fût parlé à lui-même, laissait tomber de ses lèvres des remarques sans doute très classiques mais que relevaient singulièrement le tour et le ton qu'y mettait le professeur. — « Ah ! Messieurs, ce Montaigne, quel charmeur !... » Suivaient, dans une libre

causerie, des traits choisis, des exemples caractéristiques,
un ensemble d'observations qui paraissaient n'être pas
toujours logiquement liées et qui projetaient néanmoins
dans nos esprits une grande clarté. Ses leçons sur
Molière sont restées au premier plan de mes souvenirs.
Un jour, il nous vint souriant, et sans préambule nous
dit : « Ma fille aînée m'accueillit hier, au retour du
lycée, par cette apostrophe : « Est-ce Alceste qui rentre ?
« Est-ce Philinte ? » Ce fut le point de départ d'un développement des plus aisés, des plus intéressants et des
plus instructifs.

Et qui donc, parmi nous, échappait à la puissante
séduction des leçons d'histoire de M. Jalliffier ? Ah ! si
j'osais dire ici toute la joie intellectuelle que nous avons
due à ce merveilleux professeur et de quelle dévote affection nous n'avons jamais cessé de l'entourer ! Mais sa
modestie en serait par trop blessée. Il me souvient d'un
incident révélateur que je puis rapporter sans manquer
à la discrétion. M. Jalliffier traitait devant nous, avec sa
maîtrise habituelle, je ne sais plus quel sujet d'histoire.
M. Gréard et M. Buisson lui avaient fait l'honneur et
l'agréable surprise d'assister à son cours. La leçon terminée, M. Gréard s'approcha de moi — j'étais près de
la chaire — et me dit de son air fin et bienveillant :

— Pourquoi avez-vous plusieurs fois souri en prenant
vos notes ?

— Je ne m'en suis pas aperçu, monsieur le Recteur,
mais si j'ai souri, c'était certainement de plaisir.

Non, jamais leçons ne furent suivies avec plus de plaisir et de bonne volonté que celles de Sèvres. Ce premier
contact entre maîtres primaires et professeurs secon-

daires fut des plus charmants et des plus profitables. Un peu timides et facilement admiratifs, mais d'ailleurs sérieux et avides de savoir, les primaires se donnaient sans réserve à leurs professeurs, et ceux-ci, émus d'une adhésion si franche, pénétraient avec une curiosité sympathique dans ces intelligences nouvelles pour eux et si pleinement attentives.

Nous étions peu nombreux, treize dans la section des lettres, autant dans la section des sciences. Je devais être l'un des plus jeunes et j'avais près de vingt-quatre ans. Quelques-uns d'entre nous étaient mariés et pères de famille. Notre doyen, l'excellent camarade Lecointe, n'était sans doute pas loin de la quarantaine.

Nous avions été choisis, sans concours, sur l'avis de nos recteurs, parmi les maîtres adjoints des écoles normales. Il en était venu du Midi, agréables compagnons, beaux parleurs, d'un travail souple, rapide, aisé et capricieux. C'était — je puis le dire, n'étant pas méridional — la grâce et la parure de notre promotion. Nous avions tous, si je ne m'abuse, un faible pour l'un d'eux, l'excellent camarade Lalaurie qui avait longtemps vécu à l'ombre du Capitole... de Toulouse. Le Dauphiné nous avait délégué le robuste Simiand, esprit mûr et méditatif que nous trouvions supérieur et qui nous donnait les plus belles espérances. N'était-ce pas du Jura que sortait celui qui fut, depuis, la gloire des cours de Sèvres, le grand, sec et nerveux camarade Bouvier, le travailleur le plus méthodique et le plus obstiné que j'aie jamais rencontré dans ma carrière, aujourd'hui professeur au Muséum d'histoire naturelle et membre de l'Institut !

Mutelet et Fenard nous venaient de la frontière de

l'Est, l'un rouge, ardent, vif, autoritaire — c'est à peine
si j'osais l'aborder, — l'autre, gouailleur, malin, d'une
verve joyeuse, tous deux solides ouvriers de l'âpre plateau de Lorraine. L'un et l'autre ont fait, depuis, un
assez joli chemin. La Bourgogne avait fourni, entre
autres, mon compatriote et ami Boucheron, grand gar-
çon un peu froid et mélancolique avec des réveils d'humeur gamine et enjouée. A Auxerre, où je l'avais eu
comme condisciple, je ne l'avais jamais approché qu'avec
un sentiment de vague déférence parce qu'il était, entre
tous, de beaucoup le plus fort dans les études et le plus
sérieux dans sa conduite.

Comment oublierai-je ce brave Claudon — des Vosges
ou de la Champagne? — qui avait bien l'âme la plus
tendre et la plus délicate du monde, et le si aimable
camarade Barrier, dont le buste élégant était orné
d'un éblouissant gilet armorié de Quimper-Corentin?
Mais personne ne m'en voudra d'avoir gardé un très
spécial souvenir à mes deux camarades de chambre, le
bon et pacifique Thiébault qui me rendit un service éclatant dans une circonstance que le souci de ma gloire
m'invite à laisser dans l'ombre ; à mon loyal ami Bouffandeau, sorti des Charentes, l'esprit fort bien pourvu,
mais l'esprit déjà taquiné par le démon de la politique
et, si j'ose dire, « combiste » plus de vingt ans avant la
lettre.

Il est trop clair qu'en m'efforçant ainsi de préciser des
détails si lointains, j'ai dû commettre des erreurs inex-
cusables, et je me suis rendu coupable, sans doute,
d'omissions qui, demain, feront mon désespoir. Qu'on
veuille bien n'en rendre responsable qu'une mémoire

déjà fatiguée. Au moment où je retrace, en vacances, ces impressions du passé et où j'évoque, après tant d'années, quelques figures amies, je n'ai aucun document sous la main et je ne mets en œuvre que la matière fugitive qui m'est restée dans l'esprit.

Comme nous étions tous mûrs, expérimentés, de tout repos — on pouvait du moins le présumer — nous ne fûmes point traités en écoliers, et j'ai conservé, pour ma part, un souvenir très agréable du régime intérieur de l'accueillante maison qui, pendant trois mois, nous offrit l'hospitalité. Je n'ai plus, d'ailleurs, qu'une vue très imprécise de ce vaste et vieil édifice qui, dans le passé, avait servi d'installation à la manufacture royale de porcelaine et où se trouve établie maintenant l'École normale supérieure de l'enseignement secondaire des jeunes filles. A vingt-cinq ans de distance, il ne m'en reste guère devant les yeux qu'une tache de vive lumière dans la verdure sombre d'un grand parc. Nous y entrâmes, je crois, vers le commencement de mai. On y avait aménagé, en hâte, quelques chambres pour nos lits, quelques salles pour les cours. Plâtres non essuyés, peintures fraîches, boiseries inachevées, rumeur des ouvriers au travail, c'est dans ce décor que nous reçûmes nos premières leçons.

Il me souvient qu'une fois M. Jalliffier — à moins que ce ne fût M. Compayré — ne trouva pour chaire qu'un tonneau debout, dans une salle de classe improvisée. 1881 ! N'était-ce pas l'époque héroïque des Jules Ferry et des Buisson où, dans l'enseignement primaire, tout s'improvisait ? Il y avait tant à créer, et le lendemain de la République était si peu sûr !

Nous étions parfaitement libres de nos mouvements dans cette immense maison abandonnée et dans le parc qui l'enveloppait. J'avais découvert une pièce très éloignée dont la fenêtre donnait sur un fossé rempli d'arbustes et de ronces sauvages. Tous les matins, vers 4 heures, je m'y rendais seul pour faire mon travail. La fraîcheur y était délicieuse et le silence n'y était troublé que par le vol furtif de quelque roitelet ou le sifflement lointain de deux merles qui se répondaient au réveil. Je restais là, le plus souvent, jusque vers 8 heures. Cette retraite devait être ignorée. Il y en avait d'autres pour des camarades amoureux, comme moi, de solitude.

Le parc avait des recoins ombreux dans lesquels nous nous plaisions infiniment. L'un d'eux, où je demeurais volontiers dans les chaudes après-dînées, fut témoin d'un petit incident qui ne laissa de me causer quelque embarras. Notre directeur, M. Diogène Bertrand, à qui avait été confié le soin de l'installation et de l'organisation des cours préparatoires de Sèvres, et qui s'acquittait avec une activité diligente de cette mission passablement délicate, avait l'allure brève et nerveuse d'un colonel en service. Sans le redouter précisément, je ne désirais pas le rencontrer : son regard vif et direct et sa parole un peu coupante gênaient un peu ma timidité. Or, dans une soirée orageuse, où je lisais seul sous une sorte de tonnelle... Mais est-il utile, en vérité, de raconter ici une sotte histoire d'écolier ? Jusqu'à la fin de nos trop courtes études, j'évitai d'aborder notre directeur, et quand, le jour du départ, je dus aller prendre congé de lui, je me tins d'abord respectueusement au seuil de son cabinet. Mais lui vint à moi, les deux mains affectueusement tendues dans un mouvement spontané de brusque cordialité.

C'était — je l'ai bien connu depuis — un excellent homme, d'un bon cœur, d'un esprit libre, plein de franchise et de droiture, digne de tout respect. Il ne nous a dirigés que pendant trois mois, et, malgré ses soucis d'installation, il a su nous suivre dans nos études et faire effort pour nous découvrir.

Il assistait, de temps en temps, aux cours des professeurs. Il était chargé lui-même de nous expliquer *le Cid* dans une série de conférences. Et dans les années qui suivirent, ses anciens élèves de Sèvres ne faisaient pas appel en vain à son obligeance.

C'est par cet acte de spéciale gratitude qu'il me plaît de terminer les quelques pages que j'avais à consacrer à la mémoire des cours de Sèvres.

E. DEVINAT.

Promotion de Sèvres.

Cliché Lhôpital et Julien.

PARC DE SAINT-CLOUD. — LES GRANDES EAUX

UNE POIGNÉE DE SOUVENIRS

Calme et unie est la vie d'un élève de Saint-Cloud qui a parcouru sans heurts les diverses étapes de sa carrière. La plupart d'entre nous pourraient dire à la façon d'Émile Augier : Je suis entré à l'École en 18.. ou 19..; je l'ai quittée en 18.. ou 19..; j'ai occupé tel et tel poste. En dehors de cela, il ne m'est jamais rien arrivé. Nos souvenirs touchent plus à la vie des autres qu'à la nôtre. Ce sera mon excuse d'en présenter ici quelques-uns. Que n'ai-je une plume spirituelle ou émue pour les faire revivre d'une manière qui ne fût pas indigne de cette place et du voisinage qui, j'en ai crainte, les fera paraître pauvretés ou puérilités.

*
* *

1883-84. — C'était l'époque des vaches grasses aux
mamelles gonflées de lait et des épis dont la tige s'in-
clinait sous le poids des grains. Voyages payés, dons de
livres, excursions en Bretagne et en Alsace aux frais du
ministère ! Nous fîmes donc en 1883 (2° et 1re années
littéraires) un beau voyage en Alsace. Le chef de notre
caravane était M. Douliot, principal du collège d'Épinal.
Ce furent trois bonnes semaines que nous passâmes en
pays annexé, des semaines de charme et d'émotions
recueillies un peu partout, à Metz, au cimetière de Cham-
bières, à Strasbourg, à Sainte-Odile où R. Bazin a mis
une scène touchante des *Oberlé*, à la Schlucht où
nous ne fûmes pas surpris de rencontrer M. Paquier qui
dut être satisfait de nous trouver en train de rechercher
des « idées générales » et des documents géographiques, à
Remiremont, la vieille ville aux rues couvertes qui me
rappelaient les porches de la Rochelle, les cornières d'Agen
et les arcades de la rue de Rivoli ; à Plombières... La
dislocation se fit à Plombières, après une marche rapide.
Vous en souvient-il, compagnons de la dernière étape ?
L'entraînement avait fait de nous d'intrépides marcheurs.
Malgré la chaleur de ce midi d'août, nous couvrîmes en
cinquante-huit minutes les 7 à 8 kilomètres qui séparent
Remiremont de Plombières. Après le dernier repas pris
en commun, on offrit à M. Douliot un alpenstock d'honneur. Le bon M. Douliot était ému ; nous avions été de
braves enfants pour lui, des touristes suivant leur guide
avec confiance, et il y avait quelque regret dans notre

séparation. J'apprendrai peut-être à quelques-uns que
M. Douliot vit toujours ; il est bibliothécaire de la ville
où il fut longtemps principal de collège ; le hasard m'a
fait donner des leçons d'anglais à sa petite-fille pendant
un an ou deux, et j'ai eu plaisir à rentrer par là en relation avec lui. Il ne nous a pas oubliés, et sans doute il
regarde parfois volontiers la photographie de notre
groupe, prise au cours du voyage, dont il occupe le centre
et qui forme un assez pittoresque instantané.

*
* *

1885. — Il n'y a rien de dramatique, on le voit, dans
nos souvenirs. Les situations où nos fonctions nous pla-
cent ne sont jamais tragiques. Un jour pourtant, le sang
de quelques professeurs fut près de couler. Guérin me
racontait l'histoire l'autre semaine. C'était à Beauvais en
1885. L'école normale, laïcisée depuis octobre 1884,
comptait parmi ses professeurs trois élèves de Saint-
Cloud et un élève de Sèvres. Dans le courant de l'année,
j'avais, en partant pour l'Angleterre, cédé ma place à
un « Girondin ». Or, à l'occasion d'un concours régional
tenu à Beauvais, l'école normale était allée à une conférence où se trouvaient aussi trois jeunes officiers. Ceux-
ci parlaient à voix haute et empêchaient les normaliens
d'entendre le conférencier. Quelques « chut » partirent
des bancs occupés par l'école ; les sous-lieutenants pro-
testèrent ; Simard redressa sa haute taille et fit des gestes
méchants ; le Girondin, sans mot dire, tendit sa carte à
un officier. Trois duels allaient s'ensuivre : le Girondin
fit son testament, alla prendre une leçon d'escrime afin

SAINT-CLOUD. — PLACE D'ARMES

de mourir selon les règles de Vigeant ou Pini. Mais tout cela émut la petite ville de Jeanne Hachette ; il n'y avait pas d'antimilitarisme dans l'espèce, pas autre chose qu'une gaminerie. L'inspecteur d'Académie et le colonel s'entremirent et le duel, que dis-je ? les duels n'eurent pas lieu ; le sang ne rougit pas les prairies qu'arrose le Thérain, au pied des remparts où la hache de Jeanne Laîné avait fendu des crânes bourguignons. *All's well that ends well !* L'un des officiers, rentré dans la vie civile et devenu ingénieur, est mon voisin. Officier de réserve comme Guérin, il a renoué connaissance avec lui cette année ; en remuant leurs souvenirs de Beauvais, ils ont bien ri de l'algarade d'il y a vingt ans.

Comme ils ont eu raison ! Combien, souvent, on envisagerait les choses avec plus de calme et de sagesse si l'on se disait : « Je dois voir cette affaire du même œil que je la verrai dans huit jours ou dans dix ans ! » Je ne sais si M. de Tocqueville a écrit cette phrase ou si quelque moraliste a déjà exprimé cette idée. L'ai-je empruntée au *Carnet d'un Sauvage ?* Il n'importe ; elle est juste. S'efforcer de penser dans le présent comme on pensera plus tard, qu'est-ce autre chose que ceci, dans le domaine littéraire et artistique : parler d'avance le langage de la postérité ?

*
* *

19..— Saint-Cloud est aujourd'hui un arbre aux vastes branches ; ses ramifications s'étendent presque à toutes les parties du monde ; l'un de ses professeurs d'aujourd'hui a visité l'Océanie ; ses savants ont sondé et dragué la mer Rouge et la mer des Sargasses ; ses élèves administrent l'enseignement dans les colonies françaises d'Asie et d'Afrique, ou représentent notre pays dans les contrées lointaines ; ses boursiers ont visité et habité l'Amérique, les Iles Britanniques, les Allemagnes. Civilisée ou sauvage, la terre a entendu parler de Saint-Cloud. Nous avons lieu d'être fiers, branches ou rameaux, ou même feuilles de ce grand arbre ; et les liens qui rattachent nos branches sont aussi des liens qui uniront, qui unissent déjà les nations. Ne croyez-vous pas, camarades Simounot, Gourdon, Fèvre, que nous avons déjà noué des relations fructueuses, des amitiés durables et parfois étroites entre Allemands et Français, Français et Anglais et Américains, et n'avons-nous pas, avec quelques collègues du « plus beau sexe », contribué dans quelque mesure à l'entente cordiale ?

Mais les branches restent unies au tronc, les feuilles trouvent des vents favorables qui les ramènent au pied de l'arbre ; des courants identiques les font parfois passer aux mêmes endroits : Bascan, Bénard, Baud, d'autres que je ne connais pas, ont fréquenté à Londres, Delage en Écosse, les mêmes maisons que le premier boursier d'Angleterre ; à une époque plus rapprochée, le hasard m'a mené à Londres dans une maison qu'avait habitée Abel Chevalley ; Ferrier et Kuhn et moi avons en Angleterre des relations communes. Les mêmes écoles ou les mêmes personnes ont appris l'anglais à une demi-douzaine de générations clodoaldiennes ; et ces feuilles, quand elles se retrouvent et se rapprochent, se murmurent de vieux et agréables souvenirs. Saint-Cloud et Paris sont les lieux où l'arbre a ses racines, où la sève circule intense, où rameaux et feuilles se rencontrent après les grands voyages et les longs séjours. Que de belles choses pourraient nous apprendre ces voyageurs : Estienne sur l'Algérie, Baille sur la Tunisie, Ferrier sur l'Inde et la Martinique, Gourdon et Simard sur l'Indo-Chine, Deschamps sur Madagascar... Feuilles voyageuses, murmurez vos souvenirs à nos oreilles, enflez votre voix, que tous vous entendent ; pour vous ouïr mes chuchotements se taisent, se sont tus...

G. MOUCHET.
Promotion octobre 1882.

PARC DE SAINT-CLOUD. — LE TROCADÉRO

SOUVENIRS DE SAINT-CLOUD

IMPRESSIONS D'UN LITTÉRAIRE

(1894-1896)

J'avais pour la première fois connu l'École de Saint-Cloud au mois de juillet 1894, quand j'y étais venu subir l'examen médical, à la suite des épreuves orales d'admission. Mais j'y étais arrivé précipitamment, j'en étais parti de même, et l'ahurissement naturel au candidat, peut-être aussi la chaleur et la poussière d'une journée torride m'avaient empêché d'en goûter le charme.

La première impression forte dont je me souviens est celle que je reçus, lorsque, dans l'après-midi du dimanche 5 octobre, je revins prendre définitivement ma place à l'École.

Parmi le tumulte d'une foule dominicale, le fiacre découvert qui me portait avec ma fortune, gravissait lentement l'avenue du Palais. Au fond j'apercevais les hautes frondaisons déjà teintées d'or des marronniers de l'avenue de Marnes. La Seine luisait à gauche entre les bâtiments de la caserne, et par delà sa surface brillante piquée du bleu pâle des bateaux-mouches, le coteau boisé de Meudon fermait sa courbe molle. Un double émoi me venait de la largeur du décor et de la solennité de l'heure où une existence longtemps souhaitée allait s'ouvrir pour moi. L'endolorissement de mes côtes meurtries par le rude voisinage de mes malles ne me tira point de l'illusion que la marche cahotante du fiacre me conduisait à la gloire. La grande grille où veillait le gardien pantalonné de blanc, bicorne en tête, me parut être la porte de la vie nouvelle.

*
* *

Nombre de mes nouveaux camarades, arrivés avant moi, encombraient déjà l'entrée de l'École. Le père Émile, qui tenait droite, près du cordon de sa cloche, sa lourde stature de vieux militaire rhumatisant, me salua avec une condescendance pleine de cordialité, et son excellente femme, Mme Billy, me rit de toute sa petite figure ronde et rouge comme une pomme de Normandie. Puis,

avec un accent ardennais où foisonnaient les *ll* mouillées
inattendues, elle m'invita à joindre mes malles, dans le
vestibule, au chaos des bagages, au-dessus desquels un
fauve en plâtre, sur son piédestal, continuait, impertur-
bable, ses agaceries à son chevreau.

J'avais reconnu, dans la cour, quelques figures que
l'examen d'admission m'avait déjà rendues familières.
Au reste, l'attitude expectante qu'observait un groupe
près de la porte me le désignait comme tout entier formé
de nouveaux. Je venais de me joindre à lui et d'entamer
une conversation assez languissante, quand un ancien
s'approcha.

Avec une parfaite bonne grâce de camarade, tem-
pérée d'une nuance de gravité administrative, comme s'il
eût deviné dès lors qu'il devait être très tôt directeur
d'école normale, H. Gay se mit à notre disposition pour
nous faire visiter Saint-Cloud et nous donner quelques
renseignements utiles sur le régime de l'école.

J'avais eu l'appréhension vague, non point de brimades,
sans doute, mais d'épreuves burlesques dont plusieurs
amis, élèves de l'École polytechnique ou de la rue d'Ulm,
m'avaient fait le récit, et dont la gaieté me paraissait bien
ne devoir être perçue que rétrospectivement par les réci-
piendaires. L'amabilité spontanée de cet ancien et les
assurances qu'il me donna effacèrent aussitôt cette crainte.

L'usage était, au contraire, me dit Gay, que la bienvenue fût souhaitée aux nouveaux par les élèves de seconde
année, au café Barbier, le lendemain de la rentrée.
Des souvenirs tout frais du vocabulaire régimentaire
avaient fait appeler cette cérémonie : la cérémonie du
« *jus* » d'honneur.

Il va sans dire que les nouveaux répondaient à cette gracieuseté par un « jus » non moins généreux, à vingt-quatre heures d'intervalle. Et ils avaient satisfait à toutes les obligations traditionnelles, ils étaient sacrés *cloutards* (*cloutier* étant le terme noble) lorsque, en séance solennelle, au billard, ils avaient régalé d'une chanson de leur répertoire les anciens nonchalamment étendus sur les canapés.

« Quant à l'investiture officielle, poursuivit Gay, elle vous sera donnée tout à l'heure par M. Jacoulet. »

Nous étions à cet effet convoqués pour 5 heures au grand amphithéâtre. M. Jacoulet, flanqué de M. Tallent, y fit une entrée impressionnante. Je puis bien le dire aujourd'hui que ces temps sont loin et que mes jugements hâtifs de jeune homme ont eu le loisir de se modifier : j'avais conçu pour mon nouveau directeur, dès l'examen d'admission, un respect qui se mêlait d'une part notable de terreur.

L'impassibilité de son masque sévère aux traits droits, la sonorité caverneuse des paroles rares qu'il prononçait d'un ton décisif parmi la déférence de tous, jusqu'à la régularité de son allure que je ne l'avais jamais vu presser ni retarder, tout cet extérieur froid et méthodique troublait étrangement le passionné que j'étais. Je ne savais pas alors que M. Jacoulet savait rire de très bon cœur, et savait faire rire de très bon cœur aussi.

M. Tallent lui-même me semblait participer de cette glaciale sérénité administrative, et telle est la tyrannie de l'opinion première que je ne me suis aperçu que très tard — devenu son collègue — qu'il était la gaieté même, que l'ardeur méridionale bouillait en lui, et que mon sur-

veillant général était en somme une cigale de Provence
qui aurait un peu engraissé.

L'allocution que nous adressa M. Jacoulet, dans la manière sincère et grave qui est la sienne, commença à me
donner de son caractère une opinion moins terrifiante
et plus vraie, en même temps qu'elle m'enseignait à
prendre de ma vie nouvelle une conception à laquelle
je devais plus tard adhérer de tout
cœur.

« Les restes du palais des Césars,
nous dit-il en substance, sont mis
par la République à la disposition
des enfants du peuple qui se des-
tinent à former bientôt dans les
écoles normales de bons éducateurs
de la démocratie. Il faut que ceux
qui bénéficient de cette hospitalité
généreuse s'en montrent reconnais-

sants envers la République et qu'ils lui prouvent cette
reconnaissance en employant leurs deux années de séjour
à Saint-Cloud, et ensuite toute leur carrière, au mieux de
ses intérêts. »

Il nous parla un moment de la façon dont nous pourrions diriger notre préparation intellectuelle, puis, sans
vouloir nous définir dans sa complexité cet « esprit de
Saint-Cloud » que nous sentirions vivre en nous après
quelque temps, il nous indiqua pourtant qu'il était essentiellement fait de probité et de modestie. Et il finit sur
ces mots : « Le bien ne fait pas de bruit, le bruit ne fait
pas de bien. »

J'avais dix-neuf ans. Un séjour de dix ans dans les

lycées avait déposé à la surface de mon esprit quelques tendances frondeuses et une affectation d'irrévérence à l'égard des prédications morales. La parole du directeur n'eut pas de peine à percer cette mince couche de scepticisme pour aller réveiller au fond de moi-même toute la bonne volonté naïve que je tenais prête pour une œuvre dont la beauté me serait ainsi révélée.

*
* *

J'attendis dès lors avec curiosité la réunion du soir au « billard » où je pourrais prendre contact avec l'ensemble des élèves de l'École. La cérémonie du « jus » d'honneur ne m'avait encore fait connaître en effet que l'élément littéraire, et la salle de café où elle s'était passée ne m'avait point paru propre à y observer, de la façon que je voulais, mes nouveaux camarades.

Le lendemain de la rentrée, après le dîner, j'arrivai un peu en retard à la salle de billard, ayant dû causer quelques instants avec M. Jacoulet qui, selon une coutume que je lui vis depuis observer tous les hivers, faisait les cent pas dans l'étroit couloir des études, en compagnie de M. Tallent. Une atmosphère de tabac bleue et dense remplissait la salle dont les murs étaient à moitié recouverts par des vitrines de bibliothèque et ornés çà et là de moulages dûment patinés à ce régime de fumigation. Des groupes d'élèves jonchaient les canapés de bois courbé, en des poses abandonnées, d'autres étaient assis en file sur les bandes du billard. Le brouhaha était considérable, mais la fumée n'altérait point la voix, ni le bruit la conscience de celui de mes condisciples qui, juché tout

au haut d'une gigantesque échelle de bibliothèque, chan-
tait sa chanson obligatoire comme on accomplit un rite.

Réfugié en un coin, je me pris à considérer mes cama-

ENTRÉE DE L'ÉCOLE

rades dont j'avais déjà, depuis deux jours, appris à connaître les noms et, si je puis dire, la « provenance ». Et
je prie ici que l'on croie qu'il n'y avait en mon esprit
rien qui ressemblât à de la curiosité maligne. Je savais
trop que la même malignité eût eu tous droits sur moi.
Mais je voulais m'initier le mieux possible à un milieu

dont je n'avais eu jusque-là qu'une idée très vague, et mon dessein, à l'heure où je rapporte ces vieux souvenirs, est de leur assurer l'unique excuse à laquelle leur imperfection puisse prétendre : celle de la sincérité.

Il y avait là d'authentiques et robustes paysans, aux cheveux drus et rudes, au teint rouge, et que l'appréhension d'affronter bientôt un auditoire volontiers moqueur faisait rougir plus encore. Dans l'attente du pénible moment, ils s'efforçaient de demeurer dignes au milieu de leur ahurissement ; ils contractaient leurs mâchoires fortes et se taisaient.

On voyait à l'accoutrement de certains autres qu'ils avaient dû être instituteurs adjoints en de lointaines préfectures et sous-préfectures. Ils en avaient conservé les élégances un peu âgées. Leur tour venu, ils montaient à l'échelle avec une affectation de désinvolture que démentait leur sourire contraint. D'aucuns avaient, dans leur allure, quelque chose d'un peu guindé qui décelait en eux la conscience d'être des primaires d'élite promus à la dignité d'étudiants et marquait aussi qu'ils étaient insuffisamment accoutumés à cet honneur. Quelques figures jeunettes s'inséraient dans le col bouffant d'une redingote dont on avait fraîchement décousu les palmes normaliennes. Des lycéens d'hier, tout aussi neufs et tout aussi craintifs au fond, mais plus roués à la vie d'internat, s'efforçaient de cacher leur émotion derrière une mine désabusée et une crânerie d'apparat. Du côté littéraire florissaient quelques chevelures exubérantes, marque indiscutable (eu égard aux mœurs de l'époque) de tempéraments lyriques.

Du même œil curieux dont je regardais mes camarades de promotion, j'essayais de découvrir ce qui distinguait d'eux nos anciens et si l'esprit de Saint-Cloud, qu'ils avaient acquis sans doute, imprimait à leurs physionomies et à leurs manières un caractère particulier. Or, en vérité, les signes en étaient assez manifestes pour que mes facultés d'observateur novice pussent suffire à les remarquer. Sauf ceux qui étaient destinés à ne l'être jamais, ils étaient simples. Les rudesses et les afféteries gauches du début s'étaient fondues dans une aisance générale de tenue et de langage, et, s'ils apportaient à cette réunion de grands garçons un peu du débraillé sans lequel la cordialité paraît fade aux jeunes hommes, un souci de dignité demeurait en eux, trace indélébile de la gravité primaire. Un malin démon soufflait à mon oreille le mot de « pédantisme » pour remplacer celui de « gravité ». Mais le démon avait tort, et ce n'était là que la demi-réserve naturelle à des jeunes gens dont la plupart avaient enseigné déjà et qui ne pouvaient tout à fait oublier le respect dû à leurs fonctions et à eux-mêmes.

Je me dis que nous deviendrions tels, lorsque nous aurions pris cet esprit de corps qui semblait les pénétrer, et cette pensée me fut agréable. Je sentis que cette École où j'entrais me serait bonne et que je l'adopterais d'esprit et de cœur.

*
* *

Ce n'était pas l'organisation du tableau de service qui pouvait me faire revenir sur cette impression première. Nourri dans l'internat, j'en avais vu bien d'autres, et mes camarades habitués au régime des écoles normales y étaient aussi rompus que moi-même.

Le lever avait lieu à 5 heures, c'est vrai, et c'était là une heure un peu bien matinale. *La complainte du pauv' cloutard* le constatait au début de chacun de ses nombreux couplets, et la monotonie de ce rappel prenait à la fin quelque chose de comiquement lugubre. Au fond cependant nous ne trouvions pas cela si terrible, étant de jeunes garçons orgueilleux de notre robustesse plébéienne; puis, avouons-le, nous contraignions assez souvent la règle à nous consentir, le cas échéant, quelques accommodements. En vain, M. Tallent apparaissait-il aux environs de 5 heures et demie sur le seuil de nos chambres, ponctuel et bienveillant, pour rappeler aux paresseux douillettement blottis sous les couvertures, que le travail les attendait. La paresse ingénieuse leur fournissait en foule les moyens dilatoires. Ma belle mine de santé ne m'empêcha point, quant à moi, d'invoquer tour à tour : la migraine, la colique, la courbature générale, une dyspepsie rebelle, le froissement d'un tendon et autres affections imaginaires, mais propices.

La série terminée, je la recommençais avec un égal bonheur. M. Tallent sans doute n'en était pas dupe et il avait une certaine façon de dire : « Eh bien! est-ce un mal de tête, ce matin? » qui était de nature à sauvegarder à mes yeux le prestige de sa perspicacité. J'en convenais volontiers, mais je n'en dormais pas moins jusqu'à 7 heures et c'était ce que je désirais.

Depuis, surveillant à mon tour, j'ai pu constater que rien n'était changé dans la diplomatie des élèves de Saint-Cloud, quoique l'heure du lever eût été retardée, pour satisfaire aux besoins de la génération nouvelle, moins héroïque que la nôtre, peut-être, ou plutôt éprouvée davantage en sa santé par les exigences de l'examen d'admission. Avec un scepticisme discret, voilé d'émotion compatissante, j'ai souvent écouté, moi aussi, le récit

UNE SALLE D'ÉTUDE

stéréotypé de lourdes nuits d'insomnie et de maux de dents effroyables que j'avais la satisfaction de voir bientôt guéris par la seule vertu du premier déjeuner.

Alors, comme maintenant, l'étude du matin ne manquait pas de pittoresque. Pour un Pelluet, tel à 5 heures et demie qu'il devait demeurer jusqu'au soir et assis d'aplomb devant son pupitre trois minutes avant que la cloche n'eût sonné, combien d'autres peignés à la hâte et fantaisistement accoutrés. Çà et là quelques-uns ten-

taient d'abord de prolonger sur un oreiller de diction-
naires le songe trop brusquement interrompu. Mais l'air
frais du parc venait bientôt, par nos fenêtres larges
ouvertes, dessiller les yeux et retremper les cerveaux
pour le labeur quotidien. L'étude finissait dans une fièvre
de travail d'autant plus intense qu'elle inspirait généralement le plan d'une leçon trop longtemps ajournée ou
la conclusion — jusqu'alors rebelle — de quelque dissertation.

Les raffinements de toilette n'étant point notre fait,
comme on a pu déjà s'en rendre compte, nous avions
tôt fait, après le premier déjeuner, de mettre un ordre
relatif en des crinières dont quelques-unes étaient impo-
santes, et de compléter notre ajustement. En foule, nous
descendions à « la Civette » chercher nos journaux.
Hélas ! les traditions se perdent aujourd'hui, où quelques
délégués des promotions rapportent pour leurs camarades des paquets de gazettes. Quant à nous, pour rien au
monde nous n'aurions consenti à ne point accomplir en
personne notre petit pèlerinage quotidien. Après quelques aperçus, brefs mais substantiels, échangés sur les
événements du jour avec la plus aimable et la plus diserte
des marchandes de tabac, nous retournions à l'École. Les
uns, leur feuille déployée toute grande, remontaient
lentement l'avenue à pas d'aveugles, et c'étaient les politiques. Les autres, moins impatients de tenir à jour leur
information générale, passaient par le bas parc, puis
contournaient la cascade pour revenir par le Fer-à-Che-
val si joliment dominé de la terrasse fleurie de roses ; et
c'étaient les dilettanti.

Mais les dilettanti eux-mêmes ne l'étaient point assez

pour refuser de se mêler au grand débat quotidien qui
s'instituait sur les affaires publiques dès le commencement de l'étude suivante. Au vrai, cette étude n'avait
point été par l'administration destinée à cet usage, mais
plutôt à la revision suprême qui aurait dû précéder notre
entrée en classe. Seulement il n'était guère possible de
résister à l'éloquence du Carmausin Puech qui, perché
sur son pupitre pour donner plus d'ampleur à sa
mimique oratoire, commentait avec « accent » et feu les
derniers articles de ses « leaders » préférés.

En vain le crayon impatient de M. Jacoulet, frappant
à la cloison qui nous séparait de son cabinet, tentait-il
de nous rappeler à une plus saine conception de l'emploi
de nos études. D'une voix plus sourde, mais tout aussi
péremptoire, Rolland n'en développait pas moins ses
objections pressantes, enchaînées avec une netteté pas-
sionnée. L'auditoire devenait houleux de plus en plus,
jusqu'à ce que la tête grave du directeur, apparue dans
l'entre-bâillement de la porte, fît rentrer brusquement
Puech dans les régions inférieures de l'atmosphère et la
promotion entière dans le silence.

Et puis nous partions en classe, nous égrenant et galo-
pant au long du vieux mur tapissé de vigne et chevelu
de linaires. Les classes étaient basses, mais si familiales !
Des petits enfants parfois venaient jouer devant sur les
pavés, et ils avaient de légers cris de joie qu'ils étouf-
faient, par révérence pour la majesté du lieu. Au creux
du mur, dans la citerne, un filet d'eau s'égouttait sur un
rythme qui se faisait étrangement berceur par les lourdes
après-midi d'été.

*
* *

Les professeurs que nous entendions là, je n'ai point
à vous en parler. D'autres le feront qui sauront mieux
dire ce dont nous leur sommes redevables. Pour moi,
je ne prétends qu'à
réveiller dans l'âme
de ceux qui m'ont
précédé ou succédé
à Saint-Cloud quel-
ques-uns de ces
petits souvenirs in-
signifiants et si
chers qui nous sont
communs. Mais ce
que furent nos pro-
fesseurs, ils ne peu-
vent l'avoir oublié.
Ils ont conservé le
souvenir de ces
leçons où M. Jal-

M. MARCOU

liffier, coudes sur table et mâchoire dans les mains, ou
le corps allongé de guingois sur sa chaise, énonçait,
d'une voix à la fois âpre et négligente, des aperçus dont
la limpidité ravissait, dont l'ingéniosité simple charmait,
dont la puissance étonnait, et où il nous découvrait tout
ensemble ce qu'est un professeur et ce qui fait l'attrait
vivant de l'histoire.

Ils revoient encore le joli petit vieillard tout blanc et
rose qui nous arrivait à pas menus, le jeudi matin, le

nez suivant les lignes du livre où il allait se replonger
sans retard, la classe finie. M. Marcou avait d'ailleurs
des livres dans toutes ses poches, et sa serviette en était
bourrée, et toute la place qu'ils n'occupaient pas était
envahie par de petites notes, grandes comme la main,
que cet infatigable lutin de l'érudition littéraire allait
confectionner pour nous dans toutes les bibliothèques.

Leur souvenir ressuscite d'entre les morts l'excellent
M. Marot qui rachetait l'exclusivisme peut-être abusif de
ses goûts par la véhémence de ses convictions et la chaleur de la mimique qui les soutenait. Plusieurs de mes
camarades littéraires l'ont vu, au cours d'une lecture de
Rolla, se passionner noblement pour le poème du seul
romantique auquel l'absolution préalable de D. Nisard
lui permît de faire grâce. Sa voix et son geste se faisaient
amples en arrivant aux vers où Musset évoque le temps...

> Où Vénus Astarté, fille de l'onde amère,
> Secouait, vierge encor, les larmes de sa mère
> Et fécondait le monde en tordant ses cheveux.

Là M. Marot, animé d'un sacré délire, tordait des
nattes épaisses sur son crâne poli et jetait, par-dessus ses
lunettes tressautantes d'émotion, un coup d'œil domina-
teur.

S'ils sont trop jeunes pour avoir assisté à ce spectacle
un peu comique et très touchant, mes lecteurs ont
savouré du moins les bonnes ironies de M. Mossot et
entendu son petit clappement de lèvres quand, les sour-
cils relevés, il s'ébaudissait d'une fine malice de Vol-
taire.

Ils ont chanté *Warriors and chiefs !* sous la direction

de M. Coppinger, battant la mesure du doigt et de la barbe. Ces choses-là ne s'oublient point.

Comme moi ils sont allés sans doute, le jeudi soir, à la rencontre de M. Martine, sur la route de la Gare, pour puiser le plus longtemps possible au trésor d'anecdotes qu'il possédait sur l'histoire contemporaine et qu'il nous contait avec une enfantine chaleur de cœur et un esprit original de vieux Parisien.

Pour eux aussi, M. Rocherolles apporta, « dans sa barbe fleurie », tout le printemps des violettes, à ce point qu'on eût pu croire que les racines grecques et latines devenaient racines d'iris entre ses mains.

Ils se rappellent ces classes où la verve abondante et joyeuse de M. Gourraigne daubait sur Louis-Philippe et dont la prolongation — que je n'ose appeler insolite, tant elle était régulière, — scandalisait la ponctualité du père Émile.

Ils ont suivi de l'œil, intéressés, sur le crâne ovoïde de M. Perrens,

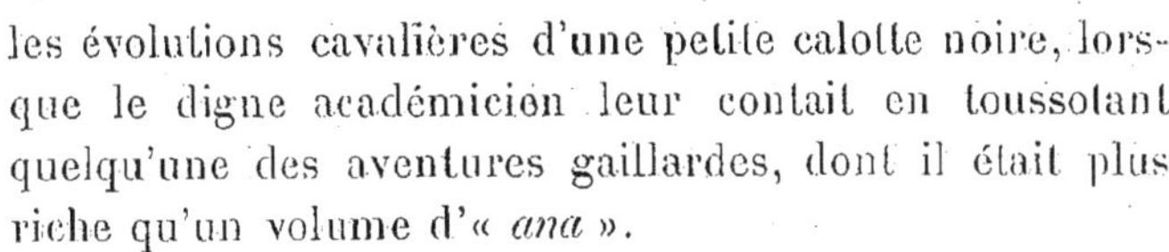

les évolutions cavalières d'une petite calotte noire, lorsque le digne académicien leur contait en toussotant quelqu'une des aventures gaillardes, dont il était plus riche qu'un volume d'« *ana* ».

Je suis convaincu qu'ils sauraient encore rythmer

l'écho des pas solides de M. Paquier, dans le couloir. Ils le revoient, ouvrant d'un geste brusque la porte de l'étude du fond, guêtré, boutonné militairement dans son veston ou sa pelisse, et, tout de suite, attaquant son cours avec sa rondeur de bourru bienveillant échappé d'une pièce d'Augier.

Il n'est pas un de nous qui n'ait dans la mémoire la physionomie à la fois fine et tourmentée de M. Dereux, quand, se promenant d'un pas relevé par la classe, il détachait du bout des doigts tous les éléments d'une analyse délicate.

Et j'espère que plus d'un, comme moi, garde à M. Vernaelde une gratitude durable pour l'indulgence souriante avec laquelle il accueillait notre impuissance à pénétrer les mystères du solfège.

Pour moi, tous ces professeurs dont je viens d'évoquer au hasard quelques traits familiers avec l'irrévérencieuse liberté des propos de salle d'étude, je les vois revivre à mes yeux avec une netteté singulière.

Il en sera de même pour vous, jeunes camarades qui me lisez. Comme nous l'avons fait jadis, vous distribuez sans doute inégalement vos préférences entre les maîtres que vous avez aujourd'hui. Selon le tour de votre esprit et la nature de vos aptitudes, vous appréciez surtout, soit la large compréhension d'une des intelligences les plus libres et les plus libérales que je connaisse : M. Rebelliau, soit la précision vigoureuse de M. Vial, soit l'érudition vivante et diserte de M. Métin, que sais-je encore?... Mais vous vous apercevrez plus tard qu'à chacun de ceux-là vous devez quelque chose de votre esprit et de vos méthodes de travail. On ne se sent vraiment « élève de

Saint-Cloud », avec tout ce que ce mot comporte d'aspirations communes et d'analogies intellectuelles, qu'un
peu de temps après être sorti de l'École.

*
* *

Si la vie que j'appellerai publique n'était point sans
charmes à Saint-Cloud, nous en trouvions au moins
d'aussi grands dans la faculté que nous offrait l'École de
nous isoler parfois dans nos chambres.

C'était, depuis dix ans, la première fois que je retrou-
vais un semblant de « home », et j'en fus tout heureux.

Il m'était échu en partage une petite chambre, au
premier étage, sur la cour. J'étais obligé, pour y entrer,
de passer dans la chambre qu'occupaient ensemble le
jovial Caron et notre timide et bon Cholet. Mais j'y étais
seul, j'y étais chez moi.

Les soirs d'été, les corbeilles d'héliotropes des jardins
du Trocadéro y soufflaient une haleine si douce que je
m'attardais à rêver à la fenêtre pendant des heures, en
fumant des cigarettes.

Dans mon zèle à rendre plus aimable encore ce
séjour d'élection, je me laissai entraîner à de tels
écarts de décoration moderniste que l'œil vigilant de
M. Jacoulet, plongeant de la terrasse en ma chambre,
ne le put supporter et que son goût classique exigea
de moi une minutieuse épuration.

Mais cette censure fut, malgré tout, assez bénigne pour
que mes amis se plussent chez moi et qu'ils aimassent
à s'y rencontrer parfois.

On tenait trois sur le lit, deux sur la table, deux visi-

LES ATELIERS ET LA SALLE DE DESSIN

teurs bons équilibristes pouvaient se percher sur le bord
de la fenêtre, et l'hôte de distinction avait les honneurs
de *la* chaise.

C'est là que ma promotion vint boire, aux heures
chaudes de l'été, les six litres de quinquina réparateur
que m'avait valus un sonnet
très parnassien en l'honneur
de la célèbre marque D...
(jamais plus, depuis, mes
vers ne reçurent une rétri-
bution aussi honorable).

C'est là aussi qu'en des
nuits d'angoisses, aux approches de l'examen du professorat, quatre ou cinq géo-
graphes médiocres — dont
j'étais — se communiquèrent
charitablement leurs con-
naissances chancelantes et
leurs appréhensions mieux
fondées.

M. ROCHEROLLES

Plus souvent nos réunions
affectaient un caractère qui n'était ni bachique, ni
proprement scolaire. Autour des tasses de thé ou de
café, quelques jeunes gens, mettant dans leurs propos
autant de liberté que dans leur attitude, causaient
de tout à la fois. La dernière pièce entendue, le dernier livre lu, la dernière question étudiée, les souvenirs professionnels de certains, naguère délégués
dans les écoles primaires supérieures ou normales,
surtout l'intarissable chapitre des projets d'avenir four-

nissaient à notre conversation des aliments à foison.

Aux premiers rayons printaniers, délaissant la chambre et le billard, nous allions nous asseoir en file sur le petit mur qui regarde la cuisine. Le père Émile venait nous y conter des histoires de régiment avec une verve un peu lourde, mais pleine de saveur. Parfois le passage d'une de ces noces qu'une tradition ancienne amène en foule à Saint-Cloud fournissait à quelqu'un de nos Méridionaux l'occasion d'une excellente *galéjade*. Beaucoup de braves ouvriers endimanchés, et de petites faubouriennes curieuses nous venaient demander en effet ce qu'étaient ces bâtiments qui avaient d'abord offert à leurs yeux, dès la grille, le terrifiant spectacle des squelettes du cabinet d'histoire naturelle. Je me souviens qu'un de mes amis déclara un jour, avec un sérieux emphatique, à tout un cortège nuptial en demi-cercle autour de lui, que « ces messieurs et dames » se trouvaient en présence d'une école fondée pour assurer le recrutement des maires dans les campagnes reculées où il ne se rencontrerait pas sans cela de citoyens propres à assumer ces délicates fonctions. Puis avec une ampleur de gestes que le Languedoc seul peut connaître, et pour prouver à ses auditeurs l'excellence des leçons de l'École, il adressa aux jeunes époux une allocution de circonstance à la fois si attendrie et si funambulesque que les braves gens, ahuris, ne savaient s'ils devaient remercier ou se fâcher.

Mais s'il est bon de noter ici une de nos multiples folies pour prouver — au cas où ce serait nécessaire — que nous n'étions pas avant l'âge de jeunes pédants rabougris, il est inutile d'en prolonger trop le récit, qui ferait douter de notre sérieux réel.

* *
*

Ce sérieux, nous le recouvrions tout entier sous les arbres du parc.

C'était à travers le plus merveilleux et le plus vénérable jardin que nous allions, Lepeintre et moi, causer de mille choses dont beaucoup sont maintenant oubliées de nous, mais auxquelles il nous semblait alors que le sort du monde fût attaché.

Nous pestions bien un peu le lundi quand nous apparaissaient, trop visibles, les traces de la cohue des visiteurs du dimanche. Notre jalousie d'amants du parc aurait voulu réserver pour nous seuls tout ce que nous lui trouvions d'agréments.

Mais quelles bonnes courses, les autres jours ! Quel soin nous apportions à choisir pour nos promenades les coins que l'heure, ou la saison, ou simplement notre disposition d'esprit faisait pour nous plus charmants !

Nous savions qu'à la pointe du printemps, les peupliers de la route de Versailles se couvraient d'un duvet blanc qui, sur le bleu léger du ciel, était d'une adorable délicatesse.

Nous aimions, les midis d'été, les lourdes et fraîches frondaisons des jardins du Trocadéro dont nous prisions moins, à d'autres heures, l'élégance un peu trop peignée.

Le soleil oblique de l'hiver était plus beau aux environs de Marnes, éclairant à travers les hauts châtaigniers de vastes clairières neigeuses, où, çà et là, de fins bouleaux s'échevèlent.

L'allée de Breteuil nous plaisait à 4 heures par la diversité des ombres rousses et violettes que les hêtres et les sapins mêlés répandaient sur le sol semé de feuilles et d'aiguilles sèches.

Aux approches de l'examen, chassés des salles d'étude par la sollicitude de MM. Jacoulet et Tallent, c'est sur la margelle du bassin du grand jet que nous allions relire fiévreusement les notes qui bourraient nos poches.

Nous savions enfin que, le soir, de la *Lanterne de Diogène*, on voit descendre le soleil magnifique vers l'Étoile de chasse; les arbres en double haie inclinent vers sa majesté leurs fronts immenses, et sur l'avenue où traîne longuement sa lumière pourpre, ils laissent tomber en automne leurs feuilles d'or pâle, comme on jette des fleurs sur le chemin d'un héros.

A chacun de ces coins-là, et à bien d'autres encore, reste attaché, pour ceux qui ont vécu cette vie, le souvenir de quelque idée chère; en chacun de ces sentiers rôdent pour nous les fantômes de nos rêves d'autrefois. C'est là qu'a germé, c'est là qu'a fleuri le meilleur de ce que nous portons en nous pour notre existence entière.

Je m'entretenais encore dernièrement de ces beaux jours enfuis avec le meilleur de mes camarades d'alors, qui est resté pour moi un frère de cœur et de pensée, un ami comme on s'en peut faire seulement dans l'effusion généreuse et sincère de la jeunesse. Nous tombions d'accord que rien n'avait plus puissamment contribué à former notre esprit et notre conscience que ces colloques chaleureux où les folies abondaient sans doute, mais que ne déshonora jamais aucune considération indigne ou mesquine.

C'est l'irremplaçable avantage des écoles comme la nôtre, de fournir, à côté des leçons des professeurs, le précieux auxiliaire d'une éducation mutuelle entre jeunes gens de tempéraments différents, de culture assez diverse (grâce à la fusion des éléments primaire et secondaire), mais, par-dessus tout, animés d'un idéal commun et tendant tous au même but.

Je sais qu'en nos temps inquiets que tourmente une soif de réformes souvent heureuse et parfois indiscrète, on a cru pouvoir offrir à nos cadets, dans les Universités provinciales, l'équivalent des bienfaits de Saint-Cloud.

Si quelques-uns des nôtres se sont laissé séduire à ces théories, c'est — il me sera permis de le leur dire — qu'ils connaissent fort imparfaitement les Universités, ou bien qu'ils n'ont pas su ouvrir leurs poumons à l'air salubre de Saint-Cloud, qu'ils n'ont pas su lui prendre ce qu'il a de vivifiant. Sans parler même des difficultés qu'éprouveraient les Universités à s'adapter aux besoins tout spéciaux de l'enseignement primaire, où retrouverions-nous un milieu de semblable fermentation intellectuelle? où, un terrain plus propre à y faire épanouir les vocations? et enfin, dans la paix somnolente des Clermont et des Poitiers, par quoi serait remplacée l'influence, peu définissable peut-être, mais si puissante, de Paris?

*
* *

Car Paris non moins que Saint-Cloud nous fut utile et
nous n'avons pas coutume de les séparer dans nos souvenirs.

Nos cadets, sortant maintenant le jeudi soir, ont à
leur disposition les cours et conférences de ce jour-là.
Nombreux sont ceux qui en profitent et qui le montrent,
en conquérant, dès leur temps d'école, un ou plusieurs
certificats de licence.

Ceux de ma génération, retenus à l'École le jeudi tout
entier par un afflux inusité de professeurs, ne purent
connaître de la Sorbonne que le cours de M. H. Marion,
qui fut remplacé, pour nos successeurs immédiats, par
celui de M. F. Buisson.

A nous, Paris n'offrait que ses théâtres, ses musées, ses
rues, et c'était un cadeau déjà fort appréciable à notre gré.
L'assistance de la presque-totalité de la section littéraire
aux matinées dominicales du Théâtre-Français était
une manière d'institution. L'heure du déjeuner fixée à
10 heures et demie le dimanche nous permettait de courir
prendre à 11 heures le bateau pour Paris, et, de midi à
1 heure et demie, nous faisions la queue le long de la
rue Montpensier.

C'est qu'en effet, si l'on pouvait citer parmi nous deux
nababs qui n'avaient pas hésité à payer 14 francs leur
place pour entendre, dans *Phèdre*, Sarah Bernhardt
entre deux tournées américaines, de telles excentricités,
d'ailleurs exagérées peut-être par la légende, n'en étaient
pas moins très rares. — Un autre de nos camarades avait

bien son fauteuil marqué chaque dimanche aux places les plus aristocratiques, mais c'était le commerce familier du chef de claque et le prestige d'une rare élégance qui lui valaient ce privilège envié, sous condition de tonifier discrètement l'enthousiasme des spectateurs corrects et blasés.

Pour le commun des « cloutiers », la modicité de leurs ressources les engageait à satisfaire leur goût du théâtre au plus juste prix. Or, une heure et demie de « queue » nous assurait au « poulailler » une place très confortable.

Au reste, sauf les jours de bise glaciale ou d'ardente canicule, cette station n'avait rien de désagréable. On était en troupe serrée, et de véhémentes discussions esthétiques trompaient la longueur de l'attente. Quelques-uns d'entre nous — si j'ai bonne mémoire — s'en laissaient distraire par la présence, aussi régulière que la nôtre, de charmantes Fontenaysiennes qu'ils se trouvaient avoir connues naguère en province. Entre les barrières de la rue Montpensier, l'émoi des communs souvenirs du pays, un désir louable de confraternité professionnelle, et — je pense aussi — l'espoir tout prochain des tendresses raciniennes suscitèrent quelques idylles, consacrées depuis par ces excellents « mariages pédagogiques » dont M. Jacoulet nous devait dire les avantages, en son allocution d'adieu.

Quand bien même ces compensations délicates nous

auraient manqué, nous en aurions trouvé d'autres, pour notre patience, dans le plaisir qui nous attendait.

Jamais je ne me suis trouvé mieux au « Français » que dans l'ancien amphithéâtre, celui d'avant l'incendie.

Il était petit, mais de là nos yeux de vingt ans voyaient la scène à merveille, et l'auditoire des matinées du dimanche, tout entier composé d'étudiants, d'étudiantes et de jeunes artistes, y frémissait des mêmes ardeurs.

Quelques collègues fontenaysiennes se rappellent peut-être avec sympathie l'enthousiaste énergie que nous mîmes à étouffer les protestations par lesquelles un spectateur rétrograde accueillait les déclarations féministes d'Irène Fergan dans les *Tenailles* de Paul Hervieu.

Nous sortions de là, tout tremblants des émotions ressenties, soit que la pure beauté du drame les eût provoquées, soit qu'elles eussent été déterminées par la discussion scénique des grandes questions philosophiques et sociales qui nous passionnaient. Une longue marche à pied par les boulevards nous rassérénait. Notre bloc s'éparpillait en groupes qui se dirigeaient d'ailleurs presque tous vers le quartier Latin, dont l'agitation joyeuse plaisait à notre jeunesse. Puis, ceux qui tenaient à trouver à Saint-Cloud le dîner gratuit se hâtaient de rentrer à l'École pour 8 heures.

Quant à moi, j'étais de ceux qui préféraient rester à Paris le plus longtemps possible. Donc, si l'état de ma bourse ne me permettait point le luxe, d'ailleurs suspect, d'un petit restaurant à 25 sous du boulevard Saint-Michel, j'allais acheter dans une boulangerie, toujours la même, une série variée de petits pains, qui me coûtait sept sous. Des expériences méthodiques m'avaient permis de déterminer que telle était la ration normale pour mon appétit. Après bien des années passées, je n'oublie point le regard de maternelle pitié que me jetait mon aimable boulangère, en roulant entre ses doigts les deux bouts du papier fin qui enveloppait mon dîner.

Je m'en voulais parfois d'avoir volé à la brave femme un peu de cette compassion imméritée, lorsque, quelques instants après, je marchais, allègre, le long des quais, dans la brume violette du soir descendant, en me récitant tout haut, la bouche pleine, des strophes de ce bon Verlaine que toute l'indignation de M. Marot ne pouvait m'empêcher d'aimer.

*
* *

Faut-il que je m'excuse devant mes lecteurs de la puérilité des anecdotes auxquelles je viens de me laisser entraîner. En vérité, je crois que non.

Ce qui m'a été demandé, ce que j'ai essayé de faire tenir en ces quelques pages, c'est dans sa complète sincérité, l'essentiel des impressions intimes gardées d'un séjour de deux ans à Saint-Cloud. J'avoue que je les ai jetées sans ordre, oubliant pour un temps les bonnes leçons de mes maîtres de dissertation, me livrant au hasard et sans résistance au charme de ces évocations lointaines.

Je désirerais seulement que ce récit naïf pût réveiller avec plus de force dans l'âme de mes camarades des souvenirs de la même période de leur vie.

Ces souvenirs varieront sans doute avec chacun d'eux, mais je sais bien qu'un même sentiment les pénétrera tous : celui d'une reconnaissance émue pour l'École

à laquelle nous devons deux belles années de notre jeunesse, l'élargissement de notre horizon intellectuel, une
bonne part de la foi qui nous anime en la nécessité
de l'éducation populaire, et tout ce que nous pouvons
mettre d'habileté à la servir.

Eugène CORNUEL.
Promotion 1894.

PARC DE SAINT-CLOUD. — PLATEAU DE LA LANTERNE

DANS LE PARC

L'ingratitude, même envers des arbres, n'est jamais
une élégance ; elle est parfois une maladresse. Oublier
les lieux où la vie prit pour nous ses formes, c'est nous
oublier nous-même. Sans doute les beautés admirées font
mieux que d'occuper notre cœur, elles le changent, et
nous profitons d'autrefois sans y songer. Mais le souvenir
nous fait mieux connaître notre présent et nous éclaire
l'avenir. En tournant notre mémoire vers le parc de nos
lointaines causeries nous retrouverons, avec la vision de
notre jeunesse, des émotions qui peuvent encore nous
fortifier.

Il faut être de son temps. Je louerai d'abord, au nom de l'hygiène, ces grands bois des ressources d'équilibre qu'ils offraient à nos cerveaux échauffés et à nos corps alourdis. L'air qu'élaborent leurs verdures, leurs longues routes qui nous excitaient vers des buts lointains, nous tenaient dans une heureuse docilité à l'antique maxime de toute saine vie. Sous leurs feuillages nous évitions M. Purgon ; nos propos menés sous leurs massifs nous dispensaient des rêvasseries de l'infirmerie.

Le siècle qui disposa les voies de ce parc pour de cérémonieuses promenades n'y cherchait probablement point cette utilité. Les gens qui applaudissaient Boileau étaient d'une santé trop sûre pour songer seulement à l'entretenir. C'est l'inquiétude de nos humeurs qui nous met en tête la santé parfaite ; on n'est occupé que de ce qui nous manque, et ce sont nos neurasthénies modernes qui nous font si curieux de sports et d'air pur. Mais peut-être aussi, moins agités que nous, nos grands-parents dont la vigueur sut résister à la saignée et au clystère, ne connurent-ils pas certaines des émotions qui nous touchent en un tel lieu. Pour nous, qui, sur des livres éloignés de leur goût, avons aiguisé nos yeux et enrichi notre cœur, il entre quelque reconnaissance dans l'éloge que nous adressons à ce parc dont les grâces autant qu'elles nous plurent nous enseignèrent.

Le propre de la beauté des arbres c'est qu'elle sait l'art d'entretenir notre amitié. Elle se refuse pendant des mois pour nous reparaître nouvelle ; ou plutôt elle change et soutient ainsi notre attention. C'est parce qu'elle sait passer que notre goût pour elle demeure. Les saisons, qui la font déchoir et s'épanouir, nous préser-

vent par ces variations de ne plus l'apercevoir. Les bois
nous forment le monde

>Toujours beau, toujours divers, toujours nouveau,

que le poète appelle au cœur des amants. En ce parc où
les mois modulent les tristesses de l'hiver et les splen-
deurs de juillet, mieux que sur les terres nues on voit
cheminer le temps et travailler les jours. Notre cœur
s'émeut parmi les arbres plus qu'ailleurs, à la cadence des
saisons, à la vive croissance du printemps, ou à la lente
déchéance d'octobre. Les rameaux délicats et les brumes
profondes de l'hiver nous combinent en ces bois les
émotions de la précision élégante et du mystère : les
brouillards des premières verdures d'avril nous y commencent le jeu des couleurs sous le soleil nu, pendant
que les violettes s'épuisent à adoucir les airs encore
rudes ; juillet nous y donne la volupté de l'ombre ; mais
les yeux y prennent leur plus haute réjouissance lorsqu'en automne la forêt semble dégager en ses feuillages
ardents tout le soleil dont l'été l'a pénétrée. Les heures
mêmes se nuancent plus richement aux cadres des
hautes allées ; le matin parmi ces arbres paraît plus délicat lorsqu'il touche chaque feuille d'un rayon, et les cou-
chants répandent leurs plus magnifiques effets lorsque
le soleil, tombant dans les rouges liquéfactions en qui le
ciel se décompose à l'occident, éclabousse toutes les
cimes de ces bois.

C'est quand nous sentons ces prestiges que nous nous
prenons en pitié de n'en pouvoir rien fixer ; mais notre
maladresse nous rend notre admiration plus chère en nous
la laissant plus secrète. Peut-être en jouissons-nous mieux

de la garder en nous. En se taisant, on se concentre.

LE PONT DU DIABLE

En se soulageant de ses émotions dans une belle forme.
on les tarit en soi. Gœthe écrivait pour ne plus sentir.

Mais notre inhabileté nous devient une souffrance quand notre imagination est maîtrisée par le spectacle, et ne sait point réagir en trouvant les mots qui le signifient et y apportent comme notre part d'invention. C'est surtout en octobre que nous souffrons ici de cette stérilité devant le suprême effort de beauté de la nature défaillante. Il vient là pour nous un moment d'accablante splendeur lorsque l'automne, avant le baisser des voiles de l'hiver, aux rameaux des bois étend ses hautes lices pour l'exaltation des derniers soleils de l'année.

Mais notre impuissance demeurait secrète, car un programme précis n'invite point les jeunes professeurs à méditer sur les tons des feuillages. Le souci d'user d'anciens logis plutôt qu'une méthode d'éducation a installé des étudiants dans les communs du château disparu, et les a constitués héritiers des allées royales. Si quelques-uns pourtant en ce hasard avaient accepté de ce parc certaine pédagogie, l'Université n'y verrait-elle pas une infidélité ?

Que d'abord elle ne s'inquiète point ; sans doute ce parc sollicite au rêve les attentions étroitement contraintes sur les vieux textes. Mais les plus sévères préceptes des maîtres se transposent aussitôt pour la fantaisie qui veut s'échapper parmi les jardins aperçus. Elle y suit du coup des voies tracées par un art que dominaient l'ordre et la logique. Au sortir de Racine on entre en ces chemins directs et parmi ces charmilles taillées sous la discipline de Le Nôtre. Celui-là impose à la vie le plan de son sujet, sans déformer, en s'attardant à la peindre pour elle-même, l'harmonie de son dessein ; le dernier oblige la forêt à se disposer selon les directions

PARC DE SAINT-CLOUD. — L'ALLÉE DE MARNES

11

qu'il lui offre, et à occuper de sa vie sauvage un cadre dessiné par la géométrie. Ils nous convient tous deux, dans les compositions de leurs jardins et de leurs tragédies, à mettre en ordre les mouvements de nos passions et les images de notre fantaisie.

Outre une poétique, ce lieu nous expose un système de pensée. Pour apercevoir les grandes réalités de la vie, pour qu'en nous et sur le monde « les arbres ne cachent point la forêt », nous devons dégager en notre esprit, comme des voies à la vérité, des idées générales bien réparties qui l'ouvrent et le ventilent tout entier. Il faut ménager en soi des carrefours, des belvédères — larges vérités bien ordonnées — d'où l'on puisse observer et juger la vie, sous peine d'être livré à la confusion des forêts non percées. C'est pourquoi nos livres classiques dont la méthode fait la vertu, ne sont point démentis en ces bois : ils y reçoivent l'aide des grands arbres, plus majestueux d'être dociles à des alignements sans écarts, et des fleurs, qui nous paraissent plus variées d'être disposées dans les ramages des parterres. Ces bosquets contraints nous continuent les préceptes d'un Boileau, et ces allées sans détours nous forment l'image et l'imposante justification des développements logiques d'un Bossuet.

— « Mais c'est futilité et abus de la raison que de chercher dans les aspects des choses, outre un plaisir des yeux, des directions pour notre esprit ! Les intelligences ne sont point des arbres, et analogie n'est point logique. Le Nôtre était un jardinier ; il n'a jamais prétendu nous devenir un maître de pensée avec son cordeau et ses fleurs. » Il nous en est un cependant. Il a mis en ses plans une méthode qui y subsiste. Le critique et l'architecte appliquent parfois le même esprit à leurs matières différentes. C'est pourquoi on peut trouver une rhétorique dans un parc français. L'homme demeure et parle en les lieux qu'il a marqués. Un spiritualisme démodé nous interdirait seul de l'y entendre, et cependant nulle philosophie n'usa plus des symboles qui proposent à l'esprit les suggestions des choses. Les lignes des objets ont avec les secrets mouvements de l'esprit ou du cœur des concordances qui les font se déterminer mutuellement : les aspects créent nos sentiments, et la pensée s'exprime dans les formes de l'art. Un arbre est un être vivant; il suit des lois que je puis m'appliquer. Je cherche parmi les choses la plus belle et la plus fière, et j'essaie d'en comprendre l'énergie, non pour m'y réduire mais pour m'en nourrir.

C'est ainsi que les arbres qui n'en ont point peuvent nous inspirer une morale. La propre beauté d'un parc comme celui-ci vient peut-être de ce qu'il offre aux thèmes successifs des saisons des trames toujours identiques en ses lignes régulières. Il élève toujours selon les mêmes maintiens ses verdures que chaque octobre détache. Il contrarie le vers de Ronsard : la matière s'y perd et la forme y demeure; dans ses allées et ses charmilles les mêmes silhouettes se remplissent et se dessèchent chaque année. La forêt change en sa croissance ses voies et ses attitudes, mais le parc, dressé au temps des fermes étiquettes, renouvelle ses grâces aux disciplines des mêmes alignements. Les directions permanentes et les feuillages d'une année s'y composent en une image de tradition et de jeunesse où nous reconnaissons un idéal moral.

Chaque neuve existence peut, sans se diminuer, s'accorder aux vies anciennes si elle accepte de dessiner avec celles-là une figure où elle demeure anonyme. Elle peut compenser l'humilité qui lui fait tenir un rang déjà préparé et la mélancolie de disparaître par le sentiment de la perpétuité des formes où elle s'insérera.

Mais la variété de ce lieu en multiplie la puissance. Il nous offre le chemin propre à chaque humeur. Il sait réserver le sentier étroit et contourné au rêve souple et secret, auprès des allées rapides qui, traversant la presse des arbres, excitent en nous les élans de la raison par lesquels nous voulons percer la confusion des instincts et des vérités. Nos auteurs y sont illustrés par les impressions qu'il nous impose, soit qu'il nous évoque en ses fonds obscurs la gravité du vallon de Port-Royal, soit que la majesté de ses grandes assemblées d'arbres nous dispose à la magnificence des orateurs sacrés. Il nous eût expliqué l'attitude de René devant les ruines s'il eût conservé celles du château qui y a passé.

Nous le vîmes encore, le joli palais mutilé. Ses murailles avaient atteint sous les flammes les tons de passion et de colère où l'âge échauffe les visages éprouvés. Les lierres y tendaient lentement des voiles à la brutalité humaine. Leur poésie adoucissait pour des regards de vaincus la sévérité de la leçon de la force. Ces pierres parlaient. Elles pouvaient enseigner la résignation, le mépris ou la prudence, selon la logique du spectateur. Cependant, à vingt pas du bâtiment où l'État fait enseigner l'histoire à quelques jeunes gens pour qu'ils la répètent, on détruisit le monument que l'histoire même

PARC DE SAINT-CLOUD. — LA CASCADE DE MANSARD

s'était aménagé sur l'horizon de Paris. Ce que le temps
se refusait à achever, des démolisseurs l'accomplirent.
La pioche renversa, la charrette dispersa aux décombres
le palais incendié par l'ennemi, mais encore debout, et
éloquent par son malheur et sa vaillance. La place
devint nette et silencieuse. Des murs ravagés, mais qui
avaient vu, ne soutinrent plus l'imagination attentive à
retrouver Bossuet assistant la princesse tout d'un coup
flétrie, ou la méditation curieuse de commenter l'humaine
vanité, en évoquant les Napoléon qui acceptèrent ici des
couronnes et les deux rois qui y abandonnèrent les
leurs.

Aujourd'hui, au milieu des fleurs, les gouvernantes
morigènent, sur ce lieu aux destins brisés par l'invasion
et capable de plus hautes leçons, leurs enfants indociles
sur des peccadilles. Au Neckar l'érudite Allemagne maintient les murs d'Heidelberg ; elle y dresse l'histoire en
plein vent ; et il arrive que quelques Français s'y
échauffent contre Turenne et la France. Notre politesse
a voulu épargner ici la pudeur germanique.

Un peuple sans mélancolie ne veut point d'ailleurs de
ruines sur ses chemins. Faut-il que le cri d'Henriette
mourante nous éteigne la lumière sur ces bois et cor-
rompe notre paix ? Nous embarrasserons-nous de médi-
tations sur les « avocats » aux toges rouges, sautant aux
fenêtres de l'Orangerie disparue et empourprant dans le
gris de Brumaire le parc en rumeur de leurs fuites ?
Faut-il charger nos épaules des douleurs anciennes,
comme une armée qui emporte ses morts ? Pour aimer,
pour espérer, pour notre bonheur, nos jours ne nous
suffisent-ils pas ? Moi seul, et c'est assez. La raison de

ma vie est dans l'heure qui sonne. Les larmes d'autrefois sont séchées, et nous sommes les gens de maintenant. L'oubli et l'ignorance, un doigt sur la bouche, gardent les vrais lieux de paix. Qu'ils défendent ici de la pédanterie de l'expérience un peuple qui aime à sourire.

Cependant nos tristesses mêmes, il en vient aux plus légers, gagnent à s'accorder à celles d'autrefois. En ajustant notre amertume à celles du passé, en l'étendant hors de notre propre destin, nous l'agrandissons jusqu'à l'idée de la souffrance même et de sa fatalité qui nous conseille l'acceptation. Si nous ne trouvons point le calme en cet élargissement de notre cœur, nous pouvons y enrichir notre peine. En aiguisant en pointes nouvelles nos mélancolies sur les chagrins surannés, elles nous varient leurs blessures et nous deviennent presque chères. Il y a parfois une joie sombre, quand on désespère, à accroître volontairement sa souffrance et à l'affiner. La poursuite de toute excellence, même dans la douleur, apporte quelque contentement. La nature et l'histoire nous servent pour élever vers leur perfection nos tristesses. Les soirs sanglants me précisent leurs évocations si le souvenir d'une jeune femme agonisante en un palais depuis détruit vient m'aviver les couleurs du ciel. En l'approchant de celui des autres, nous sentons mieux notre cœur.

Peut-être même jouit-on plus d'un lieu de calme lorsqu'il a été troublé et qu'il sait nous rendre toute l'âme dont l'histoire l'a pénétré. On trouve un relief plus haut aux lignes de ces bois et aux gesticulations de la politique si l'on mêle aux verdures qui nous entourent les robes agitées de législateurs fugitifs. Pour des cœurs qui ne se suffisent pas à eux-mêmes et qui veulent se composer de riches émotions, ce parc est un peu déchu depuis qu'il leur refuse la tristesse de son château calciné.

Plus que tel autre ce parc nous témoigne en ses annales des modes qu'impose aux actions humaines un lieu à caractère. Il n'a vu de la politique que les extrêmes figurations : les bougies des fêtes impériales et les flammes de l'invasion. Il ignora les plats débats et les courtes intrigues, car il n'est pas conseiller du médiocre. Le visage troublé de Bonaparte, la fuite des rois, la ruée des pillards d'Allemagne s'ajustent mieux à sa majesté que les légèretés de chaque jour. Le château des galanteries égala lui-même les plus hautes beautés des alentours par son éclatante agonie. Après avoir parfait par sa grâce les charmes coutumiers des eaux et des fleurs, il sut atteindre en octobre 1870, dans les feux de l'incendie où s'avivèrent les ardeurs des grands arbres consumés par l'automne, au style sublime de ces magnificences naturelles.

Hors des gestes d'histoire, nous ne pouvons aujourd'hui nous accorder aux conseils de gravité ou de grâce de ce parc dont la beauté nous oblige qu'en y pressant de propos souriants notre amie ou en y développant des pensées droites et des systèmes bien liés. Mais nous profitons de son âme surtout dans ses angles déserts. On n'a jamais plus fièrement heurté la vérité qu'un Stendhal quand il dit : « On peut tout acquérir dans la solitude, hormis du caractère. » En m'éloignant de Paris je me sépare de mes amis, remarquait Joubert, mais quand je reviens de mes bois, c'est moi-même que je quitte. Les hommes forts sont ceux qui mettent par intervalles entre eux et le monde de l'espace et du silence. La comédie de

Cliché Bréger frères.

PARC DE SAINT-CLOUD. — ALLÉE DU CENTAURE

la ville disparue, la solitude fait sourdre en nous toute
notre âme. Le vide que laissent en nous les occupations

et les distractions abandonnées de la vie sociale, la nature qui en a horreur le remplit de nous-même.

Les fumées tissues au loin sur Paris nous excitent la vertu de recueillement de ce parc qui étend auprès de la grande ville ses réserves d'ombre et de silence. Certes, le plus utile spectacle qu'on puisse apercevoir ici du fond des retraites de verdure ce sont des cheminées d'usines. Quand elles s'insèrent pour nous sur l'horizon entre les futaies, elles nous font mieux goûter le libre élan et la vie secrète des grands arbres, et leur rigidité immobile nous est propice pour mieux aimer la grâce des feuillages sous lesquels nous jouissons de les sentir laides et lointaines. C'est une vieille maxime de plaisir qu'on ne profite complètement d'un bien qu'en face du mal contraire. C'est pourquoi les sultans d'Asie avides de vivre répandaient si libéralement la mort. Les cris d'un ennemi qui agonise rehaussent le chant d'une favorite.

Le progrès des temps ne nous offre plus de raffinements si achevés, et nous savons nous exciter par de moins fortes saveurs. Il nous suffit que la foule joviale et sonore d'un dimanche nous évoque les gestes à la Watteau et les fins murmures de causeries galantes qui manquent à ce parc, pour que nous lui rendions grâce du rêve qui nous éloigne de sa vulgarité, et nous remercions jusqu'aux orgues criardes des fêtes patronales qui nous aiguillonnent délicieusement vers les solitudes. En leurs arbres assemblés nous trouvons peu de science, mais nous recevons un esprit. « On ne se promène pas en vain sous les platanes, » dit quelque proverbe. Peut-être prend-on entre leurs troncs muets et raides certaine discrétion et quelque fierté qui nous protègent dans la mêlée.

Depuis la chute des castes où se fortifiait l'orgueil, les cohues modernes forment des sociabilités faciles : elles échouent, et nos disciplines collectives, à dresser des caractères. La forêt nous rend à nous-même. Sur nos fronts les ombres longtemps imposées des arbres maintiennent des impressions que nous tournons en façons de vie. Celui qui, pauvre et mince, se sentant à lui-même sa seule richesse, veut qu'au moins elle ne lui soit pas diminuée, trouve chez les arbres la manière de sa sauvegarde. Ils s'élancent haut, quoique pressés, parce qu'ils dédaignent de se maîtriser les uns les autres. Ils emploient toute leur énergie à s'élever dans leur vrai sens vers la lumière et non à couvrir et à étouffer de leurs rameaux leurs voisins. L'homme qui se répand en commandements se disperse, et dépense à diriger ou à contenir les autres la force dont il pourrait croître lui-même. Il faut qu'il s'incline pour me tenir petit, et qu'il s'abaisse pour m'humilier. Les arbres, qui réservent à leur propre élan tout leur effort, nous sont de bons professeurs de force intérieure.

Ils nous convient aussi à une belle tenue morale. Ils ignorent toute servitude, et ne nous fournissent aucune image où nous puissions prendre une suggestion d'habileté mesquine et de bassesse.

J'impose à celui qui veut me dominer des précautions, certaines complaisances pour mes goûts qui lui font se composer un personnage différent de lui-même et dont l'attitude n'est plus très noble. Cependant il peut estimer que le pouvoir compense ces accommodements. Mais notre impuissance nous ordonne d'être fier. Celui qui ne pénètre point chez les autres par la force ou le génie doit au moins maintenir quelqu'un en lui-même, sans quoi il n'est rien. Quelles images, quelles impressions nous éveillent ces résolutions dans la forêt, peut-être ne les pourrait-on dire avec précision ; mais nous n'entendons nulle part de langage plus net et toujours plus semblable à lui-même. L'énergie qu'on prend sous les hautes ombres des bois se tourne en nous en une plus ferme humanité. On quitte la foule des arbres avec le dessein d'être plus un homme. En ce parc solitaire et fier, l'école des livres trouve son adjoint nécessaire.

Les enseignements de ce parc s'accordent en une même inspiration de discipline et de force intérieure, influence des arbres altiers et dociles. Cependant s'il est classique, il n'est pas scolaire. Il illustre nos auteurs et parfois y ajoute, mais il n'impose point ses propres leçons. Beaucoup y échappent. Ceux qui les entendent y prennent au total un esprit de vérité et d'indépendance qui souffle de toute la forêt agitée des vents. De ceux-là, notre maison d'étude de Saint-Cloud dominée par les arbres au-dessus desquels se rehaussent les fantaisies des nuages me dessine leur figure, car sans négliger les directions humaines et les règles de la science ils savent trouver dans la liberté des ciels mouvants et le propre effort de chaque branche les vrais maîtres de leurs pensées et de leurs plaisirs.

Gustave SCHEID.
Promotion 1891.

LES EXCURSIONS SCIENTIFIQUES

A SAINT-CLOUD

Pour dire de nos excursions tout le bien que j'en pense, et c'est beaucoup, j'ai besoin tout d'abord de m'excuser. Plus exactement je dois dire pourquoi le Cloutier les considère souvent comme des corvées désagréables, quitte, après quelques années de recul, à leur rendre pleine justice et même à n'en plus voir que les côtés séduisants. C'est peut-être mal commencer un article qui n'a d'autre prétention que d'évoquer quelques journées bien vivantes de travail scientifique et de joyeuse camaraderie : mais c'est la première idée qui nous vient à tous : Ne pourrait-on pas corriger l'organisation actuelle et faire disparaître des ennuis dont l'excursion elle-même n'est pas cause? Ces excursions se font dans l'après-midi : physique et chimie dès novembre ou décembre, botanique et géologie au printemps, généralement après Pâques. Ce sont donc presque tous nos loisirs du jeudi et du dimanche qui sont sacrifiés dès les beaux jours. Songez que pendant son séjour à Saint-Cloud chaque promotion doit suivre obligatoirement 10 excursions et visites d'ateliers et d'usines comme application des cours de physique; 10 excursions pour la chimie, 10 excursions de botanique et 5 au moins de géologie. Je ne parle pas des excursions supplémentaires, des visites de laboratoires que les professeurs, tous dévoués, se font un devoir d'organiser à titre gracieux. L'élève de sciences, déjà surmené par les nombreux cours, ne sait où prendre le moment des revisions pour le professorat, supprime ses récréations et, sans loisirs, regrette vivement de ne pouvoir vivre d'une vie plus large, mieux organisée.

On savourait longtemps à l'avance une représentation aux Français, à l'Opéra-Comique, chez Antoine, et voilà qu'il faut prendre la boîte à botanique et filer dans la banlieue, alors que nos heureux littéraires s'y rendront en humant l'iar frais sur le bateau de Saint-Cloud-Pont-Royal. Ce sont des cours à la Sorbonne : Buisson, Pellat, des cours du Muséum qu'on est obligé d'interrompre, d'abandonner définitivement. Ce sont les conférences des Hautes-Etudes, Lanson, Seignobos, Croiset qu'on ne peut plus suivre. Il nous faut déserter aussi les cordiales réunions de la rue Moufferard avec les Normaliens de la

rue d'Ulm et ces demoiselles de Sèvres et de Fontenay.
Nous voilà privés des savoureuses flâneries le long des
quais ou des boulevards, des visites aux musées et de
mille joies saines de la capitale qu'on sait apprécier et
qu'on regrette avec humeur d'abandonner.

Et la solution ne paraît pas impossible; le mal persiste,
faute peut-être d'être dénoncé à M. Pierre si bienveillant
et toujours en quête d'améliorations à Saint-Cloud. Il suffirait d'organiser les excursions dans la matinée du
jeudi et du dimanche laissant chacun libre de son après-
midi. On travaille avec meilleur goût et d'une façon plus
profitable le matin; et l'espoir des distractions mettrait
du soleil au cœur. Il semble possible de déplacer quelques cours pour laisser libre le jeudi, et nous avons trop
apprécié l'amabilité et le dévouement des professeurs
pour douter qu'ils ne se prêtent volontiers à la combinaison. Dame! l'économe dira son mot : il sera parfois
impossible de rentrer à Saint-Cloud pour savourer la
popote universitaire : mais on se contentera gaîment, je
crois, du restaurant; la dépense est fort minime et occa-
sionnelle. Il y a d'ailleurs des précédents; nous avons fait
deux ou trois de ces excursions matinales : elles furent
parfaites; il n'y a qu'à généraliser.

Et me voilà libre de scrupules. Je puis dire maintenant
combien je suis heureux d'avoir visité tant de coins de la
banlieue parisienne : Vanves, Meudon, Jouy-en-Josas et
Versailles, Étampes et le Saunois, Chantilly, la forêt de
Saint-Germain, la forêt de Marly, le canal de l'Ourcq,
Sévran et Villeparisis, Argenteuil. Je m'en voudrais beaucoup d'ignorer le Paris travailleur et misérable, le Paris
des usines et des ateliers, le Paris d'Aubervilliers et des

fortifications, la Plaine de Saint-Denis. C'est pour la vie une provision extraordinairement abondante de souvenirs scientifiques et divers, de sensations curieuses, tout une forte éducation que des manuels et des cours n'auraient pu nous donner.

Il est difficile de tracer un tableau-type de ces excursions. Rien n'est plus varié que leur but et les incidents propres à chacune d'elles. Parlons d'abord des excursions de botanique.

Excursions de botanique. — C'est M. Mangin qui, jusqu'à cette année, les dirigeait. On se donne rendez-vous à Saint-Cloud ou à Paris : gare du Nord, gare de l'Est. Le major s'occupe des billets alors que les profanes se promènent dans la foule bruyante des Parisiens en partance pour la banlieue, et que les retardataires, ceux qui manquent toujours le train à Saint-Cloud ou le tramway à Boulogne, nous rejoignent essoufflés. Les compartiments sont bondés, mais personne ne se plaint; il y a toujours des voyageurs intéressants ces jours-là.

On est arrivé : quelques pas encore et nous voilà en pleins champs. M. Mangin est homme de méthode et d'expérience : avec lui pas de temps perdu. Au début il est entouré : c'est d'abord l'indication des espèces rares ou spéciales à la région, « des plantes d'examen », puis l'herborisation proprement dite. M. Mangin consulte son petit bréviaire, une antique et minuscule flore de poche, et la science s'infuse en nous. Les plus sérieux prennent des notes, font des figures; les malins offrent leur carnet au professeur qui explique et dessine pour eux sans s'en douter. Peu à peu on se disperse, on herborise à deux et ce n'est pas sans profit. Le paysage repose de l'effort intellectuel : nous voici le long d'un canal, un chaland passe; des pêcheurs, des promeneurs sont en grand nombre; on regarde, on écoute, on cause. C'est la vie de la banlieue parisienne nous offrant les délices de

EXCURSION DE BOTANIQUE

la campagne, des sites charmants, avec le contraste savoureux des costumes et des élégances de la Cité. Mais on herborise depuis trois grandes heures déjà : la marche devient pénible, les traînards gémissent, ne serait-ce que pour la forme. On s'arrête : c'est le « topo ». M. Mangin cueille un épi de blé et nous engage à l'imiter : le proprio n'est pas là. On écarte prudemment glumes, glumelles, glumellules ; on dissèque la fleur : un type de graminées est connu. Nous demandons une classification.

M. Mangin hésite : celle de Vantieghem est logique, mais trop subversive et trop peu pratique pour l'enseignement primaire... et... la causerie va son train. Chemin faisant M. Mangin a fait sa provision de plantes et de feuilles d'arbres; c'est le moment d'en parler, c'est la « colle ». Les plantes, ça va encore, on s'en tire toujours, l'inspiration latérale soutient les faiblesses de mémoire; mais quant aux feuilles!... M. Mangin ne va-t-il pas jusqu'à nous offrir de menus rameaux déplumés! L'excursion botanique est finie : mais l'ordre du jour n'est pas épuisé. C'est le chalet du coin qui nous attend avec son bon vin blanc, le saucisson, le fromage de Brie crémeux. Quel appétit, mes amis! et quelle soif! Les flacons se vident, les conversations s'établissent. On oublie la botanique; tous les sujets, même les profanes, sont permis, et le professeur donne lui-même l'exemple de la gaîté spirituelle. N'est-on pas bien d'ailleurs à l'ombre du sophora gigantesque? et le moyen, après une marche si fatigante en plein soleil, de se soustraire aux délices d'une sensualité quelque peu rabelaisienne mais discrète.

L'heure du départ s'approche; la station est à cent pas, on s'y rend sans hâte, tandis que notre caissier solde l'hôtelier, établit ses comptes et répartit les dividendes... négatifs bien entendu. L'administration est fort aimable et prévoyante; mais les 0 fr. 75 réglementaires ne réussissent que bien rarement à boucher les trous...

Le retour n'est pas moins gai que l'aller : comparti-ments bondés, bruyants et joyeux; nos Parisiens se sont grisés d'air pour le moins: peut-être est-ce la faute aux

senteurs des fleurs champêtres : chaque Parisienne en a
plein les bras. Et les trains de banlieue nous déversent à
flots dans Paris. Mélancoliques parce que fatigués, nous
rentrons à Saint-Cloud remontant dès la place d'Armes
le courant des Parisiens, gais et bruyants eux aussi, qui
dévalent du parc vers les bateaux.

Voilà le schéma d'une excursion ; mais comment dire
la variété des détails, la multiplicité des incidents et des
paysages, les hasards des rencontres et des conversations avec les indigènes ou les touristes?

La liste des excursions de M. Mangin variait peu avec
le temps : quand on a découvert un groupe de stations
botaniques très riches et aux aspects assez changeants pour
permettre une étude complète de la flore parisienne,
pourquoi les abandonner?

C'est d'abord Jouy-en-Josas : on se groupe à Versailles.
Quelques-uns d'entre nous iraient volontiers s'égarer
dans le palais et dans le parc ; ce n'est pas le moment.
D'ailleurs, dès Jouy, la promenade est délicieuse au milieu
des prés, dans les bois côtoyant de gentils ruisseaux. Les
stellaires, les céraistes en touffes blanches les ornent : à
côté la *potentilla fragariastrum*, *euphorbia silvatica* ;
mais voici d'autres potentilles : *ensorina* (pennatiséquée),
argentea (palmatiséquée) ; sommes-nous savants! et les
lentilles d'eau et le *potamogeton crispus!* c'est une volupté
pour moi de sortir mon latin. Songez que trois pages
noircies de gribouillages n'ont pas suffi pour noter
les trésors de cette excursion sur mon carnet de botanique. On retourne à Versailles à pied ; la trotte est
longue ; mais on s'est solidement lesté au cabaret villa-

geois le plus aimable et le moins ruineux qu'on pût rêver.
Et c'est encore le trajet familier de Versailles-Saint-Cloud
et la chanson qui rend furieux les chefs de gare.

Aujourd'hui on s'embarque à la gare du Nord, on descend à Sévran. Nous suivons le canal de l'Ourcq jusqu'à
Villeparisis ; à nous la belle baldingère ! et ne confondons
pas scabieuse et *knantia*. Le soleil est impitoyable. A
peine avons-nous le temps d'apprécier la saveur et le
parfum des petites fraises agrestes. Elles abondent et
sont délicieuses ; mais M. Mangin en avant-garde nous
distance d'un grand kilomètre ; notre péché de gourman-
dise est racheté par nos sueurs.

La forêt de Saint-Germain et celle de Marly sont propices
aux excursions botaniques pour qui connaît leur topo-
graphie. Nous abordons par Étang-la-Ville. Quelle belle
promenade « sous les arceaux de la forêt ! » et quelle
récolte de mousses et de fougères ! Les funaires hygromé-
triques, les sphaignes, les *cladonia*, *hypnum*, *brym*,
s'empilent dans nos boîtes. Chemin faisant on se fami-
liarise avec *ulmus campestris*, *alnus glutinosa*, *ligus-
trum vulgare*. Soyons plus modestes : il s'agit simplement de l'orme, de l'aulne et du troène. Les essences les
plus diverses voisinent ici : charmilles, bouleau, tilleul,
coudrier. Une autre fois on pénètre par Poissy, mais les
cieux ne sont plus cléments : l'averse diluvienne nous
hydrate avec le maximum de molécules et l'abri des feuillages est illusoire. Le soleil rit de nouveau ; nous sommes
séchés et brûlés en peu de temps et la soif comme toujours finit par régner. C'est un petit village qui nous
héberge : sur la grand'place des hommes et des jeunes
gens s'amusent au jeu de paume que les traditions ont

conservé jusqu'à eux. On nous offre la paume, l'enjeu n'est pas ruineux ; mais nos talents sont négatifs et nos jarrets las. Voici la halte des touristes avec son gigantesque *sophora;* la collation est délicieuse et le voisinage intéressant; mais l'addition ! Notre caissier a peine à contenir sa fureur : comment boucler le budget?

Il faut citer aussi l'excursion de Chantilly. C'est jour de courses, nous fuyons la cohue et la ville pour suivre paisiblement la voie du chemin de fer. Nous traversons les immenses champs d'entraînement, déserts à cette heure, et nous nous engageons dans la forêt. Là récolte est maigre tout d'abord; mais petit à petit les « plantes d'examen » se font abondantes et les topos se multiplient. Le professorat est proche; les moins enthousiastes font quelques sacrifices d'attention. Puis c'est, dans une clairière, un vrai champ de muguets; jamais aucun de nous ne leur connut pareil parfum; les boîtes s'emplissent, et toujours cueillant on s'éparpille. M. Mangin n'a plus que de rares adorateurs; mais ça lui suffit. Les autres cherchent, causent. Beaucoup se contentent d'aspirer à pleins poumons l'air pur chargé de délicieuses senteurs. Ainsi, sans trop de fatigue cette fois, on atteint Orry-la-Ville. La petite auberge est fort aguichante avec ses ombrages. Une noce villageoise s'y réjouit et nous nous intéressons vivement à leurs innocentes distractions, à leurs jeux locaux, à la gaîté spirituelle et bon enfant des invités. Des cyclistes parisiens en abondance font cercle avec nous autour d'eux. On se croirait reporté deux siècles en arrière ; décidément les bonnes traditions s'abritent dans l'Ile-de-France.

Je ne puis oublier Compiègne dans ma liste. C'est

l'excursion bisannuelle, la grande excursion à laquelle
on consacre une journée entière, l'École généreuse nous
assurant deux excellents repas d'hôtel. On part de grand
matin. M. Mangin, maître organisateur, a tout prévu : un
grand coach nous attend à la gare de Compiègne. Nous
sortons à toute allure de la ville. Halte au château : la
science s'allie fort bien à l'art. Le temps nous manque

EN FORÊT

pour visiter l'intérieur ; nous admirons le jardin et le parc,
une vue superbe sur la forêt. D'immenses pelouses au
premier plan ; encore quelques centaines de mètres et
nous allons y pénétrer. Les espèces sont peu variées,
mais très curieuses. Nous entrons sous bois et la flore
change. On dévale les pentes, on distingue les nombreuses essences forestières, on s'arrête curieusement
devant les coupes et les installations des charbonniers.
Pendant ce temps notre cocher qui sait son rôle nous
précède sur la route de Compiègne à Pierrefonds. Le
temps est capricieux : des éclaircies et des éclipses de
soleil se succèdent ; de gros nuages s'amassent. Enfin

l'averse tombe. Un vrai déluge, et pour abri quelques bouleaux au feuillage frêle; heureux sont ceux qui ont pu découvrir une charmille. En quelques minutes nous sommes trempés. Pour la première sortie de nos chapeaux de paille, ça n'est pas réussi! Puis le soleil revient, on se sèche tant bien que mal, et on herborise tout de même dans les flaques d'eau et les herbages mouillés.

Nous arrivons au Vieux-Moulin : table d'hôte. Un grand feu console les délicats. D'ailleurs on est à l'abri, et le soleil s'efforce de réparer le désastre. Le repas est servi dans une salle ouverte par toute une face comme un hangar sur un jardin soigné où quelques amateurs continuent leur éducation botanique. La nappe est blanche, les verres clairs; un repas savoureux chatouille et calme nos appétits d'ogres, ramenant la bonne humeur. Au café c'est une gaîté jeune et quelque peu bruyante qui triomphe. Un coup de kodak et voilà l'heure immortalisée.

On continue l'excursion dans la forêt jusqu'à Pierrefonds. Le soleil brille toujours. Nous visitons le château dans ses moindres recoins; M. Mangin évoque quelques souvenirs historiques et les travaux de Viollet-le-Duc. Le gardien récite son boniment à chaque salle. Nous grimpons au sommet du donjon par l'escalier étroit dont la spirale donne le vertige, et nous redescendons pour admirer les détails des sculptures de la galerie-promenoir.

Le soleil se voile. On excursionne dans les parcs et jardins, sur les bords des étangs; et c'est fort instructif. Par surcroît le décor est merveilleux. Dans le fond le château couronne l'œuvre. Puis de nouveau la pluie torrentielle. En hâte nous envahissons la salle d'attente et le buffet de la station. Le cocher vient de partir, nous devançant dans la forêt. L'un d'entre nous se dévoue et s'époumonne et se mouille pour l'arrêter s'il est temps, et le faire revenir. La manœuvre réussit. On s'empile à l'intérieur et l'on part malgré la pluie qui redouble d'intensité. On ne songe même pas à regarder au dehors, tandis qu'un beau temps nous eût offert tout le long de ce voyage sous bois de petits coins de paysage délicieux.

Le ciel s'éclaircit et nous arrivons à Compiègne. Entrée triomphale! Une foule emplissant les rues nous acclame. Vive Bougon! Le colonel, candidat à la députation, est attendu, paraît-il; une grande conférence électorale a été organisée, et notre coach a été confondu avec le carrosse politique. Nous entretenons l'illusion : la barbiche à la Canrobert et l'allure militaire de M. Mangin s'y prêtent au mieux. Quelques loustics parmi nous saluent d'un geste noble. C'est un grand succès! Arrivés à l'hôtel, la désillusion est comique, ça nous distrait des avatars du voyage. Le repas délicieux (c'est M. Mangin qui choisit l'hôtel!) se prolonge agréablement. La journée a été mouvementée, mais qui se plaindrait, elle a été si vivante.

Excursions de géologie. — Quel que soit le talent du professeur, un cours de géologie, ça n'est pas gai. Mais quant aux excursions, c'est tout différent. On voit, on touche, on se rend compte des liens entre la nature du sol et la physionomie du paysage. Les classifications se font sans effort devant la carrière ou la tranchée. Quand on a par surcroît un guide aussi érudit, aussi dévoué, aussi aimable que M. Thévenin, faire de la géologie devient un réel plaisir. C'est beaucoup en effet qu'un

professeur ayant toujours l'anecdote prête, le mot pour
rire, un professeur qui rend sa science souriante et
même gaie. M. Thevenin fut pour nous presque un camarade, un aîné qu'on respecte amicalement. Nous n'oublierons pas son costume de toile à toute épreuve, ses gros
souliers témoignant d'actives recherches dans les carrières parisiennes, sa rustique canne ferrée, son chapeau
mou couleur « limon des plateaux » : tout un ensemble
de savant qui ne craint pas de se salir, robuste, alerte,
marcheur infatigable, sachant entraîner sa troupe et
entonner le refrain qui délasse.

Cinq conférences préliminaires avaient été consacrées
à l'étude théorique des fossiles et à la classification détail-
lée du tertiaire. C'étaient les premières armes professo-
rales de M. Thévenin, et il nous dit gentiment son
embarras : Être trop simple, enfoncer devant nous des
portes déjà ouvertes, ou bien se montrer prétentieux en
faisant parade d'une érudition sans profit. Et nous fûmes
invités à apprécier son premier exposé et à formuler nos
désirs. M. Thévenin fut parfait. Solidement documentés,
nous pouvions aller sur le terrain.

C'est d'abord l'excursion de Vanves, Issy-les-Mouli-
neaux et Meudon, le Thanétien et le Sparnassien, premiers
étages de l'éocène. Nous entrons dans les carrières d'argile
plastique de Vanves, on patauge à qui mieux mieux. Nous
escaladons les coupes en talus jusqu'au banc de cérithes
gigantesques. C'est inutile, l'École des mines le matin
même a tout raflé. On se rabat sur les nummulites et les
echinantus, tandis que M. Thévenin nous rappelle les
divers bancs ainsi que leurs fossiles caractéristiques. Il n'y
a qu'à ouvrir les yeux. Les couches apparaissent nette-

ment distinctes grâce à leur couleur propre et nous traçons le croquis. A la base le conglomérat de Meudon,
sans fossiles. Au-dessus l'argile plastique que les ouvriers
coupent avec de grands sabres en fer, puis du sable servant de base à l'épaisse couche d'argile à lignite ou fausse
glaise. Au-dessus enfin des conglomérats de sables à
nummulites et dents de squales, du calcaire grossier avec
ses oursins, ses cérithes, ses miliolites. Sortis de la carrière, nous pouvons suivre la transformation de ses produits : les briqueteries abondent. Nous filons vers Issy,
Là sont d'épaisses couches de craie sénonienne. Près
d'un viaduc de la ligne Issy-les-Moulineaux-Versailles
une tranchée nous offre ses assises. On peut remarquer
les alignements sombres de silex traversant la craie
blanche. On creuse, on fouille, chacun fait sa provision
de fossiles. Un coup d'œil aux usines à chaux, aux fabriques de craie et nous allons à Meudon. On grimpe leste-
ment sur la colline. Dominant Paris et la magnifique val-
lée de la Seine : Billancourt, Sèvres, Saint-Cloud, nous
pouvons suivre les couches malgré les érosions. C'est le
moment du topo. Au-dessus de la craie sénonienne, voici
le calcaire pisolithique du Danien, les marnes blanches
résultant de son altération, au-dessus encore le conglomérat de Meudon que surmonte l'argile plastique. Il ne
nous reste qu'à tracer le schéma d'ensemble ; le Séno-
nien, le Thanétien, le Sparnassien ne seront plus oubliés.

La deuxième excursion est à Survillers sur la ligne de
Chantilly. Une bonne moitié d'entre nous manquent le
train. Force nous est de marcher sans eux. Nous rassu-
rons M. Thévenin : les absents sont gens pratiques : ils
sauront nous découvrir. Une heure plus tard nous les vîmes

arriver marchant au pas, tout joyeux du résultat de leur
manœuvre. Nous arpentons les plateaux. La couleur du
terrain et des tranchées est uniforme. C'est le limon des
plateaux analogue à celui des plaines de Flandre, de
Picardie et de Belgique où grossit la betterave. Leur
extension, nous explique M. Thévenin, semble contemporaine des dépôts argilo-sableux de l'éocène moyen et
inférieur. Il est bon de voir divers *facies* contemporains
pour se guérir des idées simplistes en géologie. Et nous
classons ces limons grâce à l'étude soigneuse qu'en fit un
instituteur de Lille, M. Adrier. En bas, le limon inférieur
riche en mollusques terrestres : *helix*, *pupa;* le limon fen-
dillé, et tout en dessus l'ergeron, ici, sableux et jau-
nâtre, ailleurs terre rouge argileuse, terre à briques du
nord de la France. Et M. Thévenin nous dit les hypothèses fort curieuses sur l'origine de ces dépôts : les
alternatives de gel et de dégel, les alternances de faunes
froide et chaude, hypothèses qu'autorise l'étude des fossiles et des extensions glaciaires. Nous arrivons à une
station classique de fossiles ; étudiants et professeurs
ont bouleversé le sol, creusé de larges fosses. Sans effort
nous emplissons nos musettes ; une pluie torrentielle
nous chasse brusquement et sans parapluies nous allons
visiter une grande carrière de sable. Nouvelle récolte
de fossiles curieux et topo grâce à une heureuse éclair-
cie du soleil. La gare est loin, tant pis pour les pieds
meurtris, la science veut des sacrifices. Enfin, nous
voici confortablement affalés dans nos compartiments.
En route pour Saint-Cloud, et comme on va dormir ce
soir !

L'excursion d'Argenteuil fera date pour nous. Jusque-là M. Thévenin jeune et ardent n'est pas encore devenu philosophe ; la science lui suffit. A peine peut-on lui offrir la bière fraîche. Désormais il appréciera le repos en commun, la camaraderie enjouée après le travail intense. Les collations d'antan qui nous remettaient en gaîté sont de retour. Je ne vous dirai pas nos visites dans les immenses carrière de gypse saccharoïde, et les savants topos, et les anecdotes instructives sur la découverte des gros fossiles : *paleotherium xiphodon, anoplotherium.*

Nous voici à Sannois. On se souviendra de ses carrières. Quelles escalades et glissades ! Encore du gypse, des marnes, de la boue. Sur les collines de Sannois nous traçons nos coupes et nous prenons des notes. A peine avons-nous le temps d'apprécier le beurre et le saucisson locaux, et toujours las nous rentrons au bercail.

C'est ensuite l'excursion de Villejuif à travers le calcaire grossier, les caillasses. Puis c'est la grande excursion d'Étampes, quelque chose comme le Compiègne géologique. Jadis on allait à Beauvais sous la sévère direction de M. Boule ; deux grandes journées y suffisaient à peine. Nos anciens en parlaient longtemps après : travail et distractions s'harmonisaient, paraît-il. L'administration de l'École gémit des grosses dépenses et la supprima. N'oublions pas cependant que le bassin parisien ne peut offrir que ce qu'il a : le tertiaire, et que c'est peu dans l'écorce terrestre. M. Thévenin espérait en un avenir où l'on pourrait excursionner dans l'Auvergne, élargissant les horizons et variant les aspects géologiques. Faisons des vœux pour que nos successeurs voient ce généreux projet réalisé. Pour nous donc Étampes fut la grande excursion : toute une belle journée de Pentecôte. Je vous fais grâce de nos observations géologiques sur la route d'Estrechy à Étampes : elles furent abondantes et riches, fatigantes aussi, car la belle route ne marque que la direction résultante de nos marches et contremarches en plein champ.

Un déjeuner abondant et savoureux d'auberge villageoise nous est servi à Étampes. Le local n'est pas somp-

EXCURSION DE GÉOLOGIE

tueux; mais on se sent chez soi. M. Thévenin veut installer sa montre sur la table pour nous rappeler que le travail va suivre; devant nos supplications véhémentes, la « toquante » est réintégrée. Nous pouvons sans souci d'école savourer l'honnête cuisine rustique et le café sirupeux au délicieux parfum. Une chanson alerte est de rigueur. Boulin se lève : c'est le « meeting » « le mélingue du Métropolitain ». Ceux qui n'ont pas entendu Boulin dans sa création ne peuvent se faire une idée du succès qu'il eut. Désormais illustre parmi nous, son nom évoquera toujours les agapes amicales et joyeuses, la gaîté de la jeunesse saine et cordiale. M. Thévenin nous

dit sa surprise et la profonde satisfaction qu'il éprouvait
à découvrir en nous des étudiants à la fois sérieux et gais,
à se sentir dans un milieu viril et vibrant où la camaraderie n'est pas maniérée et mesquine, où la pensée est
pleine de sève et de vie. Nous nous sommes levés sur
cette appréciation si flatteuse, qu'on sentait venir du
cœur, et tout en reprenant la musette pour excursionner
à nouveau, le jeune professeur nous parlait de hautes
écoles et de jeunes étudiants qu'il eût aimé voir nous
ressembler davantage. Cependant des éclopés s'arrêtent,
les pieds en compote, les jarrets fatigués. Ils ne sont pas
très nombreux ceux qui pourront aller jusqu'au bout.
M. Thévenin a été soldat, il sait combien le chant soulage
la fatigue. Il entonne une marche et nous suivons. On
atteint une immense carrière en pleine exploitation ; ce
sont les grès de Fontainebleau ; des carriers les débitent
en pavés ou les alignent en blocs énormes. Nous revenons
vers Étampes non sans avoir fouillé les poches de sable
que les géologues ont ouvertes de place en place sur les
bords de la route, et sans avoir écouté le jovial médecin
de campagne qui, voyant en nous des coreligionnaires
scientifiques, nous dit ses voluptés de collectionneur et
d'excursionniste. Nous retrouvons à Étampes les débris
de l'arrière-garde qui sans hâte ont visité tous les recoins
de la petite sous-préfecture et de guerre lasse se livrent
à la poésie de la bouteille. Une nuit de lourd sommeil
bien mérité mûrira notre moisson touffue de documents
et remettra en vigueur nos muscles endoloris.

*Excursions de physique et de chimie. Visites d'ateliers,
d'usines, de laboratoires.* — M. Leduc nous conduit

d'abord à la Sorbonne. Deux séances copieuses sont consacrées aux visites des laboratoires. De 2 heures à 7 heures du soir, on observe, on écoute, on expérimente. Nous sortons de là très fatigués; mais sur le pont du bateau, en glissant vers Saint-Cloud, tout disparaît. Il ne reste qu'une abondance extraordinaire de renseignements scientifiques, la connaissance d'appareils et de machines de toute importance que Saint-Cloud ne pouvait nous offrir. M. Leduc nous fait les honneurs de son laboratoire. On le sent bien chez lui : tous les instruments de physique qu'il a réunis là ont l'attitude du travail ; les éprouvettes elles-mêmes sont en ordre à la portée de sa main. Voici dans un coin le baromètre normal modifié par M. Leduc ; un petit tremplin appuyé directement sur le mur atténue les oscillations que les moindres pas dans la salle impriment à la colonne de mercure. Lisons au cathétomètre : chacun d'entre nous fait sa constatation. En bonne et large place, voici la fameuse balance d'où sont sorties tant de densités avec 4 et même 5 décimales définitives. Camarades littéraires, n'évoquez pas une balance d'épicier, ni même de pharmacien : celle-là est tout un monument. Tout est sous verre, — à l'étage inférieur les ballons compensateurs. On n'approche pas, l'appareil est si sensible ! On lit à distance avec une lunette. Songez qu'il faut parfois attendre près d'une demi-heure le retour de l'aiguille sur le zéro du cadran.

Voici encore dans un petit meuble spécial des flacons, des tubes, des ballons. M. Leduc laisse paraître quelque mélancolie en les exhibant. La poussière leur fait un voile pudique M. Leduc ne veut pas s'en séparer. Il

s'était rendu compte dans ses pesées si précises de différences constantes entre les densités de l'azote de l'air et
de l'azote chimique. Il avait fait des prises d'air à terre,
à la hauteur des hautes branches dans les arbres de
Saint-Cloud, à quelques centaines de mètres en ballon :
toujours le même résultat et dans le même sens.
M. Leduc allait conclure à la présence d'un gaz étranger
dans l'azote de l'air. Il était à la veille de découvrir l'ar-
gon. Quelle joie pour le savant! Et voilà que brusquement
Ramsay annonce sa découverte au monde entier. Il y a
bien là quelque tristesse pour un savant, fût-il le moins
vaniteux des hommes. Mais M. Leduc ne saurait se décourager. La science lui doit beaucoup déjà, et le travailleur
s'engage dans une nouvelle voie. La table soutient un
alignement d'éprouvettes. M. Leduc étudie l'électrolyse
des sels d'argent. L'un d'entre nous dans son excès de
précautions casse une éprouvette. M. Leduc, oujours doux,
plein de tact et d'urbanité, sourit. Ainsi la science à sa
source même est d'un intérêt passionnant, la mémoire
enregistre pour jamais. Nous visitons d'autres laboratoires
et les salles de manipulations des étudiants. C'est une
revision singulièrement vivante du cours de physique.
Ici toute une salle d'accumulateurs; là des machines
d'induction : on s'amuse à faire danser les anneaux de
Trescla. On s'étonne devant la largeur des bobines des
électrodynamomètres; on expérimente la télégraphie
sans fil, on s'arrête longuement à l'électromètre capillaire
de M. Lippmann. On ouvre les vitrines où reposent les
appareils qu'illustrèrent pour le plus grand profit de la
science et de l'humanité divers professeurs de la Sorbonne, morts ou vivants. On effectue quelques expériences

de spectroscopie, alors qu'un savant étranger poursuit à côté de nous ses études d'électro-physiologie. Nous sommes dans une atmosphère de travail scientifique et de dévouement professionnel.

C'est ensuite notre visite au Bureau international des poids et mesures, pavillon de Breteuil. L'un d'entre nous parla dans la *Jeunesse enseignante*, hélas! défunte, du culte de la précision dans les mesures, que tout inspire dans l'établissement. Il décrivit les balances automatiques, merveilles d'ingéniosité mécanique, les auges, les piliers à toute épreuve et les microscopes pour la comparaison des instruments de mesure usuels aux étalons normaux. Il sut nous faire admirer ces savants modestes et infatigables qui, dans l'ombre et le silence du parc, poursuivent patiemment des expériences de haute précision. Il nous conta les soins plus que maternels dont le prototype du mètre en platine est l'objet : les deux caves superposées, les clefs de sûreté dispersées dans trois États. Rappelons encore une visite à l'Observatoire de Paris : partout le même souci de la rigueur, le même culte de la vérité et le même amour du travail.

Voilà pour la science pure : mais la plupart des excursions de physique et toutes les excursions de chimie sont consacrées aux applications industrielles des sciences : petites et grandes usines, immenses ateliers. C'est la vie ouvrière en plein Paris, près des barrières ou dans la banlieue.

La visite à l'orfèvrerie Christofle peut nous servir de transition. L'usine est près des boulevards : un jeune ingénieur très distingué nous reçoit avec la plus parfaite courtoisie. Il connaît les travaux de M. Leduc sur l'élec-

trolyse, si intéressants, nous dit-il, pour les praticiens
comme lui. D'ailleurs il est lui-même un chercheur passionné ; et c'est avec un grand empressement qu'il nous
montre ses essais, racontant ses échecs et ses espérances.
La visite avec un pareil guide sera fructueuse. Nous allons
à l'atelier des fondeurs : les uns préparent des moules
délicats en sable cuit; d'autres, demi-nus, brassent les
alliages en fusion, ou, sans crainte d'être rôtis, s'appro-
chent de la masse brûlante et procèdent à la coulée. Il
faut aller vite et le moindre faux-mouvement pourrait
être fatal. Aussi la sueur ruisselle sur les torses, les fronts
se plissent, les muscles se crispent. Que de pareils métiers
sont pénibles ! Nous pouvons suivre, le long d'immenses
halls, entre les mains d'innombrables ouvriers, les transformations surprenantes des pièces brutes : des tours
spéciaux donnent la forme ovale aux plats, des repousseurs
font saillir les ornements, des soudeurs ajoutent une
anse, un col. Nous passons à la salle du polissage : des
meules à toute vitesse font la toilette des cuivres : la
poussière d'émeri et de métal forme un nuage autour
des ouvriers. Quel voisinage pour leurs poumons! Puis
ce sont les immenses ateliers d'électrochimie : les cuves
de galvanoplastie. De gigantesques statues, des panneaux
de plusieurs mètres de longueur plongent dans le bain
de cuivrage à côté des médailles de toutes dimensions et
des ustensiles les plus variés.

Dans le hall aux cuves d'argenture et de dorure, l'ordre
et la propreté brillante nous frappent; les détails techniques nous sont gracieusement et abondamment donnés :
nous connaissons l'ampérage, le voltage et les effets de
leur variation sur la solidité des dépôts. Encore d'im-

menses salles claires où un grand nombre d'enfants (un
couvent d'orphelines, je crois), des rangées serrées de
jeunes filles et de femmes procèdent à la toilette
définitive de l'œuvre d'art : grattebossage et brunissage :
métier pénible car le métal est dur et il faut appuyer beaucoup et sans cesse pour le polir. Nous admirons les effets
obtenus par les réserves mates sur les brillants et, sans
affectation de sensiblerie, nous sortons peinés d'avoir vu
tant de figures d'enfants émaciées ou tristes ; vie bien dure
et déprimante, avenir peu souriant. Nous traversons une
salle de moulage, préparation des moules et métallisation
par le graphite. Des jeunes filles et des femmes encore, en
costume professionnel très curieux, la figure et les mains
noircies : des négresses de carnaval, le sourire en moins.
Nous passons de trop courts moments dans les salons de
vente où sont réunies des merveilles de bon goût et d'originalité et nous prenons congé de l'aimable ingénieur.
C'est plutôt une série d'excursions qu'une seule visite.
Chaque atelier, chaque hall a sa technique et son aspect
particulier. Nous venons de prendre contact avec l'ouvrier
de Paris.

On pourrait en dire autant de l'usine électrique du
secteur de Grenelle, avec ses immenses ateliers où se
découpent à l'emporte-pièce dans le fer ou le cuivre les
éléments des machines électriques. C'est une curieuse
division du travail qui assure la fabrication des puissantes
dynamos.

Et c'est aussi une impression de colossale usine, la
géante que Zola pourrait personnifier, que nous laisse la
visite des ateliers du P.-L.-M.

Là aussi, variété et diversité des métiers et des techniques, du frappeur au marteau-pilon, ou des forgerons qui l'escortent, aux tourneurs des pièces de précision que la locomotive moderne exige.

Immenses halls, volants gigantesques, forges de Titans, armées de chaudronniers rivant des boulons avec un vacarme étourdissant, caisses de cémentation et grands ateliers de bandages des roues, bourreliers, menuisiers et peintres. Que de choses à voir, à comprendre, que de notions à classer, que de sensations à analyser!

L'éclectisme n'est pas moins intéressant dans le choix des usines où nous conduit M. Simon. Sans doute M. Simon personnifie la chimie organique, et, comme M. Thévenin, c'est une personnification bien vivante, cordiale et gaie : mais nous saurons tout voir et, comme notre guide, nous intéresser à tout. Fonderie, usine à chocolat, usine à gaz, cristalleries, brasseries, usines de parfums, usines de produits chimiques, usines à produits ammoniacaux, fabriques d'acide sulfurique... la liste n'est pas complète.

Sans compter cette infinie variété d'usines, Paris nous offre le Grand. Certaines de ses usines sont de vraies villes : les parcourir est tout un voyage ; l'accumulation des machines-outils, l'entassement des ouvriers contribuent à accentuer cette impression.

M. Simon nous conduit à Aubervilliers. Nous devons visiter l'usine Fresne et ses dépendances (produits ammoniacaux). Le directeur nous conduit sous des voûtes à perte de vue. Des ouvriers y reçoivent l'arrivage fluide des égouts de Paris, heureusement assainis par le chlore, arrêtent les solides et dirigent le flot vers les bassins du dépôt. Et tandis que la fermentation se continue, que des impuretés s'accumulent en une écume répugnante, d'autres ouvriers affublés de vieux habits de soldat, sales, déchirés, l'air hébété, travaillent en canot sur ces singuliers étangs. Le manque d'air, de lumière, l'odeur malgré tout très accusée de ces matières en putréfaction ne tarderaient pas à provoquer quelques syncopes parmi nous.

On se retire en hâte pour revoir le jour et respirer mieux, puis c'est la visite au séchoir à poudrette, aux presses hydrauliques, aux cuves où le lait de chaux vient brasser les eaux vannes, aux appareils distillatoires avec leurs colonnes à plateaux. Et par l'autre extrémité de l'usine nous sortons dans une immense cour. Toujours cette affreuse odeur. Et dire qu'il se trouve à Saint-Cloud des odorats assez bien construits pour assister sans aucun malaise à l'ouverture des fameuses voitures de vidange. La presque totalité d'entre nous cependant observent de très loin. Et c'est presque macabre de voir ces égoutiers plonger à pleines mains et retirer pour compléter leur peu esthétique musée, un singe qui fut empaillé, un chat en faïence ignoblement maculé et quelques horreurs du même goût.

Toujours à Aubervilliers, et sans pouvoir fuir le voisinage mal odorant de l'usine Fresne, nous allons visiter l'usine connexe préparant l'acide sulfurique et les superphosphates : fours à pyrites, chambre de plomb, tours de Glover et de Gay-Lussac s'offrent à nous en vraie grandeur. Comment s'en faire une idée précise avec nos seuls manuels ?

Tout élève de Saint-Cloud a visité maintes fois et jusqu'en ses recoins l'admirable musée céramique de

Sèvres : art rétrospectif, art moderne, on ne se lasse jamais d'aller voir de belles lignes et les effets de coloris. Il est commun aussi en compagnie des inévitables touristes anglais, d'aller assister à une séance de confection au tour « pour les amateurs ». En quelques minutes, un médiocre ouvrier vous extorque en douceur la petite pièce qu'il partagera avec les gardiens, tolérance bénévole de l'administration. Mais c'est une rare bonne fortune que de visiter les ateliers de composition de « messieurs les artistes », d'assister à la création de l'original en glaise, à la fabrication des moules de statuettes et bibelots, à l'échafaudage de ces immenses vases décoratifs qu'il faut protéger avec tant de précautions contre l'affaissement. C'est un plaisir d'une rare saveur que de voir les pinceaux couvrir les grandes pièces comme les miniatures de peintures délicieuses : fleurs et fruits, animaux, scènes de genre ou compositions décoratives. Et c'est fort intéressant aussi de suivre ces œuvres d'art pendant leur cuisson : technique délicate où la moindre négligence peut détruire en quelques minutes le fruit d'une année de recherches et d'efforts.

La visite à la grande cristallerie de Sèvres-Billancourt nous présente aussi en heureuse collaboration l'ouvrier, l'artisan et l'artiste : heureuse quant à l'œuvre produite, car le spectacle de ces enfants et de ces adolescents soufflant dans le verre en fusion, du matin au soir, esclaves d'ailleurs du maître-verrier, est des plus pénibles qui soient. Nous visitons en détail les magasins emplis de sables quartzeux et d'oxyde de plomb, de creusets en terre réfractaire, les fours où s'opère la fusion. Nous restons longtemps à suivre la transformation d'un bloc pâteux informe en une coupe à fruits des plus ouvragées. Puis ce sont les ateliers de moulage du verre, et d'immenses salles où se fait la taille du cristal. La poussière terrible aux poumons s'échappe en sifflant des meules et les verres à boire et les carafes ont leur cachet définitif.

Dans d'autres salles plus calmes, des dames et demoiselles fort distinguées et qui d'ailleurs ne semblent pas autrement émues de notre présence ni de celle du contremaître, font de la gravure sur verre. Les fleurs et les fruits, les guirlandes, les arabesques n'ont point de secrets pour elles. Ce sont des artistes — elles ont l'air de s'en douter.

Encore à Sèvres nous parcourons de la cave au grenier, pardon, du grenier à la cave, la brasserie de la Meuse. Nous n'oublierons pas cette excursion sous la montagne, le long de galeries entre-croisées, dont certaines doivent atteindre ou dépasser un kilomètre. C'est un effet d'un pittoresque agréable que ces alignements de gros tonneaux superposés, de foudres énormes où la bière se bonifie. Des câbles, des poulies, des rails et des wagons assurent les transports. Cette mine aux singulières galeries est sans contredit l'une des plus originales curiosités de Sèvres.

L'heure de la dégustation est venue. Dans le hangar où s'opère mécaniquement le nettoyage des verres et la mise en bouteille, une table est servie. Et quelques ouvriers sans façon nous servent à boire. C'est un plaisir pour eux; et c'est un réel dépit aussi quand ils s'aperçoivent que nos estomacs ne sont pas au modèle des leurs. — Comment! quelques verres vous suffisent? Tout ragaillardis, nous rejoignons l'École à travers le parc.

Je n'en finirais pas de vous raconter notre excursion à Clichy dans l'usine de parfumerie Gellé frères. Nous y fûmes plutôt mal reçus, nous étions trop curieux. Songez que M. Simon restait sceptique devant d'énormes flacons d'essences végétales et s'enhardissait jusqu'à demander si l'usine ignorait les parfums tirés des goudrons!

Et le chocolat de l'usine Guérin-Boutron? Restons-en là. Aussi bien le souvenir de ces dernières usines évoque en moi des salles immenses où de longues files de jeunes filles et de femmes avec une dextérité, une rapidité qui surprennent d'abord, habillent d'étain et de papier vert les tablettes de chocolat, collent des étiquettes, donnent à un vulgaire flacon d'essence parfumée l'allure élégante qui tentera nos coquettes.

Et c'est pour nous la vision du Paris pauvre et travailleur, de la jeunesse qu'un labeur aussi fastidieux que pénible anémie et tue, mais qu'un rayon de soleil, le dimanche dans les bois de la banlieue, enivrera de folle gaîté.

Ainsi nos excursions si variées dans des milieux si divers, plus et mieux que de pénibles voyages, complètent notre éducation d'homme et d'universitaire.

Les actives promenades en plein air dans les champs, les marches même fatigantes sous le grand soleil nous ont donné le besoin des larges espaces, des grands horizons, de l'exercice physique si salutaire aux intellectuels. En même temps que quelques secrets scientifiques, la nature nous a révélé sa saine beauté. Et voilà pourquoi. comme nos camarades aînés, nous serons pour la vie d'infatigables amateurs de tourisme.

Dans les usines, nous avons appris à connaître le travailleur, nous avons compris ses misères. La forte organisation du travail, tout en nous donnant de vives impressions sur la solidarité des efforts et l'harmonie des métiers, ne nous a pas aveuglés sur ses tristes exigences. Souvent nous fûmes saisis de pitié émue, le problème social nous est apparu. Nous connaissons l'usine et l'ouvrier, et, s'il est bien vrai qu'on ne peut enseigner au peuple que si l'on connaît son existence et ses besoins, nos excursions furent une préparation singulièrement directe et forte à notre mission professionnelle.

Maurice ROYER.
Promotion 1904.

PARC DE SAINT-CLOUD. — POINT DE VUE DE LA LANTERNE

BOURSIERS D'ALLEMAGNE

La France a ses raisons propres pour suivre l'évolution de l'Allemagne avec plus de soin. De ce chef, les boursiers que le ministère de l'Instruction publique envoie outre-Rhin reçoivent une mission particulière. Sans doute ils y vont étendre leur connaissance de la langue allemande en même temps que leur expérience ; mais surtout ils s'y instruiront de l'Allemagne elle-même, afin de porter ensuite sur leur patrie un jugement plus sûr, afin de collaborer au progrès général plus intelligemment.

Il serait souhaitable que chacun vînt narrer, très sim-

plement, avec l'impartialité historique, ses souvenirs
d'Allemagne, ses observations, ses joies et ses tristesses,
ses épreuves peut-être, les étapes de cette initiation à la
virilité, et tout ce qui a enrichi là-bas son esprit et son
cœur. Le plaisir est vif à ranimer les émotions qui modi-
fièrent notre jeunesse de façon décisive. Pour mon
compte, je ne songe jamais à mon séjour en Allemagne
sans une allégresse mêlée de gratitude.

Ce n'est pas seulement le parfum des années disparues
qui prête un charme à ce passé; ce n'est pas seulement
la joie un peu grave que l'homme éprouve à se rappeler
dans quelles circonstances il prit pour la première fois
directement contact avec la vie internationale : ce sont
des heures de formation morale, des heures d'apprentissage, comme eût dit Gœthe, qui déterminent une existence et une destinée.

Mais pour que ces confidences aient tout leur sens et
toute leur probité, il y faut, outre la franchise, la luci-
dité qui permet d'analyser au moins approximativement
les dispositions du départ et celles du retour, de suppu-
ter les gains et les pertes, de dresser un difficile bilan. Ce
retour sur soi-même est malaisé. Il suffit que chacun de
nous s'y évertue dans l'intimité d'une sorte d'examen de
conscience rétrospectif, et que chacun, posant à sa raison mûrie ces seules questions : qu'étais-je quand je
partis en Allemagne? qu'étais-je quand j'en revins? se
dise à soi-même la réponse.

Cette réponse ne saurait avoir qu'une valeur individuelle. Le tempérament, les tendances intellectuelles et
morales, les sympathies personnelles, les hasards de
l'expérience, les vicissitudes du séjour, les chances et

malchances, l'aptitude à la sociabilité ou le goût de la solitude sont des données trop variables. Mais il me semble que de cette diversité de résultats on pourrait dégager quelques conseils pratiques, quelques directions à l'usage des camarades qui suivront la même route.

Je n'ai point l'impertinence de croire que je possède assez d'autorité pour enseigner aux boursiers présents et futurs l'art d'organiser leur séjour au pays des *Niebelungen*, de Luther, de Gœthe, de Kant et de Nietzsche, de Guillaume II, de Krupp et de la *Sozialdemokratie*. Mon dessein est plus humble ; et à défaut de modestie le sentiment du ridicule me rappellerait à la sagesse. J'exprimerai donc, simplement, quelques avis. Dans quelles dispositions d'esprit les boursiers aborderont-ils aujourd'hui sur la rive germanique ?

Aucun d'eux n'oubliera à un mètre de la frontière française ce qu'il était et pensait un mètre en deçà. On ne dépouille pas, serait-ce dans le plus scientifique des desseins, sa personnalité nationale au moment où l'on devient l'hôte d'une nation étrangère ; on ne se « déracine » point si aisément, surtout quand on est Français et que cette nation hospitalière a nom : l'Allemagne. Le devoir de dignité s'accorde ici avec la nécessité. Ni oubli, ni reniement de soi-même ou de son pays.

Mais qu'on ne se méprenne pas sur ma pensée. A ce Français, je conseille de purger sa conscience du chauvinisme — exécrable déformation du patriotisme, funeste à lui-même aussi bien qu'à la patrie — et des préjugés vaniteux dont une éducation tendancieuse a obscurci la raison des hommes. Et si les écoles allemandes lui offrent l'exemple du dressage chauvin, si l'exaltation du senti-

ment national y est souvent forcenée, qu'il garde assez
d'empire sur soi-même pour trouver dans ces observations non pas un aliment à ses propres infirmités, mais
une raison nouvelle de s'en affranchir.

Il est sot d'envelopper notre jugement de fanatisme et
d'orgueil : c'est l'aveuglement par principe. Le premier
devoir du boursier en Allemagne est d'aspirer à l'équité,
puis de persévérer dans une méthode d'information où
la curiosité sympathique corrige les ressentiments les
plus légitimes et les plus chères prédilections. Il se doit
à lui-même d'être impartial : n'est-il pas cultivé, et ne
veut-il pas s'instruire? Il le doit plus encore aux élèves
qu'il formera, aux hommes qu'il dirigera, à tous ceux sur
qui s'étendra un jour l'influence de ses fonctions, quelles
qu'elles puissent être.

Si la pensée de ces responsabilités sociales futures
accompagne l'effort qu'il fait pour jouir du présent, je
suis sûr que ce jeune homme, répudiant le persiflage
niais et la défiance hostile, trouvera plus d'attrait et de
profit à pénétrer le peuple qu'il observe qu'à s'en isoler
dédaigneusement.

Que de Français, non des moindres, traversèrent
l'Allemagne sans la comprendre et qui pourtant, j'en
atteste tant de publications discutables, ont cru la deviner! Infatués et bornés, refusant toute concession aux
hommes et aux institutions, prisonniers de leurs préjugés, intransigeants et railleurs, ils n'ont rapporté de ce
voyage de découverte que leur ignorance et leurs erreurs
consolidées.

Cette conception de la science ou du devoir patriotique
ne saurait avoir d'adversaire plus déterminé que le jeune

camarade à qui je m'adresse. Ce serait trahir ceux qui
créèrent les bourses de séjour à l'étranger que de comprendre autrement nos obligations ; et ce serait trahir la
France, qu'ils entendaient servir. Ils ont voulu doter
notre France, jusqu'alors trop peu curieuse des choses
étrangères, de Français plus avertis, et non d'hommes
socialement diminués.

Le Français qui séjourne en Allemagne est sollicité
par un problème d'une portée plus vaste : il ne réduira
pas son enquête à la seule question de savoir si l'Allemagne est ou non inférieure à la France, si la revanche
de Sedan est proche ou commencée, ou si cette revanche
s'affirmera nécessairement par les armes ensanglantées.
L'émulation de ces deux peuples, les conditions de leurs
rapports et de leur conflit, l'expression de leurs espoirs,
ne constituent pas la vie de l'humanité entière et l'intérêt unique de la civilisation. Aussi bien que la France,
l'Allemagne est emportée dans l'universel devenir : notre
ami regardera donc au delà de Paris et de Berlin, et
d'abord le règlement des relations franco-allemandes lui
apparaîtra subordonné à l'équilibre mondial et à des considérations supérieures. Comment bornerait-il sa curiosité au spectacle de deux États vigilants si la paix ou la
guerre, c'est-à-dire la situation internationale prochaine,
ne dépend plus d'eux seuls ?

De ce point de vue supérieurement humain, le Français qui vit en Allemagne conçoit son devoir patriotique
de façon toute différente. Il n'est pas le Français belli-
queux et haineux campé chez le dur vainqueur : docile à
l'effort même de l'humanité évoluant, il travaille à la con-

ciliation internationale. Il n'a point pour tâche d'entretenir, encore moins d'exaspérer les haines nationales, puissances malfaisantes qu'ont déchaînées les rois ambitieux et que dompteront les peuples libérés : il est un missionnaire de pacification. Il n'a point reçu du ministère de l'Instruction publique je ne sais quelle mission d'espionnage : il sera l'artisan des revanches du droit. Et s'il est plein de cet idéal, de lui-même il trouvera, sans faillir à sa patrie et sans félonie, les moyens pratiques de réalisation.

Le premier, c'est de rester en tout et partout courtois et digne, je le dis sans prétention ni pédantisme. Un Français à l'étranger se doit de donner un constant exemple de loyauté et de délicatesse. Alors que tous les peuples, les Allemands autant que les autres, saluent en notre génie une noblesse et une distinction traditionnelles, il n'y a nul orgueil à vouloir mériter encore cette réputation. Il est de moins précieuses revanches. Et puisqu'il reste entendu que la conscience de nos vertus ne nous aveuglera point sur nos défauts, connus de tous les peuples, la conduite du Français aussi soucieux de soi-même n'est qu'une obligation charmante. Si par son effort il affermit en Allemagne le bien que les Allemands pensent de la France, et ruine un peu du mal qu'ils pensent d'elle, il aura servi efficacement sa patrie et aplani l'avenir.

Qu'il s'ingénie ensuite à comprendre l'Allemagne, sa langue et sa riche littérature, ses mœurs et ses institutions, sa grandeur et ses faiblesses. Qu'il pénètre l'âme germanique, d'ailleurs simple ; qu'il en sente l'originalité et la poésie, le charme et la rudesse ; qu'il y discerne l'idéalisme si fortement mâtiné de réalisme ; qu'il en évalue les ressources et les lacunes ; et qu'enfin il ne rapporte point en France les sottises et les erreurs dont la responsabilité remonte à certaine presse et à quelques voyageurs étourdis ou malicieux. Je ne sache pas d'étude plus digne de séduire un jeune homme éclairé, plus apte à mûrir son intelligence, plus propre aussi à lui révéler sa patrie. Un persévérant effort de compréhension et d'estime réciproques anéantira les antagonismes superficiellement fondés; et je ne crois pas qu'à ce travail de réparation la France puisse perdre de son prestige et de sa puissance.

Curieux de tous les mouvements d'opinions, actif à se familiariser avec ce que l'Allemand exalte en public ou chérit privément au *Heim*, notre boursier — étudiant au titre le plus éminent — sera naturellement entraîné vers les milieux universitaires. Une trop évidente affinité l'y incline ; et c'est dans cette jeunesse studieuse que s'élabore l'Allemagne de demain, la plus intéressante et la moins connue.

La jeunesse universitaire allemande a cessé d'être ce qu'elle était traditionnellement depuis 1814 : ne nous y trompons plus.

C'est ici qu'il convient de rejeter, au moins en partie, l'opinion accréditée. Tant de « couleurs », d'étendards et de rapières, de beuveries et de chants, de démonstrations corporatives mi-solennelles et mi-bachiques, de manifestations à la fois viriles et puériles ne font plus illusion — même en Allemagne. Les *Korps* allemands, qu'on vanta naguère à nos étudiants isolés, ne

sont plus depuis longtemps que des organismes séniles,
et qui se survivent péniblement à eux-mêmes. La vieille
université allemande, celle dont l'image est fixée dans
l'imagination de toutes les nations, meurt épuisée. La
majorité des étudiants — on ne le sait pas assez — en
renie les coutumes et répugne aux pratiques désuètes,
aux rites surannés, aux incorporations antiques, ou les
subit. Les étudiants dociles à la tradition, et dont le
nombre décroît chaque année, bariolés et querelleurs, ne
nous semblent représenter l'Allemagne universitaire que
parce qu'ils sont plus bruyants, plus friands de publicité,
aimés des puissances administratives, intransigeants et
fanfarons. Le fantoche couturé de cicatrices et ivrogne,
tel que l'a croqué le P. Didon et tel que le stigmatise le
caricaturiste, a cessé d'être l'étudiant allemand typique.
Le Français qui fréquente sans assiduité les *Kneipen* et
les *Kommerse* croit, de bonne foi, qu'il a devant lui
l'Allemagne unanime : charmé d'abord, bientôt rebuté,
et trouvant que quelques bienfaits indiscutables ne com-
pensent guère trop de dommages, il se retire. Attentif et
patient, il eût compris que dans le silence d'une activité
plus noble et plus studieuse grandit une autre jeunesse
universitaire, qui est déjà le nombre, qui demain aura
l'audace et la force, et qu'une Université nouvelle, moins
fermée, tournée davantage vers la nation et pour ainsi
dire s'excentrant, va supplanter l'Université à l'agonie.

C'est la phase des débuts difficiles, mais déjà moins
précaires. Raillés, persécutés, les étudiants réformateurs
n'ont pas encore détruit dans l'opinion internationale le
prestige des « couleurs » pâlies et des « Corporations »
déchues. L'heure est des plus intéressantes pour le bour-

sier d'Allemagne. Qu'il observe avec grand soin cette transformation décisive : elle s'accomplit dans le sens même des tendances présentes. Sous la poussée niveleuse de l'humanité en progrès, c'est un morceau de la Germanie qui s'effrite et choit au passé.

J'ai pu assister, à Leipzig et à Berlin, à la naissance de ce mouvement rénovateur, aux premiers efforts d'étudiants hardis pour concerter leur action. Avec le plus vif intérêt, et, de loin, j'ai suivi le progrès de ces efforts ; j'en ai dit ailleurs la signification et l'histoire : on m'excusera de renvoyer à cette étude (1). Aux camarades d'aujourd'hui de contrôler sur place mes observations, de les parfaire ; ils ne seront point insensibles à une évolution aussi importante ; ils publieront à leur tour les résultats de leur enquête. Cette nouvelle jeunesse universitaire allemande où l'Allemagne recrute ses « cadres » est plus près de nous que l'ancienne. Il est permis à des Français de s'en réjouir.

La même curiosité des choses universitaires révèle au sein des Universités allemandes une transformation d'un autre ordre. Depuis quelques mois, une lutte très vive s'y poursuit contre le ministère de l'Instruction publique, avec des alternatives de véhémence et de rémission. En apparence, la question est confuse : aux revendications de professeurs et d'étudiants jaloux des antiques franchises se mêle comme une croisade protestante contre les associations d'étudiants catholiques ; et le même homme qui défend la « liberté académique » s'entête à

---

(1) *La nouvelle jeunesse universitaire allemande*, dans *La Renaissance latine* (4ᵉ année, nº 3, 15 mars 1905), disparue depuis et fondue avec *La Revue*.

dénier à ces associations d'une confession rivale le
droit à la liberté. Dégagé de ses contradictions et de ses
manifestations locales, ce conflit ouvre de claires pers-
pectives sur le gouvernement du Kaiser. La centralisation
impériale et prussienne, poursuivant l'œuvre séculaire,
achève cette œuvre : elle asservit enfin les Universités, auxquelles elle avait dû laisser quelques privilèges. En même
temps la politique de Guillaume II, experte à conserver
l'appui du Centre catholique par des concessions à l'ul-
tramontanisme, soutient et favorise les associations
menacées, au nom même de la liberté revendiquée par
leurs adversaires. L'issue du duel n'est point douteuse.
Nous sommes à la minute précise du dénouement :
qu'il n'échappe point au Français d'Allemagne. C'est une
matière neuve, singulièrement instructive, offerte à son
attention.

Il est d'autres sujets, en foule : les énumérer serait
superflu. Chaque boursier, selon ses goûts et ses aptitudes, s'intéressera à telle ou telle des manifestations de
la société allemande : religieuses, politiques, esthétiques,
pédagogiques, économiques. Rien n'est à mon sens plus
réjouissant que les diversités individuelles. Mais à la base
de l'étude du pays allemand, je voudrais que chacun pla-
çât l'observation de cette jeunesse universitaire. Dans les
yeux des étudiants qui l'entourent luit l'Allemagne de
demain ; et sur bien des points demain contredira hier.

On n'en pourrait dire exactement autant des autres
nations européennes ; les symptômes d'évolution profonde se multiplient au sein de cette « massive Allemagne »,
pour parler comme Michelet. A aucun homme, cette trans-

formation ne saurait rester indifférente : mais un Français a quelques droits supplémentaires de s'y intéresser.

Revenu en France, il ne négligera point de rester en contact avec la nation si soigneusement observée, et où il reconnut à la fois la physionomie particulière d'un peuple et le progrès international. Cette révélation, ce sens du devenir humain lui donnera la perspicacité qui fait découvrir autour de nous le mieux souhaitable, et peut-être la volonté qui l'accomplit. Je n'ai jamais ouï dire qu'un séjour hors de la France la fît moins chérir. En revanche, j'ai souvent lu qu'on y revient plus épris, mais plus intelligemment épris. Ce n'est plus seulement ce sentiment élémentaire et nostalgique qui accorde l'homme au pays natal et qui rappelait à Mme de Staël, exilée dans son cosmopolitisme artistique, le ruisseau de la rue du Bac. Cela est désormais une affection raisonnée et clair-voyante, un culte éclairé et non plus exclusif. L'humanité compte quelques dizaines de millions d'hommes de plus, qui ont fait irruption dans notre cœur. Si de cet exil fécond et charmant notre boursier rapporte de la haine ou du mépris, c'est qu'il observa mal ces hommes, ou les vit comme il les voulait voir. Il s'est rapetissé sur lui-même ; il calomnie sans pouvoir aimer.

Je le demande loyalement : quels services peut rendre à notre patrie celui que l'étranger fit plus étroit, et qui, prononçant bien haut le clair nom de *France*, n'entend point l'écho des lointains horizons répondre avec douceur : *Humanité ?*

Alfred MOULET.

15 août 1906. Promotion 1891.

SAINT-CLOUD. — AVENUE DU PALAIS

LES
BOURSIERS DE SÉJOUR EN ANGLETERRE

Le très grand honneur m'est échu, dans cette revue des activités diverses de l'École, de parler au nom des anciens boursiers d'Angleterre. Un scrupule m'arrête, et non pas de fausse modestie. Le charme et le profit de ces deux années d'exil volontaire ne sont-ils pas venus de notre isolement même, de notre indépendance absolue, de notre brusque plongeon dans un monde différent? Comment l'un d'entre nous pourrait-il représenter les autres? Nous n'avions pas apporté les mêmes préjugés, nous n'avons pas vu les mêmes spectacles, ni

avec les mêmes yeux, nous n'avons pas appris — ni
désappris — les mêmes choses. Le *moi* est haïssable,
d'accord, mais le *nous* en ce cas, l'affectation d'imper-
sonnalité, n'est-ce pas la forme suprême de l'égoïsme,
celle qui érige l'expérience toute personnelle en loi universelle ? Ce que l'Angleterre nous enseigne surtout, c'est
l'individualisme discipliné — une sorte d'anarchisme
conservateur. Celui qui signe ces pages ne se croit donc
pas l'interprète de camarades connus ou inconnus, mais
un individu isolé, un anarchiste si vous voulez.

C'est bien, sitôt le détroit franchi, la première découverte et la plus précieuse des conquêtes, — celle de soi-
même. Au pays natal, l'étudiant, ligoté de préjugés et de
traditions, soumis à une discipline trop bienveillante
et trop prévoyante, obligé de préparer, en commun
avec beaucoup d'autres, des programmes trop nettement
tracés, se sent goutte d'eau dans l'océan, grain de sable
sur la plage, tout plutôt qu'un homme. La vie, lentement, le révélera à lui-même s'il en est digne. L'étranger le fait presque d'un coup, et c'est une joie. D'abord
le boursier est libre, libre comme il ne l'avait jamais été,
libre comme il ne le sera jamais plus. Le facile examen
final, les confidences mensuelles adressées au plus bienveillant des conseillers, M. Baret, ne sont vraiment pas
des restrictions. Comme en une Icarie de rêve, le travail
se confond pour lui avec le plaisir. Musées et bibliothèques, théâtres et meetings, promenades et flirt même,
tel est son programme d'*étude*. Cette liberté serait éducatrice même en France. Mais l'étranger, tout l'étranger,
a sa vertu propre. Par le spectacle d'une civilisation différente, il nous apprend que mainte loi sacro-sainte n'est

qu'une hypothèse, maint principe un préjugé, mainte
utopie, par contre, une réalité vivante. A ce point de vue,
l'Angleterre, si voisine et si lointaine, est d'une efficacité
incomparable. Tout nous étonne en ce pays de con-
trastes. Cette démocratie n'est pas égalitaire, ces pen-
seurs libres sont profondément religieux ; ces marchands
sont aussi des poètes. Tout ce que nous aimons, tout ce
que nous croyons se trouve brusquement remis en question. C'est le grand examen de conscience, nécessaire
avant l'entrée dans la vie.

Et c'est au sortir même de l'École qu'il est bon d'aller
faire, par delà les mers, cette conquête de soi. Plus tard,
ou bien les plis sont pris, invincibles, et l'expatrié
ramène pieusement, fortifiés par la route et par la lutte,
tous les préjugés qu'il avait au départ — ou bien, les
vieux principes fauchés, nul autre ne peut croître sur un
sol déjà fatigué. Un autre danger, par contre, menace le
très jeune homme. S'il passe en Angleterre les deux
années de formation décisive, sans beaucoup d'expérience
de la vie française, ne sera-t-il pas moralement dénatio-
nalisé, ne deviendra-t-il pas cet être hybride, inutilisable
et quelque peu ridicule, l'*Anglomane?* Je ne crois pas
beaucoup à ce danger qui, je le sais, a frappé quelques-
uns de nos anciens. L'anglomanie n'est qu'un travers
superficiel et le fait de demi-initiés : elle ne survit pas à
un contact prolongé avec la vie et la pensée anglaises.
Aimer et comprendre l'Angleterre, c'est voir en effet
combien cette *aristocratie humaine* est exclusive, combien
cette civilisation enracinée dans le passé est spéciale et
incommunicable. Les grandes doctrines qu'elle représente dans le monde — individualisme, libéralisme —

sont négatives. L'Angleterre nous offre non pas un modèle mais un exemple. On ne l'imite qu'en ne lui ressemblant pas.

On n'est du reste guère tenté, tout d'abord, de lui ressembler. La première impression est franchement mauvaise. Les innombrables petites maisons des faubourgs, toutes pareilles, bien alignées, banales et pauvrettes avec leurs toits plats et leurs murs de briques jaunes, la gare trop étroite et enfumée, les réclames immenses et criardes, comme cela nous paraît médiocre et de mauvais goût ! Le premier contact avec la vie intellectuelle ne détruit pas cette impression — la confirme plutôt — c'est la conversation sans vivacité, sans élévation, sans grâce; c'est la presse sérieuse, mais lourde et pauvre d'idées; c'est l'Église, à qui manque le charme traditionnel et mystique du catholicisme romain; c'est le loyalisme qui nous semble de la servilité, c'est le jingoïsme qui nous semble de la barbarie — c'est le ton général de la pensée, son excessive timidité, son ignorance dédaigneuse, son adoration du succès matériel — c'est surtout ce tranquille et invincible orgueil contre lequel se révoltent notre amour-propre et notre goût. Pays de Philistins et de Pharisiens médiocres, égoïstes et brutaux, — voilà le verdict qu'après deux mois de séjour, un idéologue de vingt ans portait sur l'une des plus nobles familles humaines. Ses péchés lui soient pardonnés !

Mais l'acclimatation se fait vite. Les poumons s'accoutument aux brouillards d'un novembre londonien. Les yeux s'ouvrent plus grands et le cœur. Le spectacle de l'activité matérielle s'impose à notre attention, respectueuse d'abord, bientôt admiratrice : la Cité aux rues grouillantes entre des banques de granit et de marbre, les fleuves humains issus chaque matin des grandes gares, les *junctions* comme Clapham ou Willesden avec leurs vingt paires de rails s'entrelaçant à quatre niveaux différents. Et l'on suit par la pensée ces trains silencieux et rapides, on évoque le pays Noir et sa hideur puissante, les ruches grondantes d'York et de Lancastre, les Basses-Terres d'Écosse — partout de hautes cheminées, fûts d'une immense forêt à la frondaison noire. Ou bien, descendant la boueuse Tamise, on arrive au pont de la Tour, porte triomphale sur l'infini des mers, on passe pendant des lieues entre les cargo-boats trapus, les voiliers gracieux comme des yachts, les *liners* fins et fiers. Eux aussi, notre rêverie les accompagne. Égypte, Indes, Extrême-Orient, Australasie, Cap, Canada, — partout ils retrouveront des communautés britanniques laborieuses et prospères. L'idéaliste en moi, cuirassé de préjugés dédaigneux, résiste encore, refuse de saluer ce triomphe matériel. Lentement, la sombre poésie de cet effort me pénètre. La production, la circulation, la consommation ont leurs *Iliades* que méprisent les rimeurs — ces attardés. Cette victoire légitime et bienfaisante, c'est celle de l'audace et de la persévérance des muscles durs et des âmes robustes, c'est la consécration de la force, génératrice du droit.

Dans ce succès, la part de l'intelligence est mince — du moins la faculté de généralisation, la facilité d'expression que nous entendons trop exclusivement par ce mot. Les purs intellectuels sont rares, même parmi les instituteurs. Corrects employés pédagogiques, ceux-ci n'ont dans la communauté qu'une influence très restreinte et qu'ils ne cherchent pas à étendre. J'ai gardé le meilleur souvenir de l'hospitalière école normale Borough-Road. Nos collègues anglais sont d'une vigueur, d'une cordialité, d'une santé morale qui réconfortent comme un séjour à la campagne. Mais en deux ans, c'est d'eux peut-être que j'ai le moins appris. Je constate sans critiquer : j'ai entendu un Anglais très libéral appeler nos éducateurs français des *mouches du coche* et me suis juré de ne plus juger qu'avec la plus extrême prudence les activités d'un peuple voisin.

Victoire non de l'intelligence, mais de la volonté — une volonté inlassable, si constante qu'elle semble presque inconsciente. C'est d'elle que résultent les deux grandes qualités nationales, persévérance et discipline. L'obstination anglaise a triomphé de l'oppression intérieure, des rivalités étrangères, de la nature sous toutes les latitudes. Elle a vaincu l'ignorance, elle est en train de vaincre l'alcoolisme, elle vaincra la misère, par le même tenace labeur. Pas de principes qui illuminent l'avenir ; pas de sursauts brusques et splendides ; pas même de méthode apparente : un effort continu vers le bien immédiatement attingible, un effort utile et sans prestige que seul le recul des siècles permet d'apprécier. La discipline se manifeste partout : aux jeux, à l'usine, à l'église, au parlement. Une partie de Rugby est à ce point de vue une leçon de morale. Les cris mêmes des étudiants de Borough-Road College étaient *combinés* et rythmés. Les cortèges de manifestants socialistes sont paisibles et dignes comme des processions. Et nous savons combien la presse de tous les partis s'accorde sur ce qu'il faut dire et ce qu'il ne faut pas dire. L'unanimité présente au sujet de l'en-

tente cordiale et du rapprochement anglo-russe est assez
significative. Mais cette discipline est aussi différente que
possible du caporalisme. Elle est librement consentie et
repose sur la maîtrise et le respect de soi-même. L'Anglais suit partout et sans murmures ses chefs héréditaires
ou choisis parce que leur autorité n'est pas envahissante.
Tout leader, empereur des Indes ou capitaine de football,
est d'autant mieux obéi que son pouvoir est mieux déli-
mité. Nous autres, Français, nous devons soutenir une
lutte constante contre nos guides élus aussi bien que hié-
rarchiques, qui se croient encore nos *maîtres*, et l'effica-
cacité de notre action en est diminuée.

Ce respect de l'individualité en Angleterre est trop
connu pour que j'y insiste. Il est la base du libéralisme
britannique, si différent du nôtre. Il explique bien des
abstentions que nous interprétons comme de l'égoïsme.
L'Anglais ne cherche pas à vous protéger contre vous-
même. Non pas par indifférence — les innombrables
sociétés religieuses et philanthropiques, les riches fonda-
tions privées, les souscriptions, les manifestations prouvent qu'il existe là un esprit public non moins élevé, non
moins généreux que le nôtre — mais par principe. C'est
mettre ses opinions à bien haut prix que d'en faire vêtir
les gens, et même que de les enfermer, que de les
bâillonner, que d'apporter une restriction quelconque à
l'exercice de leur volonté. Il faut que leur nocivité
soit bien et dûment établie pour qu'on ait le droit de leur
mettre la main au collet. Du reste, cette nocivité prou-
vée, l'action de la collectivité est plus immédiate, plus
énergique dans le monde anglo-saxon qu'ailleurs ; la
répression de la pornographie, et, dans bien des États

coloniaux et américains celle de l'alcoolisme, en sont des exemples.

Par contre, les tutelles, les mesures préventives sont réduites au strict minimum. Eh quoi! laissera-t-on les enfants se brûler pour leur apprendre à vivre? Non, sans doute, mais un adolescent n'est plus un enfant ; une mésaventure n'est pas une affaire de vie et de mort. Entre deux maux, il faut choisir le moindre, et le moindre n'est souvent pas l'intervention. Une protection trop assidue, quand même elle serait toujours intelligente, ne peut que débiliter. L'éducation de la liberté est longue et délicate. L'intelligence pure n'y suffit pas, non plus que la plus grande bonne volonté. Le normalien français de passage en Angleterre se demande si l'on a bien fait le nécessaire pour développer en lui cette décision, cette indépendance, ce sens des responsabilités, ce respect des personnes — la sienne tout d'abord — qui sont peut-être les plus précieuses vertus civiques. Ses maîtres n'ont-ils pas péché par trop de conscience et trop de bonté? Peut-être l'indifférence eût-elle mieux valu ?

Le boursier est revenu de sa fructueuse exploration avec au cœur l'amour de l'Angleterre. Il serait fâcheux qu'il n'en fût pas ainsi. Celui qui aurait été pendant deux ans l'hôte d'un grand pays, sans garder d'autre souvenir que celui de ses insuffisances et de ses tares — aussi nombreuses, aussi tristes, hélas! que les nôtres — celui-là serait d'un cœur bien peu généreux et d'un cerveau singulièrement étroit. Je veux espérer qu'il n'en est pas parmi nous.

Oui — et cette fois je crois pouvoir parler au nom de tous — nous admirons et nous aimons l'Angleterre. Ce

peuple fort est un peuple bon. Il nous a tous accueillis
avec une cordialité simple dont nos cœurs sont restés
émus. Tous aussi, nous avons senti que nous avions
beaucoup à apprendre de nos voisins : la ténacité dans
l'effort, la discipline volontaire, la passion de la liberté ;
et, question capitale que je ne puis qu'indiquer ici : le
sens de la complexité des choses, le silence respectueux
devant le mystère. Et pourtant, nous ne sommes pas
anglomanes, ni moins bons Français. Les voyages sont
l'école du patriotisme — du meilleur et du pire. La force
et la fierté anglaises m'ont entraîné parfois, je le con-
fesse, m'ont fait souhaiter pour mon pays les mêmes
triomphes et le même orgueil. Ces fumées s'évanouis-
saient vite à la lecture de quelque belle page. Mais
n'avons-nous pas tous senti combien le pays absent nous
était plus cher, combien nous aimions sa pensée généreuse et précise, et son grand passé douloureux et jusqu'à
ses faiblesses que nous sentions en nous?

Albert GUÉRARD.
Promotion 1899.

SAINT-CLOUD. — UN COIN DU PARC

LES RÉUNIONS « MOUFFETARD »

Les environs de 1900 virent se propager un mouvement unanime de rapprochement, « selon l'idée », en
dehors et en dépit des conditions sociales : les Universités
populaires en naquirent et en vécurent. C'est dans notre
idéaliste Université que cette solidarité s'affirma le plus
nettement. Dans l'enseignement primaire, professeurs
comme instituteurs, se reconnurent de la grande famille
des « Primaires ». Ceux-ci, compagnons de propagande
civique des Secondaires, entrevirent avec eux le rêve
d'une famille universitaire sans parents pauvres ni cou-
sins dédaignés, où la hiérarchie des titres, la différence

sociale des élèves feraient place à un peu de solidarité
pratique et de fraternité effective. Ces raisons profondes,
qui dépassaient d'ailleurs de beaucoup les deux écoles-
mères des Secondaires et des Primaires — Ulm et Saint-
Cloud — amenèrent entre elles ces réunions dont la
marraine fut l'Université populaire qui en prêta généreu-
sement le local, l'U. P. Mouffetard. Éducateurs de la
bourgeoisie et éducateurs du peuple se rencontrant chez
des ouvriers, c'était bien alors, en 1903, un « signe des
temps ».

L'occasion vint indirectement du contact en commun
de tous les dispensés de l'article 23, réalisé de 1900 à
1906 dans ces pelotons spéciaux, d'une observation si
curieuse pour l'étude de la jeunesse d'aujourd'hui. Des
élèves des deux écoles s'y rencontrèrent, regrettèrent
l'ignorance quasi totale où chacune vivait de l'autre (1).
L'initiative partit de la rue d'Ulm. En décembre 1902, une
lettre amicale nous invitait à une conversation préparatoire où l'on prendrait contact. Une vingtaine d'entre nous
(plutôt « littéraires » et de 2ᵉ année) s'y rendirent et
revinrent enchantés de la cordialité de l'accueil : une
réunion animée où chacun parlait avec franchise et sympathie, un thé sans façon mais non sans charme, la visite
de l'école et surtout des chambres pittoresques de nos
hôtes, le tout prouvait la camaraderie la meilleure, la
plus vraie. Le temps n'avait pas été perdu : une réunion mensuelle était décidée, dans le local offert par

____

(1) Il y avait eu cependant vers 1893, un rapprochement, très intéressant, paraît-il, mais les élèves de 1903 n'en avaient jamais entendu
parler et ne purent ainsi profiter de l'expérience de cette tentative, qui
n'était peut-être même pas la première.

l'U. P. Mouffetard que la rue d'Ulm fournissait de conférenciers. Une liste de sujets, surtout pédagogiques, fut arrêtée. A chaque séance, un élève d'Ulm, un autre de Saint-Cloud feraient un bref exposé, double préface de la discussion publique qui s'engagerait ensuite entre tous sur les problèmes qu'ils auraient posés.

Le souci de préciser le caractère solidariste de ces réunions nous fit encore décider le même jour que les élèves des Écoles de Sèvres et de Fontenay y seraient invitées — car nous n'étions pas antiféministes, ainsi que des auditeurs de Sorbonne, — pour ne pas paraître former un groupe fermé des élèves de « grandes écoles ». Nous voulions constituer non une parlote ou une coterie, mais une « union », une « amitié ». Mais, comprises sur un plan aussi large, ces réunions auraient exigé pour réussir des efforts que les membres, tous occupés par le souci d'un examen à passer dans quelques mois, ne leur pouvaient consacrer.

Les cinq ou six réunions du premier semestre de 1903 furent très suivies, surtout au début. La première réunit un auditoire d'une centaine de personnes. Ce nombre diminua graduellement. A Saint-Cloud, nous étions du moins sept ou huit fidèles, mais notre assiduité souffrait fort de la proximité du professorat. Les Sévriennes étaient généralement plus nombreuses que les Fontenaisiennes, sans doute parce qu'existait déjà, entre elles et les élèves de la rue d'Ulm, la coutume de bals et de réunions où l'on avait déjà pu causer. Elles nous paraissaient aussi s'intéresser davantage à cette tentative. Les élèves d'Ulm étaient toujours les plus nombreux, les plus actifs : quelques-uns avaient vraiment pris à cœur le succès de ces causeries et s'efforçaient de les faire réussir.

Il est vrai que ce n'était pas facile. Les prophètes de malheur ne sont pas toujours des vieux, et l'inexpérience est rarement indulgente. Les critiques abondaient. C'est trop académique! disait-on. Certes, quels sujets prêtaient plus que la *Neutralité scolaire*, le *Patriotisme*, la *Propriété* aux thèmes et aux thèses? Mais, comment aborder des sujets vraiment réels, puisque très peu d'entre nous avaient quelque pratique de l'enseignement? Scientifiques et littéraires mêlés, ne nous fallait-il pas choisir des sujets qui pussent être suivis de tous, au débat desquels les deux moitiés de l'auditoire auraient le désir et les moyens de participer? C'est ne surprendre ni critiquer personne que d'avouer que nous étions condamnés à parler presque toujours en pleine abstraction.

Nos amis d'Ulm ne nous ressemblaient guère. Plus avancés, plus précisés que nous, ils divergeaient davantage entre eux, alors que chacun de nous pouvait peut-être leur paraître trop semblable à son voisin. C'était une joie pour nous d'applaudir ceux qui pensaient le plus et parlaient le mieux ; pour d'autres, nous aurions avoué qu'ils parlaient trop. Ceux qui connaissaient l'humble école de village pour y avoir lutté, s'indisposaient d'une faconde aussi recherchée. Cependant, les exposés restèrent brefs et consciencieux, aussi substantiels qu'on les pouvait faire. C'était plutôt quand on passait à la discussion que les orateurs s'égaraient trop volontiers, et nous avec eux.

Plus que le choix trop abstrait des sujets, que les différences qui nous séparaient des élèves d'Ulm, l'abstention des auditrices nous était particulièrement sensible. Groupées dans une moitié de la salle, déclinant d'accepter

quelque exposé, se mêlant peu à la discussion, et encore
moins aux conversations individuelles, elles nous paraissaient vraiment trop réservées. A Saint-Cloud nous étions
mécontents de la réserve des Fontenaisiennes, plus
stricte encore que celle des Sévriennes. On aurait pu
craindre que ces efforts pour nous rapprocher d'Ulm
n'aboutissent bien plutôt à nous brouiller avec Fontenay.

Cependant, en juillet 1903, nous restions persuadés
que cette tentative était intéressante et que l'idée était
bien viable. Placer les réunions d'octobre à Pâques plutôt que de janvier à juillet, rechercher des sujets moins
étendus, multiplier les contacts avec les élèves d'Ulm pour
mieux nous connaître, amener doucement les auditrices
à ne pas seulement écouter, peut-être même sectionner
cette réunion trop nombreuse en un groupe scientifique
et un groupe littéraire, tels étaient les progrès qui nous
paraissaient souhaitables et possibles.

En 1904, les réunions furent reprises (1). Ce furent plutôt les scientifiques qui s'y intéressèrent, et les auditrices
collaborèrent d'une façon plus réelle : « Pour l'esprit de
ces réunions, m'écrit un auditeur, il était le même que
celui des réunions de ton année, où j'ai assisté plus souvent. On y causait un peu trop peut-être, les jeunes filles
en particulier semblaient se complaire un peu plus qu'on
ne souhaitait dans le rôle de conférencières, mais c'était
un bien léger défaut. Tout le monde avait envie de faire
quelque chose d'utile. Le pouvait-on? Certainement, si les
réunions avaient été très suivies par les mêmes personnes

---

(1) Ma promotion sortit en juillet 1903. Je ne parle donc des réunions
de 1904 et de 1905 que d'après des renseignements donnés par des
camarades.

qui seraient arrivées à se connaître et à se corriger les unes
par les autres. Pour cela le public était à la fois trop
nombreux et de composition trop variable. On ne réussissait qu'à établir une sorte d'exemple, de figuratif d'une
réunion intellectuelle comme l'École des Hautes-Études
sociales à laquelle ces réunions ressemblaient quelque
peu de loin. »

C'est en 1905, l'année suivante, que ces réunions prirent
fin. Elles subirent le sort de la plupart des tentatives nouvelles, qui se font à leurs propres dépens, et qui ne peuvent
essayer de s'améliorer sans se supprimer, comme ces ma-
lades trop faibles pour supporter le remède qui les forti-
fierait. En 1905, les élèves de Saint-Cloud préférèrent
à cette « conférence » quasi publique, une sorte de cercle
plus intime, plus amical. On parlerait moins : on causerait
davantage. Il leur parut peu utile de se réunir pour discuter des questions pédagogiques trop générales, que nous
ne pouvions guère, pensaient-ils, traiter avec une suffisante compétence pratique. La conférence pédagogique
devenait donc moins l'objet que le prétexte de la réunion
qu'on eût largement consacrée à causer, à faire de la
musique, à chanter. On peut préférer la conception du
début, mais celle de 1905 était certainement plus agréable
que celle de 1903, et c'était là une chance de succès de
plus. Mais excellente s'il ne s'était agi que d'Ulm et de
Saint-Cloud, cette orientation nouvelle ne fut pas accep-
tée par les auditrices. Elles montrèrent peu d'enthousiasme, paraît-il, à participer aux réunions musicales pro-
jetées. Prendre le thé en commun parut à quelques-unes
une abomination. Un jour la réserve devint abstention :
elles ne parurent plus, et ce fut la fin des réunions.

Chacun appréciera cette tentative à son gré. Un ami, qui en vit la fin — ce qui a pu le décourager — la juge ainsi :

« Si tu veux mon appréciation — qui reflétera l'opinion de ma promotion — la voici : ces réunions ont été mal comprises à l'origine. Elles ne pouvaient avoir qu'un but : créer entre les membres de l'enseignement primaire et de l'enseignement secondaire des relations de camaraderie. Or, on n'y arrive pas par des causettes pédagogiques. Il fallait, dès le début, s'entendre pour organiser des soirées, des concerts. En s'amusant, on en serait arrivé à parler de questions d'enseignement, et avec plus de profit que du haut de la tribune Mouffetard. » Et mon ami conclut : « Vous étiez trop sévères, Messieurs des anciennes générations. »

Peut-être. — Quoi qu'il en soit, l'échec de 1905 ne me paraît pas plus définitif que l'initiative de 1903 n'était originale. Il est naturel et souhaitable qu'un désir commun de se connaître porte sans cesse Ulm et Saint-Cloud l'un vers l'autre. Nous sommes, à vingt ans, trop curieux et trop épris de logique pour ne pas essayer de rapprocher et même de rattacher entre elles ces quatre écoles normales de Sèvres, Ulm, Fontenay, Saint-Cloud, qui sont les rouages les plus élevés du même organisme d'éducation. Comment? Problème délicat qui se pose à l'administration et aux élèves. Tentées par ceux-ci en dehors de celle-là, les « réunions Mouffetard » furent, de 1903 à 1905, un essai de solution, qu'on pouvait rappeler ici, ne fût-ce que pour mémoire et dans l'espoir que notre expérience profite aux efforts qui suivront.

Ch. Jouanny.
Promotion 1901.

LES FÊTES

COMPTE RENDU

DES

FÊTES DU 25ᵉ ANNIVERSAIRE

DE LA

FONDATION DE FONTENAY ET DE SAINT-CLOUD

La première idée.

L'idée première de la fête vient de notre camarade Caron, inspecteur primaire à Cherbourg. Le *Bulletin* d'avril 1905 a reproduit le passage essentiel de la lettre qu'il écrivit à notre président :

Fondée en 1881, l'École normale supérieure d'enseignement primaire atteindra sa vingt-cinquième année en 1906. J'aurai donc l'honneur de proposer à l'Assemblée générale de 1905 de bien vouloir étudier comment nous pourrions célébrer dignement cet anniversaire. Ce serait une occasion peut-être unique de rassembler, autour de l'École qui nous est chère à tous, des camarades qui se trouvent dispersés de toutes parts, même hors de France, et qui hésitent à se réunir sans raison suffisante. Je propose en outre qu'un referendum soit ouvert parmi les anciens élèves de Saint-Cloud, qu'ils fassent ou non partie de notre Société amicale, afin de fixer la date qui conviendrait le mieux à tous pour célébrer cet anniversaire. Cette fête serait d'autant plus utile que l'on a déjà attaqué Saint-Cloud à plusieurs reprises et réclamé sa suppression; d'autant plus utile encore qu'en ce moment même il serait possible de grouper autour des fondateurs et de la plupart des premiers maîtres de l'École les premiers élèves qui les ont connus, ainsi que les jeunes générations d'élèves qui ont connu d'autres maîtres et qui n'ont point tout à fait les mêmes idées ni les mêmes traditions. Plus de 600 élèves seront passés par l'École de Saint-Cloud au moment où cette fête sera célébrée; réunis, ils formeront une force imposante, et ils seront heureux, j'en suis sûr, d'associer à leur fête de famille les maîtres d'autrefois et ceux d'aujourd'hui, comme aussi ceux de leurs amis du dehors qui ont contribué à faire créer l'École normale supérieure de l'enseignement primaire (M. Ferdinand Buisson, par exemple, à côté de M. Jacoulet).

Tout de suite, le projet prend corps; dans le même *Bulletin*, Besnard sollicite le concours des camarades, et indique ce que la fête doit être à son sens:

Il faut que cette fête soit vraiment la fête de l'enseignement primaire supérieur de France et celle des écoles normales, qu'elle soit une manifestation de reconnaissance envers les bons ouvriers de l'éducation démocratique sous la troisième République, de la part de ceux-là surtout qui furent les premiers bénéficiaires de leur esprit généreux et à qui la création des Écoles normales primaires supérieures permit l'accès aux postes les plus élevés de l'enseignement primaire. Pour que la fête fût complète, il faudrait que les deux Écoles de Fontenay et de Saint-Cloud s'associent; je sais que nos collègues de Fontenay, dont l'École est plus âgée que la nôtre, ont déjà projeté une fête pour cette année même; mais j'espère que ce ne sera pas un obstacle à une fusion qui, en nous permettant de réunir les deux Écoles, donnerait à notre manifestation toute son ampleur et tout son intérêt.

Un supplément au même *Bulletin* d'avril complète ces indications : les camarades ont accueilli favorablement le projet; une lettre du Conseil d'administration de l'Association de Fontenay, en date du 6 mars, a fait connaître à Besnard que nos collègues acceptaient de reculer leur fête d'un an ; la même lettre a proposé de célébrer les fêtes à la Pentecôte 1906, et a prié le Conseil d'administration de Saint-Cloud de prendre part à une réunion du Comité fontenaisien d'organisation, le 1ᵉʳ mai suivant. Dans le même supplément d'avril, les grandes lignes du projet sont indiquées : chaque école aura une fête particulière, suivie d'une fête commune célébrée en Sorbonne, et à laquelle des représentants de tout l'enseignement primaire seront conviés; un numéro spécial du *Bulletin* contenant l'histoire des vingt-cinq promotions pourra être publié ; c'est la première idée du *Livre-Souvenir*. — Le *Bulletin* de juillet montre que l'entreprise est viable. A la suite de nombreuses entrevues entre les représentants des deux écoles, un comité d'honneur a été constitué. Il comprend :

MM. le Ministre de l'Instruction publique, le Directeur de l'Enseignement primaire, le Directeur de l'Enseignement secondaire, le Directeur de l'Enseignement supérieur, le Vice-Recteur de l'Académie de Paris, Mme BACHELLERY, M. BÉDOREZ, Mlle BILLOTEY, MM. BOUCHOR, BOURGAULT-DUCOUDRAY, BOUTROUX, BUISSON, Mme CHÉGARAY, MM. COMPAYRÉ, CROISET, DARLU, Mme DEJEAN DE LA BÂTIE, MM. DESFORGES, maire de Fontenay, DEVINAT, Adr. DUPUY, Ern. DUPUY, Mme J. FERRY, MM. HÉMON, JACOULET, Mme KERGOMARD, MM. LAVISSE, LÉVÊQUE, G. LYON, Mme MARION, MM. MARTEL, NIEVENGLOSKI, E. PÉCAUT, P.-F. PÉCAUT, PIERRE, SÉAILLES, STANISLAS-MEUNIER, STEEG, THAMIN, VIDAL DE LA BLACHE, désignés à l'origine par Fontenay. Saint-Cloud y a fait adjoindre : MM. COPPINGER, DEREUX, HARRIS, JALLIFFIER, LEFEBVRE, MARCOU, MOSSOT, PERRIER, représentant les professeurs ou anciens professeurs de l'École ; M. BELMONTET, maire de Saint-Cloud, les Présidents du Conseil municipal de Paris et du Conseil général de la Seine, et, afin de bien marquer le lien qui unit les membres de l'Enseignement primaire à tous ses degrés, les Présidents des Amicales de l'Enseignement primaire : MM. TOUTEY, président de l'Association des Inspecteurs et Inspectrices primaires, et des Directeurs et Directrices d'Écoles normales ; BROSSOLETTE, président de l'Association des professeurs d'Écoles normales ; MARTEL, président de l'Association de l'Enseignement primaire supérieur ; TOUSSAINT, président de l'Association du personnel enseignant des Écoles primaires supérieures de Paris ; MICHEL, président de la Fédération des Amicales d'Instituteurs et d'Institutrices.

La date de la Pentecôte 1906 est définitivement choisie ;

les fêtes dureront deux jours, le lundi étant réservé à la fête particulière, et le mardi à la fête commune. La publication d'un *Livre-Souvenir* est décidée ; par contre, le projet de cotisation extraordinaire de 10 francs est abandonné ; le programme de la cérémonie de la Sorbonne est arrêté dans ses grands traits : il comprendrait, outre les discours, l'exécution de plusieurs chœurs par les élèves des écoles normales et des Écoles supérieures, des récitations et des chants, avec le concours d'artistes des théâtres subventionnés.

Le soir, un banquet, où seraient invités les membres d'honneur des Associations, réunirait les anciens élèves des deux Écoles, et serait suivi d'un bal.

Seraient invités à la fête de la Sorbonne :

Les délégués :

a) De toutes les Amicales d'instituteurs et d'institutrices de France et des colonies ;

b) Des écoles primaires supérieures et des écoles normales ;

c) Des inspecteurs primaires et des inspecteurs d'Académie ;

d) Des deux Écoles normales supérieures de l'Enseignement secondaire ;

e) De la Commission permanente du Congrès mixte ;

f) Des recteurs et des inspecteurs généraux ;

Les titulaires des chaires d'éducation dans les Universités ;

Des délégués des associations similaires de l'étranger.

Ce *Bulletin* annonce enfin que des sous-commissions vont se charger d'arrêter les détails de la fête, et que des

démarches sont faites pour obtenir demi-place sur les
chemins de fer, afin que les délégués puissent venir à
Paris sans trop de frais.

L'Assemblée générale du 31 juillet 1905 ratifia les déci-
sions prises, arrêta quelques points de détail : il était
désormais certain qu'on fêterait le vingt-cinquième anniversaire de la fondation de l'École.

L'organisation.

A partir de ce moment, le travail se fit surtout au sein
des commissions. Il fut particulièrement actif en octobre,
et une première réunion générale du comité d'organisation se tint au début de novembre. Mon intention
n'est pas de narrer nos travaux par le menu ; ce serait
refaire bien inutilement les divers comptes rendus parus
en leur temps, et l'intérêt en serait médiocre.

Les réunions avaient lieu au musée pédagogique.
Les déléguées de Fontenay, et leur excellente présidente
Mlle Lauriol, s'y montraient fort assidues. Nos camarades
y venaient moins régulièrement et nous étions presque
toujours en minorité. Nous fûmes frappés dès l'abord
par l'ardeur que les Fontenaisiennes apportaient à la
tâche ; les fêtes étaient pour elles plus que la commémoration d'une date : elles étaient un pieux hommage
rendu à la mémoire de M. Pécaut, et un acte de foi dans
l'excellence de son œuvre. Une telle conviction ne pouvait manquer de faire contraste avec le tempérament
plus tiède et plus sceptique des représentants de Saint-
Cloud. Il en résulta entre les deux groupes des relations
curieuses, faites à la fois de confiance et d'expectative ;

on s'observait, on cherchait à se connaître, et un grain
d'esprit combattif assaisonnait ce commerce. Somme
toute, ces réunions en petit comité devinrent bientôt
très agréables. Le contraste s'affirma plus longtemps
dans les réunions plénières, dont les membres plus
nombreux se voyaient moins souvent. Mais tout se passa

ÉCOLE DE SAINT-CLOUD. — LE BILLARD

sans malentendus, et l'on obtenait des accords touchants
lorsqu'il s'agissait de charger un camarade d'une besogne
pressante. L'unanimité fut belle aussi quand on décida
de ne solliciter aucune décoration à l'occasion des fêtes,
et de prier le ministre de n'en point accorder. Les
dames appuyèrent avec un enthousiasme étonnant.
Quelqu'un voulut filer de l'huile sur cette tempête, et
demanda comment on empêcherait M. Briand de déco-
rer les gens, s'il y tenait : ce fut en vain et la motion fut

votée, les deux Amicales eurent à leur actif un beau geste.

Il y eut pourtant des jours où l'entente fut laborieuse. La dissemblance fondamentale des deux caractères apparut à tous quand il fallut organiser la manifestation chorale projetée en Sorbonne. J'ai dit combien les ardentes convictions des Fontenaisiennes nous faisaient paraître par contraste secs d'esprit et pauvres de cœur. Dans cette affaire des chants, ces dames s'en remettaient à M. Bourgault-Ducoudray du soin d'arrêter le projet dans ses grandes lignes. Nous avons pu comprendre depuis combien était justifiée la vénération que les élèves portaient à leur maître, et combien le maître avait raison d'accepter le tribut d'admiration qu'on lui offrait. Mais l'attitude prise par nos collègues comportait une docilité à laquelle le caractère de Saint-Cloud se prêtait mal. Nous avions nos idées et tenions à les faire connaître. M. Bourgault-Ducoudray s'étonna, puis s'irrita de cet état d'esprit : il fallut transiger des deux côtés pour éviter un éclat. Disons tout de suite que l'incident n'eut aucune suite fâcheuse, et que le triomphe musical du maître fit disparaître toute trace de malentendu.

Ces difficultés étaient l'exception ; le travail en commun fut agréable, et l'énorme besogne fut expédiée en temps utile. Nos camarades se feront difficilement une idée des efforts qu'exige la préparation d'une fête comme la nôtre. Le moindre détail peut causer des préoccupations sans fin, et Mlle Kieffer, inspectrice à Versailles, peut dire quels ennuis lui valut la mise au point du programme artistique ; Douchez sait combien il eut de peine à caser les invités à la Sorbonne et au banquet. La correspondance surtout fut écrasante : Besnard écrivit

plus de cinq cents lettres ; l'affaire des demi-tarifs lui
valut deux mois de tracas ; et ainsi du reste. La plus
grosse part de travail était faite isolément par les com-
missaires, et les réunions servaient à prendre les déci-
sions, à coordonner les efforts. Heureusement, nous avons
trouvé autour de nous beaucoup de complaisance :
Mme Dejean de la Bâtie et M. Pierre assistaient à nos
réunions. M. Bouchor s'imposa de longues heures de
présence pour nous être agréable, et nous étions souvent
confus de lui ravir un temps précieux ; mais il nous assistait avec tant de bonne grâce et de simplicité que nous
ne savions comment nous excuser du dérangement que
nous lui causions.

Nous aurions été trop gâtés si nous avions rencontré
partout et toujours un pareil empressement. La vérité
m'oblige à dire que les choses prenaient par instants une
tournure inquiétante, et que Besnard lui-même connut
le découragement. Parfois, tout manquait quand on
croyait tout tenir. Qui aurait pu penser que nous n'aurions pas M. Fallières à la Sorbonne, et que nous serions
à la veille de n'y pas voir M. Briand, après les réceptions
faites à nos délégués, tant au ministère qu'à l'Élysée ?
Au ministère, M. Briand, tout à fait affable, avait promis
son concours, et avait ajouté : « Je dirai tout le bien
que je pense de l'Enseignement primaire. » — A l'Élysée
la réception fut exquise de cordialité. Comme M. Buisson,
après avoir présenté la délégation (1), faisait mine d'expo-

---

(1) La délégation comprenait : Mlle Lauriol, Mlle Kieffer, MM. Besnard, Douchez, Bessé, Lalbie et Bouffandeau, auxquels avaient eu la bonté de se
joindre Mme Dejean de la Bâtie, M. Buisson et M. Pierre. La présentation
fut faite par M. Buisson, le vendredi 11 mai 1906.

ser les raisons qui rendaient la présence de M. Fallières
désirable, le Président l'arrêta affectueusement : « Ne
me priez pas, je suis décidé et j'assisterai à vos fêtes.
Même si je ne rentre de Roubaix que dans la matinée,
j'irai à la Sorbonne. Je vous ai vu à la besogne, mon cher
Buisson, et je dirai tout le bien que je sais de vous et de
votre œuvre. » Il ajouta qu'il connaissait les écoles normales, spécialement celle d'Agen, et qu'il savait leur importance. Des bruits étaient parvenus jusqu'à lui et
l'avaient étonné, mais il dirait son mot sur la question,
s'il y avait lieu. A la fin de cette longue audience, il
laissa son monde absolument transporté par tant de
bienveillance et de cordialité. Les plus blasés ne cachaient
pas leur joie. Et cependant, à quelque temps de là, Besnard apprit que ni le Président, ni son ministre n'assiste-
raient à nos fêtes. M. Briand vint pourtant, mais le 5 juin
on téléphonait de l'Élysée à la Sorbonne : le Président
de la République était empêché. Besnard, qui détient
les secrets d'État, pourrait peut-être vous donner la clef
de cette énigme ; l'aventure vaudrait la peine d'être
contée.

C'est au milieu de ces préoccupations que s'achevèrent
les préparatifs. Nous eûmes la bonne surprise d'obtenir
le concours de la Ligue de l'Enseignement sans l'avoir
sollicité : c'était pour nous le succès assuré. Vous pensez
si l'on accepta une aide aussi précieuse. Enfin tout à fait
à la dernière heure, et contre tout espoir, Besnard obtint
la demi-place sur les Compagnies de chemin de fer. Tout
était prêt. Les camarades avaient reçu le programme qui
suit. Le succès couronnerait-il tant d'efforts ?

Fêtes du 25ᵉ Anniversaire, 3, 4 et 5 juin 1906

PROGRAMME GÉNÉRAL

Dimanche 3 juin. — La Ligue de l'Enseignement organise une « Cérémonie artistique et un Banquet en l'honneur des membres de l'enseignement présents à Paris à l'occasion du vingt-cinquième anniversaire de la fondation des Écoles de Fontenay et de Saint-Cloud ». Des invitations, adressées en temps utile aux intéressés, feront connaître le lieu et l'heure de la cérémonie.

Lundi 4 juin. — *9 h. 1/2.* — Assemblée générale annuelle de la Société amicale. — *11 heures.* — Réception des anciens par les élèves de l'École. — *Midi.* — Déjeuner auquel assisteront M. JACOULET et tous les Professeurs et anciens Professeurs de l'École. Une tente sera dressée sur la terrasse de l'École pour abriter les convives. Après le repas, chants et monologues ; M. VERNAELDE s'est spontanément et très aimablement offert à utiliser ses relations en notre faveur et à assurer à notre réunion le concours gracieux de plusieurs artistes. — En outre, un photographe professionnel se tiendra à la disposition des groupes d'amis désireux sans doute de garder un souvenir de leur réunion.

Mardi 5 juin. — *2 heures.* — Cérémonie solennelle à la Sorbonne sous la présidence de M. le Ministre de l'Instruction publique. La musique du 103ᵉ de ligne prêtera son concours.

PROGRAMME

1ʳᵉ PARTIE

1. *La Marseillaise.*
2. Allocutions du Président de l'Association de Saint-Cloud et de la Présidente de l'Association de Fontenay.
3. *Vers l'idéal,* chœur exécuté par les Élèves de Fontenay, des Écoles normales et des Écoles primaires supérieures de la

Seine, les Choristes du Conservatoire et des Choristes amateurs avec accompagnement par la Musique militaire,

4. Conférence de M. Buisson sur les Écoles de Fontenay et de Saint-Cloud.

5. *Chant de triomphe*, chœur.

6. Discours de M. le Ministre de l'Instruction publique.

7. Poème écrit pour la circonstance par M. Bouchor.

8. *Fraternité*, chœur.

2ᵉ Partie

Musique militaire.

Récitation et chants par les principaux artistes de la Comédie-Française et de l'Opéra.

Musique militaire.

Tous les adhérents recevront, avant le 1ᵉʳ juin, une carte d'entrée à la Sorbonne.

7 heures. — Banquet par souscription (6 francs) à l'Hôtel Moderne, sous la présidence de M. le Ministre de l'Instruction publique. Les membres du comité d'honneur et les membres honoraires des deux Associations y seront invités. Le banquet sera suivi d'un bal.

Note. — Tenue de ville pour toutes les cérémonies. Les dames sont instamment priées d'accompagner leurs maris à la Sorbonne et à l'Hôtel Moderne. Un certain nombre de dames se sont déjà fait inscrire.

Renseignements divers. — *Congés.* — M. le Ministre ayant promis de faciliter aux membres de l'enseignement primaire l'assistance aux fêtes du vingt-cinquième anniversaire, le comité d'organisation lui a adressé une demande de prolongation des congés de la Pentecôte. Des instructions ont alors été données pour que ces congés soient prolongés jusqu'au mercredi soir. Nous devons ajouter que plusieurs Recteurs et Inspecteurs d'académie, en nous envoyant leur adhésion, ont bien voulu nous assurer qu'ils donneront à nos camarades toutes facilités pour assister à nos fêtes.

Hospitalisation. — M. le Vice-Recteur de l'Université de Paris a autorisé ceux des sociétaires qui se rendront à Paris à être hospitalisés à l'École normale d'Auteuil pendant la durée des congés. Nous prions nos camarades célibataires et ceux qui viendraient à Paris sans leur famille de faire savoir le plus tôt possible à Douchez, 10, rue Molitor, s'ils entendent profiter de cette faveur. Les chambres mises à leur disposition étant de 90, il sera donné satisfaction aux demandes par ordre d'inscription. Les frais d'hospitalisation sont évalués à 3 francs, pourboire compris; ils seront versés en arrivant à l'École. Ces frais comprennent le logement à l'École du dimanche matin 3 juin au mercredi matin 6 juin inclus et le petit déjeuner des 4, 5 et 6. Il n'a pas été possible de songer à organiser d'autres repas à l'École. Vingt lits seront également mis à la disposition de nos camarades à l'École de Saint-Cloud. — Dernier délai pour l'inscription : **15 mai 1906**.

Programme artistique. — Un programme artistique, composé par les Élèves de Fontenay et exécuté par l'École Estienne, sera offert à chacune des personnes assistant à la fête de la Sorbonne.

Voyage. — Nous avons demandé aux Compagnies de chemins de fer la faveur du voyage à demi-tarif pour ceux qui viendront à Paris à l'occasion des fêtes. On nous a répondu qu' « il n'est pas dans les usages des Compagnies d'accorder des facilités de circulation aux fonctionnaires de l'enseignement autres que les instituteurs (1) ».

Invitations. — Le *Bulletin* de juillet 1905 a donné la liste des personnes invitées aux fêtes de juin ; un grand nombre d'entre elles nous ont déjà envoyé leur adhésion et nous ont assurés de leur présence à la cérémonie de la Sorbonne et au Banquet.

Nous sommes heureux d'ajouter que nos camarades seront aussi fort nombreux ; si tous les anciens élèves de Saint-Cloud n'ont pu nous promettre d'assister aux fêtes du vingt-cinquième anniversaire, nous avons dès maintenant

____

(1) On a vu que les Compagnies sont revenues sur leur décision.

la certitude que la grande majorité d'entre eux sera présente.

Journée du dimanche 3 juin.

FÊTE DE LA LIGUE DE L'ENSEIGNEMENT

Le concours de la Ligue de l'Enseignement était pour notre entreprise une garantie de succès, et nos fêtes de la Pentecôte prenaient une ampleur qu'on n'avait pas rêvée. La Ligue tint plus qu'elle n'avait promis, et fit les choses grandement. Elle loua les salles de l'Opéra et de l'Opéra-Comique, et y offrit le dimanche 3 juin deux matinées. A l'Opéra, où parut M. Fallières, étaient groupés les enfants des écoles. L'Opéra-Comique était réservé aux 400 membres des Amicales de Fontenay et de Saint-Cloud invités à cette fête. M. Briand assista à la représentation de *Louise*. Cette œuvre est trop connue pour que j'insiste autrement.

Les mêmes invités se retrouvèrent le soir au banquet de 600 couverts offert à l'Hôtel Moderne ; l'organisation était si parfaite que la foule des convives se casa tranquillement. On fit honneur à un menu tout à fait de circonstance, puisqu'il comportait du filet de bœuf à la Saint-Cloud, une salade de Fontenay-aux-Roses, et une bombe Louise. A la table d'honneur, autour de M. Leygues, ministre des Colonies, on remarquait M. le commandant Lasson, représentant le Président de la République, MM. F. Buisson, président de la Ligue, Besnard, président de l'Association amicale de Saint-Cloud, Pierre Morel, vice-président du Conseil municipal de Paris, Drs Javal et Maurice Muret, vice-présidents du

Comité du Cercle Parisien, Gasquet, directeur de l'Enseignement primaire, Lépine, préfet de police, Adrien Duvant, Edouard Petit, Dessoye, Cleiftie, vice-présidents de la Ligue, Léon Robelin, secrétaire général, Fontin, représentant le ministre de l'Intérieur, Bédorez, direc-

LA BIBLIOTHÈQUE

teur de l'Enseignement primaire de la Seine, Pierre, directeur de Saint-Cloud, Mᵐᵉ Dejean de la Bâtie, directrice de Fontenay-aux-Roses, Mᵐᵉ Kergomard, inspectrice générale, etc. La musique du 76ᵉ d'infanterie anima cette soirée très réussie.

Besnard ouvrit le feu des discours en offrant les remerciements des deux Amicales qu'il représentait. Comme il allait avoir la lourde tâche de prendre la parole durant les fêtes de ces trois jours, on attendait son début avec curiosité. Dès les premières phrases, il conquit son public par sa netteté et sa verve : vous pouvez croire qu'il fut applaudi de bon cœur.

Toast de M. Besnard.

Monsieur le Ministre,
Mesdames, Messieurs,

Il m'est très agréable de présenter les remerciements des deux Associations amicales de Fontenay et de Saint-Cloud à la Ligue de l'Enseignement qui, par la réception magnifique qu'elle a ménagée à nos invités, a fait rejaillir un éclat particulier sur notre manifestation.

En choisissant le vingt-cinquième anniversaire de la création des deux Écoles normales supérieures d'enseignement primaire, pour en faire la troisième Fête des Écoles, elle a donné aux maîtres sortis de ces établissements un témoignage de sympathie dont nous lui sommes profondément reconnaissants ; mais, s'associant à la pensée même des organisateurs de cette fête du vingt-cinquième, elle a voulu honorer tous ceux qui, à tous les degrés de la hiérarchie universitaire, travaillent d'un même cœur à l'œuvre de l'enseignement populaire, et de cela aussi nous la remercions.

Nous sommes, d'ailleurs, habitués dans l'enseignement primaire à compter dans toutes nos manifestations sur le bienveillant concours de la Ligue de l'Enseignement ; elle nous fut toujours une amie, une alliée précieuse. Depuis le jour où son fondateur sut grouper des milliers de bonnes volontés réclamant pour tous les enfants le droit à l'instruction, qu'elle ait pris la défense du principe de laïcité, qu'elle se soit faite la propagandiste dévouée des œuvres post-scolaires ou des institutions de prévoyance et de mutualité, la Ligue de l'Enseignement a été le noyau autour duquel sont venus s'agglomérer tous les concours actifs des républicains sincères et clairvoyants ; elle a créé autour de l'École une atmosphère de sympathie qui lui facilite la vie, qui assure et prolonge son action bienfaisante. Tous ceux qui pensent que la République n'a pas d'autre ennemi que l'ignorance et qu'en donnant au peuple toujours plus d'instruction, toujours plus de lumière, on assure l'avenir de notre démocratie républicaine, lui sauront gré de sa sollicitude éclairée et de ses efforts persévérants.

Mais nous avons, nous, anciens élèves ou maîtres des écoles normales, un motif particulier de lui témoigner notre gratitude. Les écoles normales, réclamées il y a plus d'un siècle par les autorités régionales, défendues à toutes les époques par le parti du progrès, créées, organisées définivement par le grand ministre dont il faut toujours prononcer le nom quand on parle de l'œuvre scolaire de la troisième République, par Jules Ferry qui voyait en elles la promesse d'un enseignement plus jeune et plus éclairé, les écoles normales ont eu à subir de tout temps les attaques violentes ou dissimulées d'adversaires qui leur reprochaient une influence dangereuse, démoralisante. Aujourd'hui, nos adversaires se sont tus — ou presque — attendant pour reprendre la parole un temps plus favorable; mais il nous reste des amis, des amis qui nous aiment trop et par conséquent qui nous aiment mal. Ces amis ont été choqués de nos travers, des lacunes de notre esprit, de l'infirmité de notre jugement, et, dans leur sollicitude, ils ont rêvé de nous arracher à un milieu où les meilleurs se corrompent pour nous mettre en contact avec les « honnêtes gens », comme on disait jadis, et nous faire acquérir ces habitudes de bon ton, de scepticisme aimable et souriant qui sont la parure des gens de bonne compagnie. Tant de sollicitude, en vérité, nous effraie. A vouloir nous élever si haut, on risquerait de nous faire perdre contact avec le peuple dont nous sommes, dont nous devons, et nous voulons rester. Quant à nos défauts, nous les connaissons, nos travers, nous les déplorons et nous faisons effort pour nous en corriger; voilà

vingt-cinq ans que nous nous efforçons de nous élever en
élevant avec nous les générations qui nous sont confiées.
Avons-nous fait tout ce que nous pouvions faire, nul d'entre
nous n'oserait le penser, et il nous reste encore — comme à
beaucoup de gens et d'institutions — bien des imperfections à faire disparaître, bien des progrès à accomplir. Mais
peut-on, avec justice, prétendre que les écoles normales,
que les maîtres formés par elles n'ont pas répondu à l'attente
des républicains ! et faudra-t-il ajouter la faillite des écoles
normales à toutes ces faillites retentissantes que depuis quelques années on prend l'habitude de dénoncer avec grand
fracas?

Le moment présent ne saurait, en vérité, inspirer un tel
pessimisme. Les générations élevées par les instituteurs
sortis des écoles normales réorganisées viennent d'arriver
à la vie publique, et il ne semble pas que leurs convictions
républicaines soient moins fermes ni moins éclairées que
celles de leurs aînés. Et d'autre part, les progrès si remar-
quables de l'enseignement primaire supérieur qui introduit
dans l'Université des méthodes, des disciplines nouvelles, ne
sont-ils pas la preuve qu'au lieu de nous immobiliser, nous
avons toujours l'inquiétude du mieux et que le sentiment
de notre imperfection n'a d'égale que notre ardeur à nous
en corriger? La Ligue, en glorifiant aujourd'hui les écoles
normales et les écoles primaires supérieures, nous a donné
une preuve d'estime d'autant plus précieuse qu'elle émane
de gens qui nous ont vus à l'œuvre, qui nous connaissent
bien pour avoir été nos collaborateurs et quelquefois nos
modèles.

J'ajouterai que sa sympathie nous est chère à un autre
titre encore. L'homme éminent qui préside à l'heure actuelle
à ses destinées, est un maître vénéré de tout l'enseignement primaire ; sa vie tout entière lui fut consacrée. Sa
tâche remplie, et bien remplie, à la direction de l'enseignement au ministère, il est resté dans sa chaire de la Sorbonne ou à son banc de député, le défenseur toujours élo-

quent, l'ami toujours écouté et respecté de l'école populaire. De lui qui connaît nos faiblesses, mais aussi notre
amour du peuple, de l'enfant, de l'école, un témoignage
d'estime nous est particulièrement précieux et réconfortant.
Qu'il reçoive ici l'expression de notre reconnaissance à
tous et tout spécialement celle des anciens élèves de Fontenay et de Saint-Cloud au nom desquels j'ai l'honneur de
prendre la parole.

Mesdames, Messieurs, je vous propose de boire à la Ligue
de l'Enseignement, à son président M. Ferdinand Buisson,
et vous me permettrez d'ajouter, au merveilleux metteur
en scène de cette fête splendide, à son dévoué secrétaire
général M. Léon Robelin.

Comme il est naturel, les orateurs qui succédèrent à
notre président, M. Pierre Morel, M. Ferdinand Buisson, parlèrent surtout de la Ligue. Voici, dans le discours de M. Buisson, le passage qui intéresse plus particulièrement nos écoles.

Cette année, la Ligue, à la suite de l'initiative prise par
les deux associations dont M. Besnard a été tout à l'heure le
porte-parole, la Ligue s'est empressée de demander au Gouvernement, ce que le Gouvernement a accordé, de nous permettre de joindre les deux choses, de rapprocher la fête
générale des écoles, la fête des petits enfants, de la fête des
maîtres des écoles normales.

Oui, c'est encore cette année-ci une idée juste, vraie et
sincère. Oui, nous avons raison de dire à ce pays, et votre
collègue, M. le ministre de l'Instruction publique, le dira
avec sa haute autorité à la Sorbonne, mardi prochain, que
c'est une grande date que celle dont nous célébrons le vingt-
cinquième anniversaire, date de la fondation de ces deux
établissements qui à leur début ont peut-être passé ina-
perçus.

Je ne sais si le public s'en est rendu compte, mais Fontenay et Saint-Cloud ouvraient une ère nouvelle à l'instruction laïque.

A quel moment furent-elles créées ces Écoles? Ah, ce n'est pas devant vous qu'il faut le rappeler. C'est au moment où nous étions régis par l'ancienne législation, sous le bénéfice de la loi Falloux, à l'époque où les lettres d'obédience étaient seules légales pour les congréganistes, à l'époque où l'enseignement religieux était obligatoire de par la loi, à l'époque où Mlle Bonnevial fut condamnée légalement pour n'avoir pas voulu donner l'enseignement religieux. C'est à ce moment que le grand ministre dont j'ai été heureux d'entendre rappeler le nom — cela me reporte vers le moment le plus cher de ma vie, où j'ai donné toute l'intensité de travail et d'effort dont je suis capable — c'est à ce moment même que Jules Ferry, devançant le temps, commettant des illégalités, il faut bien le dire, a imaginé de constituer deux foyers d'éducation laïque, absolument laïque, contre la loi qui ne le permettait pas, contre les usages et contre toutes les vraisemblances.

Il semblait invraisemblable qu'on pût trouver dans un pays qui n'avait eu jusqu'alors pour former les maîtres et les maîtresses que les couvents et que les hommes et les femmes des couvents, il semblait invraisemblable qu'on pût tirer des entrailles de ce pays toute une légion de maîtres et de maîtresses laïques à la hauteur de leur tâche. Voilà ce que Jules Ferry a essayé.

Il était légitime de permettre à la Ligue de l'Enseignement de s'associer à la manifestation qui appelle l'attention du pays sur ce fait ancien. Oui, il est passé, c'est de l'histoire. Aujourd'hui nous sommes bien loin, nous sommes si loin de ce commencement qu'on ne le comprend plus, il faut presque raconter des souvenirs de vieillard pour faire apercevoir à nos jeunes camarades, à nos cadets, à nos successeurs dans la vie, la résistance à laquelle nous devions nous exposer et contre laquelle nous avions à lutter. On ne s'en rend plus compte, tant mieux, je m'en réjouis. Pour moi il n'y a rien de plus doux que de me sentir de beaucoup dépassé, de m'apercevoir que la jeune génération a quelque effort à faire pour rendre justice à ce que nous avons fait jadis. J'en suis très heureux parce que cela prouve le progrès, c'est-à-dire le succès des humbles efforts par lesquels nous avons commencé.

Il terminait sur ces mots :

Notre rôle à nous dans la Ligue, ce n'est pas de moissonner, c'est de semer. Nous sommes des semeurs, c'est à nous de marcher de l'avant. Soyons les premiers sans nous inquiéter de savoir si on nous suit, et continuons à être les premiers dans la voie du progrès scolaire pour la Patrie et pour la République.

Son discours, de belle tenue, fut un des succès de la soirée. Enfin, M. Leygues se leva. Il retraça à grands traits les luttes qui, dans le dernier demi-siècle, se livrèrent autour de l'enseignement, et indiqua ce que la République pouvait attendre de l'école. Il continua en ces termes :

Il faut que le patriotisme prépare toutes les énergies physiques et morales pour qu'elles puissent éclater, se produire toutes au moment décisif, si la Patrie a besoin de nous.

Certes, nous rêvons de fraternité universelle et de solidarité humaine, mais la civilisation n'a pas encore fait pénétrer dans le cœur des peuples et des gouvernements ce sentiment si haut et si pur de la solidarité internationale, et nous ne voyons pas encore poindre l'aube sereine qui doit se lever sur le monde, cette aube de fraternité et de bonté que nous appelons tous de nos vœux ; bien au contraire, partout, à l'heure où nous parlons, on entend un frémissement d'armes.

Cela ne veut pas dire que nous devions renoncer à notre idéal. Oh non ! Ayons toujours les yeux fixés sur lui. Éveillons toujours dans le cœur de l'enfant ce sentiment si pur de la fraternité et de la justice internationales. Gardons-nous seulement d'une parole ou d'un acte qui pourrait troubler les jeunes consciences et obscurcir dans le cœur des jeunes Français le sentiment précis et étroit des devoirs qui nous lient tous à la personne morale si pure et si noble qu'on appelle la Patrie.

De ces considérations jaillit cette conclusion que l'école primaire de France ne peut pas, ne doit pas être neutre au sens auquel l'entendent nos adversaires.

Oui certes, elle doit être neutre au point de vue confessionnel, oui certes, elle doit fermer sa porte aux disputes dogmatiques, aux tumultes des partis politiques, aux rivalités locales ou électorales. L'écho de nos querelles particulières doit expirer sur son seuil, mais elle ne serait pas l'école si on ne pouvait, si on ne devait pas y parler hautement, librement, de solidarité, de justice, de République et d'humanité.

Messieurs, l'école neutre ainsi comprise serait une maison sans âme, un foyer sans chaleur et sans lumière. L'instituteur réduit à ce rôle misérable de maître qui apprend à lire, à écrire et à compter, ne serait plus qu'un automate, ne serait plus le fils libre de la Révolution. Il faut qu'il soit l'homme de son temps, que sa face soit tournée vers l'avenir et non vers le passé pour être digne de sa mission de pionnier perpétuel de la démocratie et de défenseur inlassable de la société civique et laïque.

Je suis, moi aussi, un vieux ligueur ; j'ai parcouru les villages, les cantons et les villes de ma région pour y porter la bonne parole ; je l'y ai portée à côté de Jean Macé à Villeneuve-sur-Lot, à Clairac, à Tonneins. Depuis, l'enfant que nous avons tenu sur les fonds baptismaux a grandi et fait honneur à ses parents.

En saluant Jean Macé, je salue la Ligue de l'Enseignement.

Je termine en portant un toast ému et reconnaissant, au nom du Gouvernement de la République, à la Ligue de l'Enseignement, aux écoles primaires, au corps enseignant primaire que je connais car je l'ai vu longtemps à l'œuvre. Je sais ce qu'il vaut, ce qu'il y a en lui de zèle, de désintéressement, de dévouement à la chose publique. Je sais et j'affirme que dans nos écoles on apprend d'abord à aimer la France, la République, et que ce n'est jamais là qu'on trouvera des hésitations et des indifférences.

Messieurs, à l'enseignement primaire, au corps des instituteurs et des institutrices primaires, à la Ligue de l'Enseignement et à la République qui résume nos aspirations, nos joies et nos espérances.

Dans cette soirée du 3 juin, la cordialité avait été manifeste, l'enseignement primaire était couvert de fleurs : nos fêtes s'annonçaient bien.

Journée du lundi 4 juin.

Le lundi fut la journée de Saint-Cloud, celle qui laissera le meilleur souvenir dans l'esprit des camarades. J'en sais qui vinrent de Gascogne et ne regrettèrent point le voyage. Les anciens surtout furent nombreux. Leurs vingt ans connurent l'enfance de l'École, les platras et les plafonds éventrés, le château dont les ruines croulaient par les nuits de tempête ; ils ont peine à se reconnaître dans ce cadre rajeuni, aux balustrades neuves, au vaste terre-plein fleuri ; la maison elle-même a été

modifiée. Les camarades aussi ont changé, et tel que
l'on quitta pétulant et leste, se trouve être un grave personnage, officiel et décoré. N'importe, on est heureux
de se revoir, et l'on ne songe pas à cacher son émotion.

On refit connaissance à l'Assemblée générale, qui se
tint dans la grande salle. Tout le monde n'y put entrer ;
les infortunés qui n'avaient pu trouver à se glisser dans
quelque recoin, se pressaient à la porte, et tentaient de
saisir au passage quelque bribe de discussion. Une
rumeur sortait de l'étuve, et de la cour on percevait par
instant un mot net, un éclat de voix. La discussion,
commencée à 10 heures, se poursuivait encore à midi,
sans pitié pour les invités qui, patients, arpentaient la
cour. Depuis quelque temps, en effet, les professeurs
actuels et anciens de l'école, les amis de la maison
attendaient, et présentaient leurs hommages à M. Jacoulet qui avait tenu à affronter les fatigues des fêtes.

Quand la salle nous rendit nos camarades, il était trop
tard pour inaugurer la plaque de marbre que l'Amicale
avait fait placer dans le parloir. On alla tout de suite au
jardin où un repas froid organisé par les soins de
M. Reversé attendait sous une tente dressée aux frais de
l'École. Autour de M. Jacoulet avaient pris place :

M. et Mme Pierre, M. et Mme Reversé, MM. Besnard,
Bougueret, Gourraigne, Goursat, Jalliffier, Keller,
Lefebvre, Mélin, Rebelliau, Rocherolles, Sigwalt, Ver-
naëlde et Vial.

Ce déjeuner sur la terrasse, à l'abri d'une tente vaste,
dans la quasi-intimité des petites tables fut infiniment
agréable. Le temps fut doux, avec un peu de vent tiède.
Au début, Brunlet souhaita la bienvenue aux anciens :

« Cette fête nous donne double plaisir : nous retrouvons parmi vous les maîtres dont la science et le dévouement nous ont fait ce que nous sommes aujourd'hui, nous allons faire connaissance avec de nouveaux camarades, avec des amis. » Il évoqua les nombreux liens qui unissent les jeunes à leurs aînés : « Et je ne parle

PARC DE SAINT-CLOUD. — LES GOULETTES

pas des silhouettes de professeurs, des silhouettes d'élèves que la fantaisie littéraire a semées partout ; des chansons, des anecdotes recueillies en cours, des perles que les professeurs ont semées dans leurs conférences, et qui se transmettent d'une promotion à l'autre. Je ne parle pas des annotations quelquefois spirituelles, le plus souvent inutiles, qui remplissent les marges de nos livres. » Il affirma en terminant que l'esprit de Saint-Cloud est toujours le même, épris à la fois de travail et de douce gaîté. Après quoi, on fit honneur au menu.

SOCIÉTÉ AMICALE

des

ANCIENS ÉLÈVES DE SAINT-CLOUD

4 juin 1906

25ᵉ Anniversaire

APÉRITIF OFFERT PAR LES ÉLÈVES

Saumon sauce Vénitienne

Filet de Bœuf à la Gelée

Pâté Rouennais

Salade Russe

Glace « Oberlé »

Fruits

Desserts

VINS

Graves et Saint-Julien

Champagne Choiseul

Château Cantinolles

Café, Cognac

L'heure des toasts arriva, et Besnard commença :

Messieurs et chers Maîtres,
Mes chers Camarades,

Demain, dans la métropole universitaire qui s'ouvrira
toute grande pour recevoir les élèves de Saint-Cloud et leurs
invités, on célébrera officiellement le vingt-cinquième anniversaire de la création des deux Écoles normales supérieures
d'enseignement primaire. Des voix autorisées diront quelle
place occupent les Écoles de Saint-Cloud et de Fontenay dans
le système général de notre enseignement, quels services les
maîtres sortis de ces établissements ont pu rendre à l'École et
au pays, et un hommage public sera rendu aux bons ouvriers
de cette œuvre éminemment républicaine de la diffusion de
l'instruction dans tous les hameaux de France.

Mais la majesté du lieu et la solennité du moment rendront les paroles froides et compassées; le cœur ne pourra
s'y faire entendre que discrètement; c'est pourquoi nous
avons voulu qu'avant la manifestation publique, une fête
intime réunît tous les membres de la famille de Saint-Cloud,
maîtres et élèves, les aînés et les cadets, ceux de l'âge
héroïque dont la tête a blanchi sous le harnois mais dont
le cœur reste toujours jeune, et ceux du temps présent qui
s'apprêtent à suivre la trace de leurs aînés, tous groupés
autour du chef actuel de la famille, et de l'aïeul vénéré qui
fut si longtemps l'âme, le cœur même de Saint-Cloud et en
est resté l'honneur et l'orgueil.

Si tous ne sont pas là, tous auraient voulu y être, et les
absents ont chargé le président de l'Association amicale
d'exprimer leurs regrets que des raisons de famille, des
impossibilités matérielles les tiennent éloignés de l'École
en un jour aussi heureux.

Chacun d'eux eût aimé à revivre, en effet, les deux années
passées dans cette École que la générosité de la République
installa dans un parc enchanteur. La vie nous y fut douce,
le séjour agréable; nous y connûmes, à un âge où on en peut
goûter tout le charme, une aimable et bonne camaraderie

que le temps, les préoccupations familiales, les obligations professionnelles ont pu peut-être affaiblir, mais qu'une occasion comme celle-ci fait renaître plus douce et plus vive. La joie de devenir plus instruits, d'acquérir, auprès de maîtres dévoués et bienveillants, les connaissances générales dont nous devions apprécier le haut prix dans notre carrière, compensait largement les inquiétudes d'un examen difficile. Et, maintenant que nous revoyons dans un passé plus ou moins lointain ces deux années de notre jeunesse, nous n'y pouvons songer qu'avec un sentiment de reconnaissance et d'affection pour ceux qui guidèrent nos études et nous préparèrent à la tâche qui nous attendait dans la vie.

Personne ne s'étonnera (et moins que tout autre son successeur qui a voulu continuer les traditions établies par lui dans cette maison) si je dis que notre reconnaissance va d'abord à notre ancien Directeur, à M. Jacoulet, qui fonda Saint-Cloud, qui assura son succès, et que ses élèves ont gardé l'habitude de consulter avec une affectueuse confiance dans les moments difficiles, comme on sollicite l'avis d'un père vénéré quand il s'agit de prendre une décision grave.

Il fut pendant vingt ans l'âme même de l'École de Saint-Cloud. Il nous y donna l'exemple de la simplicité et de la modestie dans l'accomplissement rigoureux du devoir, il nous apprit l'amour et le respect de notre profession. Sa bonté, que nous devinions dans sa sollicitude constante pour nos études, tempérait la gravité de sa parole, la sévérité plus apparente que réelle de son langage. Tous nous avions pour lui, dès l'École, ce respect mêlé de confiance, qu'assure toujours la dignité de la vie; plus que tout, nous éprouvions la crainte d'un de ses reproches, la seule sanction disciplinaire qu'il ait voulu établir dans cette maison. Et puisque nous avons le bonheur de l'avoir avec nous en ce jour de fête, je tiens à lui renouveler publiquement, au nom de ses anciens élèves, l'hommage sincère et ému de notre affectueux respect.

Nous avons à payer aussi une dette de reconnaissance
aux maîtres éminents qui, par leur talent, leur dévouement,
assurèrent la prospérité d'une institution qui leur doit tout.
Plusieurs, hélas! ont disparu, enlevés trop tôt à l'affection
de leurs élèves; adressons-leur un pieux souvenir; d'autres
ont abandonné leur chaire, mais nous ont gardé leur cœur;
d'autres sont venus, que les aînés ne connurent pas, mais,
qui, nous le savons, continuent, avec la même autorité et le
même dévouement, l'œuvre commencée par leurs prédéces-
seurs; à tous, l'Association amicale est heureuse de témoigner sa sincère et respectueuse gratitude. Mais vous me
permettrez de rendre un hommage particulier à ceux de nos
maîtres dont vingt-cinq générations d'élèves ont eu la bonne
fortune de recevoir les savantes leçons, à M. Jalliffier, l'his-
torien charmeur, qui fut pendant vingt ans le président de
notre Association amicale et qui, pour notre malheur à tous
et le mien en particulier, abandonna trop vite ces fonctions
auxquelles l'avaient appelé la confiance de ses élèves; à
M. Perrier, le maître aussi bienveillant qu'illustre, qui a
vivement regretté de ne pouvoir être aujourd'hui parmi nous;
à MM. Gourraigne, Sigwalt, Martine, Vernaëlde, Bougueret,
qui furent parmi les premiers maîtres de l'École, désignés
au choix du ministre par leur autorité et par leur talent.

Il ne m'appartient pas de dire comment les élèves de
Saint-Cloud mirent à profit les hautes leçons qu'ils avaient
reçues dans cette École, mais il me sera bien permis,
parlant au nom de tous, de rappeler avec quelque fierté
que plusieurs de nos camarades sont devenus des maîtres de
la science, que l'un d'eux est aujourd'hui membre de l'Institut et qu'un autre, transfuge de l'enseignement, occupe un
poste brillant et difficile dans la diplomatie. Je n'aurai garde
d'oublier non plus ceux qui, dans nos colonies lointaines,
sont allés organiser ou diriger l'enseignement primaire, y
faire aimer la République et la France, ni la vaillante phalange qui, depuis les origines de l'École, défend en Égypte
le prestige du nom français.

Et, si je ne dis rien de ceux qui sont modestement restés dans le rang, je n'en pense pas moins ; ils font une œuvre utile et s'efforcent de payer la dette qu'ils ont contractée ici, envers le gouvernement de la République.

Il y a maintenant vingt-cinq ans (un quart de siècle !) que l'École de Saint-Cloud a été fondée et déjà elle a fait beaucoup de bien ; elle en peut, elle en doit faire beaucoup encore.

Je n'en veux pour garantie que la sollicitude éclairée de son directeur actuel qui, dès le premier jour, lui a donné son cœur, lui consacre sa vie et lui prépare un avenir digne de son passé. Il m'en voudrait d'insister ; qu'il me permette seulement de lui dire que les anciens élèves, si attachés à leur École, lui gardent une vive reconnaissance de tout ce qu'il fait pour la défendre contre les attaques de ceux qui, ignorant ce qu'elle est, se refusent à reconnaître les services qu'elle a rendus.

Messieurs et chers Camarades, nous avons voulu qu'un souvenir restât de la fête d'aujourd'hui. Une plaque a été apposée qui rappelle, avec la date de la création de l'École de Saint-Cloud, le nom de son directeur-fondateur et celui de son directeur actuel.

Vous regretterez, comme je l'ai regretté moi-même, que ces noms ne soient pas suivis de celui du président auquel notre Association amicale doit tant ; le hasard en a mis un autre. Qu'il y soit au moins comme un témoignage de la reconnaissance que les élèves ont gardée à leur École et des liens affectueux qui unissent entre elles les promotions passées et ne cesseront d'unir, nous l'espérons tous, les promotions futures.

Mes chers Camarades, puisqu'il est d'usage qu'une réunion comme la nôtre ne se termine pas sans qu'un toast soit porté, je vous propose de lever notre verre à la prospérité de notre chère École ; je bois au cinquantenaire de l'école de Saint-Cloud !

Les bravos éteints, M. Pierre se leva à son tour :

MESSIEURS LES ANCIENS ÉLÈVES,

Vous avez bien fait de venir en nombre prendre votre part
de cette fête, je dirais volontiers vous donner à vous-mêmes
cette belle fête ; et vous êtes venus, j'imagine, d'autant plus
volontiers, qu'elle a pu avoir lieu dans votre vieille école,
sur cette terrasse, dans le milieu familier, où vos groupes
de camarades se sont naturellement reformés pour évoquer
en commun des souvenirs joyeux et mélancoliques tout
ensemble. Combien heureusement inspirés ont été ceux qui
ont eu l'idée de célébrer le vingt-cinquième anniversaire de
la fondation de l'École, votre empressement à répondre à
leur appel le prouve assez. Vingt-cinq ans, un quart
de siècle, une existence déjà longue pour une institution comme la nôtre,... il vous était permis après vingt-
cinq ans de jeter un regard en arrière et de mesurer le chemin parcouru. « Après vingt-cinq ans, noces d'argent », ce
qui faisait dire hier à un journaliste bien intentionné que
l'École célèbre ses noces d'argent avec la République. C'est
peut-être un peu ambitieux ; et puisque, par une rare bonne
fortune, celui qui préside ce banquet est celui-là même qui
fonda l'École, disons, si vous le voulez bien, que nous célébrons les noces d'argent de l'École et de son premier directeur. C'est votre présence ici, mon cher monsieur Jacoulet,
qui donne à cette fête son vrai caractère, qui la rend intime
et familiale. Car, ainsi qu'autour de parents aimés et véné-
rés, célébrant leur vingt-cinquième anniversaire, se groupent
les fils dont ils sont fiers, voici les représentants de vingt
générations de Cloutiers qui vous apportent et qui apportent
à leur chère École leur salut reconnaissant. Et vous avez le
droit d'être fier de vos élèves, et l'École a le droit d'être
fière de ses fils. Je ne parle pas seulement de ceux d'entre
vous, Messieurs, qui se sont créé de hautes situations
hors de l'Université, ou qui dans l'Université même
ont conquis à force de travail les grades les plus élevés,

membres de l'Institut, députés, représentants de la France
à l'étranger, chefs de services aux colonies, docteurs en
médecine, en lettres ou en sciences, professeurs du Muséum,
des Facultés ou des lycées. Je pense surtout, je pense plus
volontiers aux autres, les plus nombreux, qui sont restés
dans le rang, qui accomplissent dans les écoles normales et
primaires supérieures et dans l'inspection une tâche plus
obscure, mais non plus humble, une besogne plus modeste,
mais singulièrement féconde, car ils sont, aux quatre coins
du pays, les bons ouvriers de l'école laïque et républicaine.
C'est grâce à eux, c'est du moins en grande partie par leurs
efforts que l'enseignement populaire s'est amélioré : ils ont
relevé l'Université primaire, ils l'ont accrue en savoir, en
valeur professionnelle et en dignité. Oui, on peut le dire
sans froisser personne : de votre École est sortie toute une
pléiade de professeurs et d'inspecteurs les plus distingués.
Ils n'ont pas, sans doute, le monopole de la science et du
dévouement ; mais ils sont parmi les plus dévoués et les
plus instruits. C'est là une vérité connue de tous, une vérité
de fait, et dont vous pouvez bien, messieurs les Anciens
Élèves, et vous, messieurs les Professeurs, tirer quelque
vanité. Mais nul ici ne s'en réjouira à plus juste titre que
votre vénérable Président. Il fut, comme le mentionne la
plaque commémorative que vous avez placée au parloir,
votre Directeur-Fondateur ; il a consacré à cette maison dix-
huit années de sa vie ; il l'a animée de sa foi, il l'a dirigée
d'une main sûre et avec l'autorité que vous savez ; il lui a
donné tout son cœur. C'est surtout par lui que l'École de
Saint-Cloud est devenue ce qu'elle est, a rendu et rend
encore les services que je rappelais tout à l'heure. Je lève
mon verre, Messieurs, en l'honneur de l'École et de
M. Jacoulet.

Après qu'on eut applaudi cet émouvant hommage
rendu au fondateur de l'École par son successeur lui-
même, M. Jalliffier improvisa une de ces charmantes

allocutions dont il sait régaler ses auditeurs. Je crois bien qu'en la reconstituant, il l'a assagie, car il me souvient d'un certain mot sur « l'âge de Pierre » qui eut du succès. N'importe, vous retrouverez tout M. Jalliffier dans les quelques mots qui suivent :

Après tant de choses dites et si bien dites, je devrais garder le silence, qui est une sorte d'éloquence honoraire. Si je le romps, c'est pour vous remercier simplement et sincèrement de m'avoir convié à cette fête de l'École qui est aussi celle de la Société amicale des anciens élèves. Il est bien difficile en effet de les séparer l'une de l'autre. La Société n'est-elle pas l'École continuée à travers les années et groupée malgré les distances. L'École a formé les intelligences et créé cet esprit de Saint-Cloud où le cœur a une large part. La Société perpétue cet esprit en maintenant les cœurs unis.

L'une et l'autre s'affirment et prennent une vie nouvelle dans la douceur de cette réunion, si nombreuse et pourtant si intime.

C'est aux jeunes générations que nous devons cette joie. Ils vont bien, les jeunes ! Leur coup d'essai est un coup de maître, je veux dire l'initiative et l'organisation d'une journée qui comptera dans nos fastes. Pour ne pas faire attendre le centenaire trop longtemps à leurs aînés, ils ont décrété qu'un siècle ne serait plus que de vingt-cinq ans : nous vivons dans un temps de trains-éclairs et de cent-à-l'heure qui autorise les audaces. En les remerciant, je lève mon verre à l'École toujours jeune, à la Société amicale rajeunie. — Et je signe : un des plus anciens *Saint-Cloud*, qui tient à grand honneur d'avoir été votre ami de la première heure, et dont toute l'ambition est de le rester jusqu'à la dernière.

On salua d'applaudissements vigoureux le vétéran de

nos professeurs. Puis, doucement, M. Jacoulet, tout blanc, grave, se leva.

MES CHERS AMIS,

Aux temps heureux où je vivais au milieu de vous, il m'est arrivé plus d'une fois, en des circonstances dont vous n'avez peut-être pas perdu le souvenir, de vous dire que vous étiez pour moi comme une seconde famille, et que je vous aimais comme un père aime ses enfants d'adoption. Ce que je vous disais alors n'était pas une vaine formule, et on a bien voulu reconnaître tout à l'heure que je m'étais employé de mon mieux à en faire une réalité. Mais je n'ai jamais mieux senti jusqu'à quel point cette parole exprimait exactement ma pensée, qu'en ce jour où, après une séparation déjà longue, j'ai la joie aussi grande qu'inespérée, de vous retrouver réunis en si grand nombre, et pour une telle cause, dans cette chère maison. A la grande fête, par laquelle vous allez célébrer demain le vingt-cinquième anniversaire de la fondation de l'école de Saint-Cloud, vous avez eu l'heureuse, la pieuse pensée de préluder par une sorte de pèlerinage dans cette vieille demeure où vous avez passé quelques-unes des plus heureuses années de votre studieuse jeunesse, où vous attendaient tant de chers et précieux souvenirs, où vous avez noué tant de solides amitiés, où vous avez enfin puisé dans les leçons de vos maîtres les enseignements qui ont fait de vous ce que vous êtes, un corps d'élite dans la grande armée de l'enseignement primaire, des serviteurs dévoués et fidèles de la France et de la République.

Quant à moi, c'est avec une émotion que je chercherais vainement à cacher, que j'ai retrouvé ici tant de visages amis, que j'ai serré tant de mains cordialement tendues vers mes mains, et que j'ai entendu, non sans quelque confusion, mais avec une reconnaissance profonde, les paroles si affectueuses qui viennent d'être dites et qui me sont allées au cœur. Ce m'est une joie bien vive aussi de rencontrer au milieu de vous la plupart de ceux qui ont dirigé ou qui dirigent encore vos premiers pas vers la haute culture intellectuelle et qui, ayant été mes chers collaborateurs, ont bien voulu me faire l'honneur de rester mes amis.

Gardez précieusement le souvenir de ces maîtres qui vous ont donné le meilleur d'eux-mêmes ; demeurez étroitement unis entre vous de manière à former toujours une même famille, animée du même esprit et des mêmes sentiments ; soyez enfin et surtout fidèles à cette maison, qui a été pour vous comme une seconde maison paternelle, et, si le malheur des temps voulait qu'elle eût besoin d'être défendue, serrez-vous autour d'elle et faites-lui un rempart de votre gratitude et de votre affection filiale.

Ces temps viendront-ils ? J'espère bien que non ; mais tout arrive et il faut tout prévoir. Les écoles normales primaires ont déjà senti passer sur elles un vent d'orage ; elles ont été vigoureusement défendues et, grâce à ceux qui ont plaidé si éloquemment leur cause, le danger paraît écarté... L'École de Saint-Cloud n'a pas encore couru les mêmes risques ; cependant des bruits inquiétants commencent à circuler, et des critiques, qui sont peut-être des escarmouches précédant la grande bataille, ont été dirigées contre elle. Sans s'en alarmer outre mesure, il faut, comme dit l'autre, tenir sa poudre sèche et se mettre sur ses gardes. Et, pour commencer, profiter de ce que nous sommes en famille, pour faire notre examen de conscience et voir si nous méritons en quelque manière les griefs qu'on nous fait.

Que dit-on tout bas, en attendant qu'on le dise bientôt peut-être tout haut ? On dit que nous coûtons cher à l'État, comme si une maison où s'élabore le ferment qui fait lever le pain dont se nourrit tout un peuple pouvait coûter trop cher ! Comme si, dans une démocratie, le suprême danger ne serait pas de tarir l'une des sources par où s'élève le niveau des études, c'est-à-dire le niveau intellectuel et moral de la nation ! On dit encore que le rendement numérique de l'École n'est pas en proportion des sacrifices qu'elle impose, comme si la valeur d'une industrie se mesurait à la quantité et non pas à la qualité de ses produits ! Comme si les leçons que vous professez à l'école normale n'avaient pas leur prolongement et leur répercussion jusque dans les plus humbles écoles ! Comme si, en supposant que vous soyez insuffisants comme nombre, il était impossible d'ouvrir plus largement les portes de l'école et de créer, sans frais, un externat, puisque, malheureusement, les locaux ne permettent pas de recevoir un plus grand nombre d'internes !

Mais on ajoute, et ce reproche nous touche au vif, que le rendement intellectuel de l'École n'est pas ce qu'il pourrait, ce qu'il devrait être. Sans doute, on ne dit pas que vous échouez régulièrement aux examens du professorat, ni que vous êtes incapables d'aborder les examens de l'enseignement supérieur, la licence, l'agrégation, voire le doctorat, ni même que vous seriez embarrassés de soutenir une conversation un peu vive avec des adversaires bien munis; mais on dit que l'École de Saint-Cloud est une institution fermée, presque claustrale, une sorte de geôle de jeunesse captive, où ne pénètrent jamais le grand air et la grande lumière qui tombent des hauts sommets ! Le premier de ces reproches vous fait sourire, passons ! Quant au second, ignore-t-on, ou feint-on d'ignorer que, par leur origine et par leur éducation, vos maîtres sont imbus des principes et des méthodes du haut enseignement et que, dans la mesure où cela est désirable, ils transportent ces méthodes et cet esprit dans les leçons qu'ils font ici?

Et le remède que l'on propose est celui-ci : supprimer l'internat et, sans préparation préalable, de prime saut, faire de nos élèves des étudiants libres! Comme si ces jeunes gens, malgré leur bonne volonté et leur grand désir d'apprendre, étaient en état, avant d'avoir confirmé et

LES CONVIVES DU 4 JUIN

étendu leurs connaissances, de tirer profit des leçons professées dans les universités! Comme si ces jeunes esprits pouvaient, sans danger, se passer de conseils assidus et de directions prochaines et se donner à eux-mêmes une méthode de travail et cette discipline intellectuelle, sans laquelle les efforts se dispersent et sont d'avance frappés de stérilité! Comme si enfin la vie en commun n'apportait ni réconfort, ni encouragement, et n'était pas excitatrice de l'émulation, source de tout progrès!

Que reste-t-il donc des reproches qu'on nous adresse? Il reste ceci d'abord, c'est qu'en vérité, le contact si désirable entre l'École de Saint-Cloud et l'enseignement supérieur, — contact venant à son heure, remarquez-le bien, — n'est pas établi, comme il serait nécessaire, pour parachever la culture intellectuelle des futurs professeurs de l'enseignement primaire. Il reste encore ceci, dont on ne parle pas, et pour cause! mais que nous avouons volontiers, c'est que la préparation pédagogique de ces mêmes professeurs n'est pas suffisamment assurée. Mais est-ce la faute des fondateurs de l'École de Saint-Cloud, si cette double lacune existe dans son organisation et croit-on que, dès l'origine, ils n'aient pas cherché et trouvé les moyens de la combler? Qu'on relise le décret et l'arrêté du 18 janvier 1887, qui sont comme la charte de l'enseignement primaire, et qui, parlant des Écoles de Fontenay et de Saint-Cloud, disent : « Dans les Écoles de Fontenay et de Saint-Cloud, la durée des études est de trois ans; — à chacune de ces écoles sera annexée une école normale primaire! » — Pourquoi une troisième année d'études? sinon pour que les élèves, ayant consolidé leurs connaissances, puissent, d'un esprit plus libre, se livrer à des études désintéressées et fréquenter utilement les cours de l'Université. Pourquoi une école normale primaire annexée? sinon pour que ces mêmes élèves y puissent faire leur apprentissage professionnel.

Pour des raisons dont ce n'est pas le lieu de parler, ces dispositions sont malheureusement restées lettre-morte;

mais elles n'ont pas été abrogées, que je sache. Qu'on les applique et l'on verra disparaître les imperfections que nous sommes les premiers à reconnaître. Et si les circonstances ne permettent pas d'en faire des réalités, qu'on attende des temps meilleurs, et qu'en attendant, on ne porte pas une main imprudente sur une institution qui, tout imparfaite qu'elle soit, a fait ses preuves, dont la réputation est établie non pas seulement en France, mais encore à l'étranger, et qui est comme le commencement de toute notre œuvre scolaire. Je ne fais, en ce moment, qu'effleurer la question ; mais le jour où il faudra la discuter à fond, vous serez là, et vous saurez bien trouver dans votre raison et dans votre cœur les arguments qui défendent et qui sauvent !

Mais c'est trop assombrir cette fête par des pensées troublantes. Reprenez votre entrain et votre gaieté, mes chers Amis ; ayez bon courage et bon espoir, et, avec moi, levez joyeusement votre verre :

Au cinquantenaire de l'École de Saint-Cloud !

A votre Association amicale et à son bureau qui, au prix de tant de peines, ont organisé cette belle journée !

A mon très cher successeur et ami, M. Pierre, qui maintient dans cette maison, d'une main si sûre et si paternelle, les traditions que j'ai essayé d'y mettre en honneur !

A tous vos maîtres qui sont si dévoués à leur tâche, et qui vous considèrent, je le sais, comme leurs élèves de prédilection !

A la santé et au bonheur de tous les élèves de l'École, aux anciens qui donnent l'exemple, aux nouveaux qui le suivront. A la santé et au bonheur de tous ceux qui vous sont chers !

Dans le calme de cet après-midi, dont le silence mou était à peine troublé par le clapotement discret de la toile, la voix un peu sourde du vieillard évoquait lentement le passé.

A mesure qu'il parlait, appuyé sur ses deux mains un peu tremblantes, le silence se faisait plus profond, et la scène en prenait de la grandeur. Et quand, un peu las, il reprit doucement sa place, tous les assistants, unis dans un même élan d'affection et de respect le saluèrent d'applaudissements prolongés. Ce fut une minute poignante et bonne.

On se répandit dans le jardin, sous le soleil discret, parmi les fleurs. On se fit photographier par groupes, et l'on revint sous la tente entendre le charmant concert que M. Vernaelde avait eu l'amabilité d'organiser avec le concours de ses élèves du Conservatoire.

PROGRAMME

1º **Romance pour piano** . . . . RUBINSTEIN.
    Mˡˡᵉ VERNAELDE.

2º **Pensée d'automne** . . . . MASSENET.
    M. FÉLISAZ, du Conservatoire.

3º **Sonnet d'Arvers** . . . . A. VERNAELDE.
    Mᵐᵉ ENNERIE-CLAMEN, lauréate du Conservatoire.

4º **Adagio pour violon** . . . . A. VERNAELDE.
    Mˡˡᵉ HÉLÈNE WOLFF, lauréate du Conservatoire.

5º **Noël parisien** . . . . MASSENET.
    M. GILLES, lauréat du Conservatoire.

6º **Chant hindou** . . . . BEMBERG.
    Mᵐᵉ OLIVIER, des Concerts Lamoureux.

7º **Air de Jérusalem** . . . . VERDI.
    M. FÉLISAZ.

8º { *A*. **Rêverie du soir bleu** . . . . V. BOISARD.
   { *B*. **La Vie de bohème** (air de «Musette») . . . . LÉONCAVALLO.
    Mᵐᵉ ENNERIE-CLAMEN.

9º **Mazurka pour violon** . . . . WIENIAWSKI.
    Mˡˡᵉ HÉLÈNE WOLFF.

10º **Air de la Jolie fille de Perth** . . . . BIZET.
    M. GILLES.

11º **Grand air de Samson et Dalila** . . . . SAINT-SAENS.
    Mᵐᵉ OLIVIER.

Au piano d'accompagnement : Mˡˡᵉ HENRIETTE VERNAELDE,
lauréate du Conservatoire.

Une heure se passa ainsi, sous la caresse de la musique, dans le farniente de la digestion. De temps en temps circulaient des rafraîchissements. Après quoi, on se sépara, et on alla finir la soirée au gré des amitiés renouées. A tous, cette journée du lundi parut bonne, bonne d'intimité, de belle humeur, et grande par instants.

Journée du mardi 5 juin.

Chacun connaît l'aspect du grand amphithéâtre de la Sorbonne quand la foule qui l'emplit semble s'y être casée sans effort, et faire partie de la décoration, au même titre que la fresque de Puvis de Chavannes. C'est dans ce cadre somptueux que se déroula la cérémonie commune à Saint-Cloud et à Fontenay, et qui fut comme la fête de l'enseignement primaire tout entier.

M. Bienvenu-Martin s'excusa par dépêche de ne pouvoir assister à la manifestation.

Sur l'estrade avaient pris place :

MM. Charles Dupuy, ancien ministre de l'Instruction publique, F. Buisson, E. Lavisse, Jacoulet, Gasquet, Turot, représentant le Président du Conseil municipal de Paris, Pierre, Mᵐᵉ Dejean de la Bâtie, directrice de l'École normale de Fontenay, Bédorez, directeur de l'Enseignement primaire de la Seine, Maurice Bouchor, Mˡˡᵉ Mahaut, présidente de l'Association de Fontenay, Mᵐᵉ Perseil, MM. Besnard, Bourgault-Ducoudray, Jules Gautier, inspecteur général, directeur du cabinet du ministre de l'Instruction publique, Mᵐᵉˢ Jules Ferry, Jules Steeg, Carrive, Marion, MM. P.-Félix Pécaut,

Th. Steeg, Denise, gendre de M. Jacoulet, Jalliffier, Darlu, Payot, recteur de l'Académie de Chambéry, MM. les Inspecteurs généraux Compayré, Jost, Armagnac, Chaumeil, Seignette, E. Petit, Mme Kergomard, MM. Durkheim, professeur à la Sorbonne, Chabot, professeur à l'Université de Lyon, Lefèvre, doyen de la Faculté des Lettres de Lille, Toutey, président de l'Association des directeurs d'écoles normales et des Inspecteurs primaires, Brossolette, président de l'Association des professeurs d'Écoles normales, Martel, président de l'Association amicale des Écoles primaires supérieures de France, Lemaille, représentant le Président de l'Association amicale du personnel enseignant des écoles primaires supérieures de Paris, Devinat, directeur de l'école normale d'Auteuil, Lévêque, directeur de l'école J.-B. Say, les professeurs et anciens professeurs de Saint-Cloud et de Fontenay, Bonnaric, inspecteur de l'Académie de Paris, Durand, secrétaire de l'Académie de Paris, Huber, directeur d'école primaire supérieure à Vienne (Autriche), Goode, directeur d'école normale à Londres, etc., etc.

Dans l'hémicycle avaient pris place : MM. les Inspecteurs d'Académie Alengry, de Limoges, Berthelot, de Bourges, Le Chevallier, d'Évreux, Dauthuile, de Niort, Dauzat, de Chartres, Dodu, de Rennes, Doliveux, de Rouen, Ferrand, d'Arras, Grec, d'Avignon, Le Balle, de Laval, Lefebvre, de Châlons, Leune, de Versailles, Pellier, d'Auxerre, Peytraud, de Beauvais, Pouillot, de Melun, Rémond, de Troyes, Rémond, d'Angoulême, Rossignol, de Châteauroux, Seris, de Mâcon, Toureng, de Périgueux ; MM. Boitel, directeur de l'école Turgot, Giraud, directeur de l'école Lavoisier, etc.

Les chefs et sous-chefs de bureau du ministère de l'Instruction publique ;

Les membres honoraires des deux Associations amicales ;

Les directeurs et directrices d'écoles normales, les inspecteurs primaires.

Dans la salle se pressaient les directeurs d'écoles primaires supérieures, les professeurs d'écoles normales et d'écoles primaires supérieures, les délégués des Amicales d'instituteurs et d'institutrices et tous les amis des deux Écoles.

Vers une heure et demie, on avait téléphoné de l'Élysée que le Président de la République, empêché, ne pourrait venir à la Sorbonne; la cérémonie fut présidée par M. Briand.

Comme il était naturel, on entendit des discours, beaucoup de discours. Besnard, tout à fait à son aise sur l'estrade, nous lança le sien d'une voix claire, et remporta un succès oratoire très franc. M\mme Perseil, malgré sa voix plus faible, charma par la délicatesse de sa pensée. Chacun connaissait le talent et la manière de M. Buisson, mais bien peu par contre avaient entendu M. Briand, et attendaient son discours avec curiosité. M. le Ministre se souvint qu'il était un personnage officiel et ne se laissa pas entraîner aux élans oratoires qui lui ont valu une si belle réputation. Pourtant sa voix puissante, quoiqu'un peu sourde, fit impression.

FÊTE
du
25e ANNIVERSAIRE
de la fondation des
Écoles Normales
Supérieures
d'Enseignement primaire
5 juin 1906
ASSEMBLÉE SOLENNELLE
sous la présidence de
M. FALLIÈRES
Président de la République Française
Grand
Amphithéâtre
de la
Sorbonne

PROGRAMME

1. MARSEILLAISE

2. ALLOCUTIONS du PRÉSIDENT de l'Association amicale
   de Saint-Cloud et de la PRÉSIDENTE de l'Association
   amicale de Fontenay-aux-Roses.

3. VERS L'IDÉAL, chœur, musique de Hændel.

4. CONFÉRENCE de M. BUISSON

5. CHANT DE TRIOMPHE, chœur.

   Musique de M. Bourgault-Ducoudray.

6. DISCOURS de M. le MINISTRE de l'Instruction publique.

7. OU NOUS EN SOMMES, poème de M. Bouchor.

   Dit par l'auteur.

8. FRATERNITÉ, chœur, musique de Chérubini.

9. MUSIQUE MILITAIRE

10. RÉCITATIONS et CHANTS par des Artistes

    de la Comédie-Française et de l'Opéra

11. MUSIQUE MILITAIRE

Les chœurs sont exécutés par les Élèves de l'École de Fontenay-aux-Roses, des
Écoles Normales d'Instituteurs et d'Institutrices de la Seine, des Écoles primaires
supérieures de Paris (Edgard-Quinet et Sophie-Germain) et par les choristes du
Conservatoire, sous la direction de M. Bourgault-Ducoudray, avec le concours de la
musique du 103ᵉ, chef de musique M. Fouquet.

L'accompagnement des chœurs a été instrumenté pour musique militaire par
M. Fouquet.

Discours de M. Besnard.

Monsieur le Ministre,
Mesdames, Messieurs,

La tâche est lourde, si l'honneur est grand, d'être pour un moment la voix des 25 promotions sorties de l'École normale de Saint-Cloud et de traduire, en cette occasion solennelle, les sentiments des maîtres auxquels le gouvernement de la République a confié l'éducation des enfants du peuple.

Il est toutefois un premier devoir bien agréable à remplir celui d'adresser les remerciements du Comité d'organisation à tous ceux qui, par leur présence ou par leurs efforts, ont contribué à donner un éclat particulier à la célébration du 25e anniversaire des Écoles normales supérieures d'enseignement primaire; à M. le Président de la République dont l'accueil nous fut si bienveillant et qui nous a exprimé ses regrets de n'avoir pu se rendre, comme il nous l'avait promis, à la cérémonie d'aujourd'hui ; à vous, monsieur le Ministre de l'Instruction publique, qui n'avez pas hésité un instant à nous apporter le concours précieux et flatteur de votre parole éloquente; aux anciens ministres de l'Instruction publique, qui donnent aujourd'hui une nouvelle preuve d'intérêt et d'estime à l'enseignement primaire; aux éducateurs étrangers qui nous ont fait l'honneur de s'associer à nos fêtes et dont plusieurs sont venus d'Angleterre, d'Autriche et d'Espagne, pour nous affirmer des sympathies dont nos camarades boursiers à l'étranger avaient déjà reçu de nombreux témoignages; aux chefs de l'administration universitaire, à nos maîtres de Saint-Cloud et de Fontenay, à nos collègues et amis de l'enseignement primaire, secondaire et supérieur, dont la présence à cette cérémonie témoigne du désir qui les anime de voir enfin tous les membres de l'Université unis fraternellement dans l'accomplissement de leur tâche commune.

Mais vous me permettrez, Mesdames et Messieurs, de dire un spécial merci à l'homme éminent qui tout à l'heure vous rappellera les étapes de cette histoire de l'enseignement primaire qu'il connaît mieux que tout autre, à M. Ferdinand Buisson. Collaborateur de Jules Ferry, du grand ministre qui eut l'initiative courageuse des réformes scolaires qui devaient rester l'honneur de la troisième République à son premier âge, il fut l'artisan de la rénovation scolaire, le bon ouvrier que les ministres de l'Instruction publique eurent l'heureuse fortune d'avoir à leurs côtés dans cette période héroïque des débuts, où tout était à créer, tout à organiser, et au milieu de quelles difficultés! Il fut non seulement l'administrateur probe et clairvoyant, mais l'éveilleur des esprits, l'excitateur des bonnes volontés. Il fut en un certain moment, et ce sera sa gloire, l'âme même de l'école primaire. Il est juste et bon que ceux qui se souviennent, et nous tous, membres de l'enseignement primaire, nous nous souvenons, lui témoignent publiquement leur reconnaissance et leur respect.

Mesdames, Messieurs, les Associations amicales de Fontenay et de Saint-Cloud vous ont conviés à célébrer avec elles le 25ᵉ anniversaire de la fondation de ces deux Écoles; il pourra paraître à plusieurs qu'il y a quelque disproportion entre l'éclat de cette cérémonie et les écoles modestes qu'il s'agit de célébrer. Mais les Écoles de Saint-Cloud et de Fontenay sont là surtout comme un symbole; ce que nous fêtons aujourd'hui, ce sont les écoles normales et l'enseignement primaire supérieur, c'est l'enseignement primaire tout entier, c'est vingt-cinq années d'efforts soutenus pour donner à notre démocratie républicaine l'instruction qui lui est nécessaire pour grandir et prospérer.

Au lendemain de la grande bataille du 16 mai d'où la République sortait enfin victorieuse, il était nécessaire de consolider l'édifice que les Républicains venaient d'élever à grand'peine; il fallait donner à cette démocratie « qui conlait à pleins bords » l'instruction que les régimes précédents lui avaient si maigrement et si craintivement départie, donner à l'école des maîtres instruits, animés d'un esprit fermement laïque ; la loi du 9 août 1879 créa des écoles normales dans tous les départements. Mais il fallait à ces écoles un personnel pourvu d'une instruction solide, dominant sa tâche, au courant des meilleures méthodes pédagogiques. L'École de Fontenay fut créée en 1880, l'année suivante s'ouvraient les cours préparatoires de Sèvres bientôt remplacés par l'école de Saint-Cloud. C'est ainsi que l'institution des Écoles normales primaires supérieures apparaît comme le couronnement de l'œuvre entreprise pour doter le pays d'un système solide et raisonné d'éducation.

Je n'ai mission de parler ici qu'au nom de l'École de Saint-Cloud, mais je puis bien dire, associant encore une fois les deux Écoles, que l'une et l'autre eurent cette bonne fortune d'avoir à leur tête, à leurs débuts, de ces hommes qui, par leur caractère, assurent le succès d'une institution et lui préparent son avenir.

Par les soins généreux et prévoyants du gouvernement de la République, l'École de Saint-Cloud fut installée dans ce qui restait du palais de nos rois, dans le calme apaisant d'un beau parc où les bruits de Paris n'arrivent plus que comme des rumeurs lointaines. Ses élèves, pour la plupart anciens élèves-maîtres d'écoles normales, instituteurs qui avaient déjà mesuré les difficultés de leur profession, trouvèrent auprès de maîtres éminents et expérimentés les conseils, les leçons, les exemples dont ils avaient senti la pressante nécessité dès leurs débuts dans la carrière de l'enseignement.

Ils y furent initiés à cette haute culture dont les primaires avaient été jusque-là considérés comme indignes et incapables, ils y acquirent quelques-unes de ces connaissances générales qui permettent de s'élever pour la mieux dominer au-dessus de la tâche quotidienne, qui, étendant l'horizon intellectuel, élargissent l'esprit, rectifient le jugement, éclairent d'une lumière plus vive et plus nette la route à parcourir et le but à atteindre.

Ils y trouvèrent aussi — je parle ici des promotions anciennes, mais je sais que sur ce point encore nos cadets n'ont rien à nous envier — ils y trouvèrent un homme d'une haute tenue morale, dont le caractère sérieux et droit inspirait à tous le plus grand respect, et qui, par la simplicité et la dignité de sa vie, par sa foi dans la vertu éducative de l'École, par son dévouement à ses fonctions, nous donnait le plus noble exemple qu'un maître puisse offrir à ses élèves : l'amour, le respect de sa profession. Hier, dans notre réunion familiale, nous avons dit à M. Jacoulet l'affection respectueuse que lui gardent ses anciens élèves : qu'il en reçoive aujourd'hui le témoignage public.

Il ne m'appartient pas de dire si la réunion de tant de circonstances favorables a donné les résultats qu'en attendaient les fondateurs de l'École. Mais, s'il est permis à celui qui parle au nom d'une collectivité de n'être pas trop modeste, on m'autorisera à rappeler avec fierté que, si notre École n'a encore que vingt-cinq ans d'existence, elle a déjà donné à l'enseignement supérieur quelques-uns de ses maîtres, qu'elle a même un représentant à l'Institut, tant il est vrai que l'école primaire recèle quantité de forces précieuses que l'intérêt même du pays lui commande de rechercher et de faire fructifier. C'est avec fierté aussi que je rappellerai les efforts heureux accomplis par nos camarades dans nos colonies lointaines, à Madagascar, au Sénégal, dans l'Inde, en Indo-Chine où ils ont organisé ou dirigent encore l'enseignement primaire, et l'action bienfaisante de cette vaillante phalange qui, depuis les origines mêmes de l'École, défend en Égypte l'influence et la civilisation françaises, le prestige du nom français.

Quant à ceux qui modestement sont restés dans le rang, ils ont accompli, avec des collègues dont l'origine était autre mais l'ardeur égale, une tâche essentielle dans les

écoles normales et les écoles primaires supérieures; ils ont
contribué, directement ou indirectement, au progrès de
l'école primaire; par eux, le progrès scientifique a pénétré
peu à peu les couches profondes de la démocratie; à mesure
que l'action de Saint-Cloud s'élargissait, l'enseignement
s'élevait, se fortifiait, s'éclairait dans les écoles normales et
par là même montait dans les écoles primaires élémentaires.

Car, Mesdames et Messieurs, les écoles normales constituent un rouage capital dans notre enseignement public;
toute modification, quelle qu'elle soit, apportée à leur régime
a sa répercussion dans tout l'enseignement primaire ; si
depuis vingt-cinq ans, l'enseignement primaire a fait des
progrès incontestables et incontestés, c'est à l'action des
écoles normales que nous en sommes redevables.

Ceux-là qui redoutent pour le peuple, et surtout pour eux-
mêmes, la diffusion de l'instruction, ne s'y sont jamais trom-
pés; déjà, en 1850, on dénonçait la demi-science « orgueilleuse de cette nuée d'instituteurs imprudemment initiés à
une instruction trop haute ». La nuée aujourd'hui s'étend
jusqu'aux limites de l'horizon, mais loin d'assombrir le ciel
elle l'éclaire d'une lumière toujours plus vive.

Si quelquefois encore ces reproches, formulés en 1850,
sont repris par des gens qui nous connaissent mal, ils ne le
sont pas — compensation précieuse mais insuffisante —
par ces nombreux étrangers qui, chaque année, visitent nos
Écoles normales de Fontenay, de Saint-Cloud, d'Auteuil, et
qui, une fois revenus dans leur pays, travaillent à le doter
d'institutions semblables.

Jules Ferry disait déjà en 1880 : « Je crois pouvoir le
dire, au sens de ceux qui ont mis la main, si peu que ce soit,
aux affaires de l'instruction publique, il n'y a pas d'enseignement public sans les écoles normales. »

Si, en effet, les connaissances générales peuvent être
acquises dans tous les établissements d'enseignement, seules
les écoles normales où sentiments, préoccupations inté-

rêts sont semblables, peuvent développer chez le futur
maître ces vertus essentielles de l'éducateur : amour de
son métier, sentiment de la grandeur de sa mission, respect de l'enfant, foi nécessaire dans la vertu éducative de
l'école ; seules, elles peuvent le mettre en possession des
méthodes qui lui apprendront à reconnaître, à deviner chez
l'élève des dispositions, des aptitudes qui peuvent échapper
à un esprit non prévenu et dont le devoir étroit du maître
est d'assurer le développement.

« Savoir est une chose, savoir enseigner est une chose
bien plus difficile. »

On ne s'improvise pas professeur ou instituteur ; les
esprits les plus fermes et les plus éclairés ont besoin d'être
soumis à cette discipline pédagogique, d'être initiés à cet
ensemble de méthodes faites pour apprendre à enseigner
comme on apprend les arts les plus délicats, les plus difficiles ;
la formation d'un esprit, l'éducation d'un caractère deman-
dent autant de soin, exigent autant de délicatesse que la
confection de l'œuvre d'art la plus exquise et la plus précieuse.

A un pays comme le nôtre, il faut un corps enseignant.
« Or, disait Jules Ferry, les écoles normales peuvent seules
former un corps enseignant. »

Et d'ailleurs, ces écoles normales, qui connaissent la
discipline la plus libérale de tous nos établissements d'enseignement, plus ouvertes sur le dehors que ne sont et ne
peuvent être tous les établissements d'enseignement secondaire, en communication incessante avec les idées, les faits,
la vie générale du dehors, où ne se développe pas plus
qu'ailleurs, où se développe peut-être moins qu'ailleurs, cet
esprit dogmatique que leur reprochent, avec plus de dogmatisme que d'esprit critique, ceux qui, hélas! ne les connaissent que du dehors, elles n'ont pas trahi la mission qui
leur avait été confiée. Elles ont donné à nos écoles des
maîtres instruits, imbus d'un esprit fermement laïque,
animés d'un ardent amour de la démocratie et de la Répu-

blique, les citoyens formés par eux n'en ont-ils pas donné
des preuves encore toutes récentes?

N'a-t-on pas le droit de dire aussi que c'est grâce à l'esprit éclairé des maîtres, à la sûreté, à l'efficacité des méthodes primaires que sont dus en grande partie les succès crois-
sants de cet enseignement primaire supérieur, naturellement
associé à la fête d'aujourd'hui?

Plongeant ses racines dans le riche fond populaire, moins
spéculatif que son rival secondaire, plus concret, plus attentif aux réalités, il s'attache à développer d'abord, chez les
élèves, l'esprit d'observation; assez souple pour s'adapter
aux besoins divers des régions différentes, il jouit incontesta-
blement de la faveur populaire; il a relevé la dignité du
travail manuel placé par lui à côté de la culture intellectuelle; c'est un enseignement bien français, jeune, vigoureux; sans mépris pour le passé auquel il demande lui
aussi des idées générales, les leçons de l'expérience, il ne
s'y attarde pourtant pas et vit surtout dans le présent. Ses
élèves, moins habiles en l'art de bien dire, sont peut-être
plus capables de bien faire, et ils ont montré souvent que
si leur éducation est moins affinée que celle des élèves de
l'enseignement secondaire, elle est une culture néanmoins.
capable de former des hommes d'esprit large et de jugement
droit.

J'ai peut-être beaucoup insisté sur les services rendus
par les écoles normales et les écoles primaires supérieures,
mais l'occasion m'a paru naturelle de montrer que ces établissements avaient pu faire quelque bien. Je sais aussi que
le développement de l'enseignement primaire a causé quelque trouble et quelque inquiétude; l'entrée des maîtres primaires dans les cadres un peu étroits de l'Université a fait
apparaître aux yeux de tous l'insuffisance de notre organisation universitaire, établie en un autre temps, pour d'autres
mœurs et dans un autre esprit. Il sera nécessaire de cher-

cher et de trouver une organisation plus appropriée aux aspirations légitimes de notre démocratie. Dans cette Université renouvelée, agrandie aux dimensions de la démocratie tout entière, plus d'une institution tombera ou sera renouvelée, mais ce qui ne saurait disparaître, c'est cet esprit nouveau, ce sont ces méthodes, ces disciplines nouvelles se substituant peu à peu aux méthodes légèrement désuètes que l'Université reçut jadis des Jésuites, qui ont fait un temps sa gloire, mais qui ne répondent plus aux besoins nouveaux d'une démocratie réclamant pour tous ceux qui en sont dignes — et dans la mesure où ils en sont dignes — les bienfaits d'une instruction supérieure réservée jusqu'ici à quelques privilégiés.

Tant qu'il sera nécessaire d'apprendre à enseigner, les écoles normales subsisteront ; tant que l'école devra être une préparation à la vie, les écoles primaires supérieures vivront avec leurs méthodes et leur esprit.

Mesdames, Messieurs, la création des Écoles normales de Saint-Cloud et de Fontenay a marqué une étape importante dans l'accession de la masse primaire à la haute culture intellectuelle, nous avons l'espérance d'enregistrer bientôt d'autres étapes plus décisives encore.

Discours de Mᵐᵉ Perseil.

MONSIEUR LE MINISTRE,
MESDAMES, MESSIEURS,

Je ne me dissimule pas les difficultés de la tâche que je remplis aujourd'hui. Fêter l'anniversaire de la fondation de Fontenay, c'est fêter la naissance de l'enseignement féminin laïque dans notre pays, mais c'est en même temps célébrer la mémoire de celui qui consacra quinze ans de ses efforts à former chez la femme la vie personnelle de l'intelligence et de la conscience, à l'élever jusqu'à la hauteur de l'œuvre que l'État lui confiait : l'éducation morale et intellectuelle du peuple.

Et qui réussirait à faire revivre, même parmi ceux qui ont eu le privilège de l'approcher de près, l'image de M. Pécaut, l'autorité de sa personne qui inspirait une vénération qu'on n'avait jamais ressentie au même degré et, en même temps, le charme pénétrant de ce bon sourire qui, éclairant tout d'un coup le visage austère, gagnait aussitôt la confiance et l'affection.

Il ne m'appartient pas non plus de dire ce que fut M. Pécaut comme penseur et comme pédagogue. Il s'est défini lui-même en analysant l'œuvre de Fontenay dans plusieurs allocutions aux anciennes élèves, réunies dans son livre *l'Éducation publique et la vie nationale*, et qui sont comme son testament d'éducateur.

Je voudrais dire seulement la reconnaissance que nous lui gardons pour cette œuvre vraiment unique que fut Fontenay, unique et par le but qu'elle s'est proposé et par les moyens de l'atteindre.

Ce but, tel qu'il était apparu à J. Ferry, à M. Buisson, aux fondateurs de l'enseignement primaire laïque, était d'une nouveauté inouïe : il ne s'agissait rien moins que d'associer les femmes à une grande œuvre nationale.

Dans un temps où la plupart des carrières libérales s'ouvrent devant les femmes et où nous venons de voir, avec une légitime fierté, l'une d'entre elles prendre place dans cette Sorbonne même, au milieu des maîtres de l'enseignement supérieur, nous avons peine à nous représenter la hardiesse d'une telle entreprise.

Qu'on se rappelle pourtant la pauvreté de l'enseignement féminin avant 1880 ; la mainmise du clergé sur l'éducation ; la femme tenue en tutelle par une tradition séculaire ; 22 écoles normales d'institutrices seulement pour suffire aux besoins de l'enseignement primaire, et l'on se demandera par quel prodige, dans l'espace de quelques années, on arriva à former, de jeunes filles timides, défiantes d'elles-

mêmes, des personnes ayant une pensée et une volonté propres, animées d'un ardent désir de consacrer leur intelligence et leur énergie au service des classes populaires.

Ce prodige est l'œuvre de M. Pécaut. C'est lui qui conçut
cet admirable plan d'éducation où tout conspirait, leçons et
exemples, à donner aux élèves, avec une forte culture personnelle, un vif sentiment du devoir social.

Dès 1883, le ministre de l'Instruction publique, J. Ferry,
lui en rendait le témoignage au Congrès des écoles normales primaires : « Depuis quatre ans, disait-il, il a été
créé 67 écoles normales d'institutrices. Il n'a pas fallu seulement les bâtir, il n'a pas fallu seulement les peupler, il a
fallu leur donner des maîtresses. Eh bien, ce personnel
nouveau, qu'on a dû en quelque sorte improviser, non seulement il existe, mais il agit, il délibère, il pense. Pourquoi
ce succès si rapide? Ah! c'est qu'il y a eu dans cette entreprise une inspiration décisive, un esprit qui souffle d'où il
veut, mais qui se retrouve toujours au commencement de
toutes les grandes choses; et vous savez d'où il est venu le
souffle créateur; il est venu de là-bas, de la jolie colline que
vous connaissez bien, de notre chère école de Fontenay-
aux-Roses, avec ses deux grands éducateurs, Pécaut et
Mᵐᵉ de Friedberg. »

Pour l'enseignement, M. Pécaut s'était adressé aux maîtres les plus éminents des lycées de Paris et de l'enseignement supérieur. C'est par eux, par leurs leçons et, mieux
encore, par leur exemple, que nous fûmes initiées à la
recherche patiente et laborieuse du vrai, à la sincérité et à
la modestie de la pensée et du langage, à la conscience et au
désintéressement du métier de professeur. Nous ne pouvons
oublier la bienveillance avec laquelle ils encourageaient les
essais maladroits d'un esprit qui se forme, ni leur indulgence pour les erreurs d'un jugement qui veut s'émanciper
mais se heurte de toutes parts à ses propres limites. A leur
école, nous avons appris le devoir de s'intéresser aux humbles de la pensée, et, si quelque jour, en présence de la fai-

blesse de nos élèves et des médiocres résultats de nos efforts, le malin esprit nous soufflait le découragement, le souvenir de ce qu'ils firent pour nous suffirait à relever notre énergie.

Mais si nous devons à nos maîtres une immense reconnaissance pour la part qu'il leur revient dans notre formation, l'action décisive qui s'exerça sur notre vie fut celle de M. Pécaut. C'est lui qui, par une merveilleuse intuition des aptitudes et des aspirations féminines, éveilla chez de jeunes femmes l'ambition d'être des personnes et, tout en ménageant et même en cultivant chez elles les besoins du cœur, leur apprit à les discipliner, à les soumettre à une loi supérieure. A leur besoin inné de tendresse et de pitié, il proposa un vaste objet : l'amour du peuple, de ceux qui peinent, « cultivateurs, ouvriers, commerçants, de ceux dont le rude labeur dépend de toutes les variations du ciel et de la terre ou des crises économiques », et, en même temps, il leur apprit, à elles, filles du peuple, comment on aime le peuple en le servant et que, pour le servir, un haut idéal est nécessaire.

Il n'a pas donné à ses élèves cet idéal tout formé; il avait un trop scrupuleux respect de la conscience de chacune d'elles pour leur tracer lui-même leurs voies, mais il leur a fait comprendre que toute tentative pour élever les autres entraîne nécessairement l'obligation de se perfectionner soi-même; que « quelque chose, soit en bien, soit en mal, passe effectivement de nous en ceux que nous instruisons », et que, « si ce n'est pas notre bonté, notre droiture, notre énergie morale, c'est notre pauvreté de cœur, notre faible vouloir ». « Vous prétendez, leur disait-il, exercer vos élèves au naturel de la pensée et du sentiment, à la ferme décision, à toutes les habitudes qui font le bon esprit et qui servent à la bonne conduite de la vie : c'est bien. Mais d'abord travaillez à leur en offrir le modèle dans votre manière de parler, de penser, de sentir, de juger. C'est de là seulement, de cette intime correspondance entre votre personnage enseignant et votre vraie personne que votre parole prendra de la vertu et de l'autorité. » Et elles ont fait un loyal effort pour s'élever, et au foyer de sa vie intense s'est allumé en elles le désir d'une vie plus haute et plus personnelle.

Voilà de quoi nous sommes reconnaissantes à M. Pécaut. Nous lui gardons aussi une gratitude infinie pour la confiance qu'il eut toujours dans les ressources de l'esprit et du cœur féminins; alors que bien des hommes supérieurs se demandaient encore quel crédit on peut accorder à l'esprit des femmes et que leur défiance menaçait de nous gagner nous-mêmes, lui n'a jamais douté de nous, et qui sait si la foi qu'il eut en nous et qu'il sut nous faire partager, ne fut pas le plus ferme soutien de notre volonté, le stimulant le plus actif de notre progrès ?

Mais cette reconnaissance que nous avons vouée à M. Pécaut et que nous témoignons en ce jour à sa mémoire, ne doit pas être la seule expression de nos sentiments de Fontenaisiennes. Celui qui haïssait l'esprit de petite chapelle eût été affligé si, dans la grande fête d'aujourd'hui, nous avions pu céder au désir égoïste de nous isoler dans nos chers souvenirs au lieu d'associer à nous toutes les institutrices de France, lui qui ne les sépara jamais de nous dans ses pensées et dans ses ambitions.

Il ne nous eût pas pardonné d'oublier que si l'on a travaillé à Fontenay à nous donner une vie intellectuelle et morale personnelle, au lieu de faire de nous une copie effacée de nos maîtres, c'est afin qu'ayant notre vie propre, nous fussions capables et dignes de la communiquer à d'autres et qu'ainsi, « de proche en proche, de foyer en foyer, à travers les écoles normales, les écoles supérieures, les écoles élémentaires, l'éducation nationale des jeunes filles atteignît à quelque degré l'âme même du peuple ».

La fête anniversaire de la fondation de Fontenay est donc bien la fête des institutrices françaises, en même temps que la glorification de celui qui, plus que personne, a contribué à leur émancipation.

Conférence de M. Buisson.

Monsieur le Ministre,
Mesdames, Messieurs,

La fête de ce jour est la commémoration d'un acte public qui, à son heure, passa presque inaperçu.

Il y a quelque douceur à voir ainsi que la démocratie n'est pas ingrate, qu'elle n'est pas oublieuse, qu'elle tient à honorer ceux qui, à une heure où l'on ne soupçonnait pas les développements futurs de leur œuvre, posaient les fondements de la Cité républicaine.

C'est hier, monsieur le Ministre, que dans deux fêtes intimes les anciens élèves de chacune de ces deux maisons, Fontenay et Saint-Cloud, repassant pieusement de chers souvenirs, ont fait revivre pour un instant un passé déjà long, et se sont redit les uns aux autres quels sentiments de reconnaissance et de respect envers leurs anciens maîtres, d'amour et de confiance dans l'œuvre d'éducation ils en ont emportés à travers la vie. Sentiments et souvenirs qui se sont échangés dans une réunion de famille : ils perdraient de leur charme délicat et pénétrant à se produire dans l'éclat d'une assemblée comme celle-ci.

Ici je n'ai pas le droit de parler de ce qui appartient au secret des cœurs et aux épanchements de l'amitié. Les deux associations m'ont chargé de ce qu'il y a de plus général et de plus impersonnel dans la grande œuvre des deux Écoles. J'essaierai d'en résumer en quelques mots le caractère.

Ne craignez pas que, comme le disait tout à l'heure M. Besnard, j'entreprenne de raconter ici les étapes de cette longue histoire; je n'en veux marquer que deux termes : le point de départ et le point d'arrivée.

Le premier est déjà si loin de nous qu'il faut non seulement à cette jeunesse, mais même à nous quelque effort d'imagination pour restaurer tout ce passé.

Au lendemain de nos malheurs, la France n'avait eu qu'un cri : « des écoles ! » et à peine l'effroyable dette de la guerre étrangère payée, aussitôt qu'elle avait pu penser à elle-même, la première œuvre qu'entreprit la France fut de doter le pays d'écoles primaires. A l'unanimité, fait bien rare dans nos annales parlementaires, à l'unanimité des deux Chambres furent votés les lois et les crédits qui permirent de construire le réseau scolaire.

En une seule génération, la République entreprenait de faire ce que plusieurs générations auraient dû se partager. Il y fut dépensé en quelques années 500 millions, plus de 500 millions ! Que ceux qui nous reprochent d'avoir procédé à cette œuvre avec une activité fébrile se souviennent! Qu'ils osent dire s'il eût été préférable d'attendre encore un demi-siècle de plus pour achever l'armement intellectuel de la patrie, une des formes nécessaires de la défense nationale.

Ces écoles construites, il leur fallait des élèves. Jules Ferry y pourvut par la loi de l'enseignement obligatoire. En dépit de toutes les haines, de toutes les attaques ou violentes ou perfides, soit au nom de la liberté des pères de famille, soit au nom des droits de la religion, le pays se couvrit d'écoles publiques, et les écoles furent aussitôt remplies.

A cette jeune population, il fallait des maîtres et des maîtresses. Les écoles normales qu'on avait depuis 1850 tenues un peu en suspicion, un peu en défaveur, les écoles normales en France n'existaient que pour les garçons ; encore n'étaient-elles pas tout ce que réclamaient les besoins nouveaux de la République. Quant aux filles, rien ou presque rien, à l'exception de quelques départements, le département de la Seine, en particulier, qui avait pris les devants, ce qui a permis à Paris de nous devancer de quelque temps dans la célébration du vingt-cinquième anniversaire de ses écoles normales.

Partout ailleurs, l'enseignement des institutrices, dites laïques, était fait par des religieuses dans des cours normaux annexés à leurs couvents..., et, l'on s'étonnait que ces institutrices laïques fussent très semblables à des religieuses. (*Rires.*)

Jules Ferry, ministre, et Paul Bert, rapporteur, obtinrent — après quelles batailles ! plusieurs d'entre nous s'en souviennent, — de rendre obligatoire pour tous les départements, sans exception, l'établissement de deux écoles normales, l'une de garçons, l'autre de filles, toutes deux laïques. Ce fut là la grande étape dont on parlait tout à l'heure, qui marque le moment où résolument la République acceptait la tâche d'être elle-même l'éducatrice de ses enfants.

Mais c'était toujours reculer le problème. Comment former maintenant, pour ces écoles normales elles-mêmes, des maîtres et des maîtresses capables d'instruire ces instituteurs et ces institutrices que nous devons par centaines donner chaque année au pays ? Qui fera l'éducation des éducateurs de demain ?

Au premier abord, la réponse était très simple !

Quoi de plus naturel ? N'y a-t-il pas, dans les écoles, des instituteurs et des institutrices en exercice ? Prenons, parmi ce personnel honorable, les praticiens et les praticiennes les plus expérimentés. Ils savent ce qu'est l'éducation populaire, ils en ont la pratique, ils peuvent l'enseigner par leur exemple. Chargeons-les de nous préparer chaque année les jeunes gens, les jeunes filles les plus capables de devenir sous leur conduite, après deux ou trois ans d'école normale, de bons instituteurs, de bonnes institutrices.

Et surtout, — ne manquait-on pas d'ajouter, et il semblait que ce fût le bon sens même qui parlait, — surtout méfiez-vous des trop grandes ambitions... Et l'on répétait les paroles que M. Besnard vient de vous rappeler, ces paroles qui ont pesé d'un poids si lourd sur les destinées de l'enseignement primaire, ces tristes phrases de défiance et de mauvais esprit bourgeois où un philosophe pourtant, Jouffroy, dénonçait comme un danger public la « demi-science orgueilleuse, l'ambition éveillée et trompée de cette nuée d'instituteurs à une instruction trop haute dans les écoles normales » de Guizot ! Et tous ces périls, il semblait qu'on pouvait les éviter en prenant immédiatement la voie modeste et pratique résumée par cette formule : l'enseignement primaire aux primaires !

Comment se fait-il qu'un homme d'État comme Jules Ferry, chef d'un grand parti de sagesse et de modération, esprit politique et pratique s'il en fut, n'ait pas accepté cette solution si simple, si séduisante et si facile à faire agréer de tous ?

Comment, Messieurs ? Ceux d'entre vous qui ont vécu cette époque se le rappellent très bien.

C'est qu'il y eut un moment dans notre histoire parlementaire et universitaire, un moment unique où je ne sais quel enthousiasme de très bon aloi se répandit partout du haut en bas de l'Université. Il y eut un premier et joyeux éveil de l'âme républicaine qui semblait avoir confiance en elle-même, affirmer hardiment tout ensemble son idéal et ses droits. Il y eut un premier et joyeux élan de tous les esprits vers toutes sortes de réformes scolaires. C'était comme un instinct généreux de la nation qui voulait à tout prix armer mieux ses enfants par l'école pour la vie et leur garantir ainsi des destinées meilleures.

Il y eut une heure où, même dans les bureaux, on fut idéaliste (*Rires*), oui, des bureaucrates idéologues poussaient aux réformes. Jules Ferry se mit résolument à la tête des idéalistes. Il vint dire, à la Sorbonne même, cette parole mémorable que nous avons bien des fois rappelée et que beaucoup jugeaient alors de l'utopie. Entrevoyant une pédagogie nouvelle : « Je veux, disait-il, que l'enseignement primaire soit toute une éducation, et une éducation libérale. » Parole grave et d'une insigne portée dans la bouche de ce grand bourgeois qui n'était pas le flatteur du peuple, mais qui l'aimait et l'honorait assez pour ne vouloir lui dire que la vérité, toute la vérité.

Du moment qu'il songeait à doter le peuple d'une « instruc-

tion libérale », pourquoi aurait-il enfermé les primaires dans
une sorte de monde étroit et à part qu'on appellerait leur
domaine et qui serait leur prison ? La République va-t-elle
perpétuer indéfiniment ces trois étages superposés et sans
communications qui semblent correspondre à trois classes
sociales: l'enseignement primaire pour les enfants du peuple ;
l'enseignement secondaire pour ceux de la bourgeoisie ;
l'enseignement supérieur pour une élite intellectuelle ?

Une société qui s'imagine être devenue République et
démocratie peut-elle rester asservie à cette division en compartiments scolaires qui trahissent hypocritement des compartiments sociaux ?

Peut-il y avoir dans une République deux éducations ?
Non, il n'y a qu'une éducation, l'éducation nationale.
Et c'est pourquoi Jules Ferry accueillit sans peine la pro-
position qui, en d'autres temps, eût paru chimérique, celle
dont M. Besnard vient de vous donner tout à l'heure le
récit exact, paré de tout le charme que la jeunesse sait
donner au passé quand elle veut bien le faire revivre. Jules
Ferry consentit donc à faire cette chose sans précédent :
affirmer pour la première fois le principe nouveau de
l'unité de l'éducation nationale. A ce principe il donna
son expression, j'allais dire son incarnation dans la personne d'un homme que vous avez tous nommé et à qui il
est tout naturel qu'aillent tous nos souvenirs de reconnaissance et de respect.

Félix Pécaut avait soutenu dans le journal *le Temps*, à
côté de Jules Ferry, toute une campagne pour populariser
cette idée qu'il faut en France constituer un esprit public et
que l'esprit public ne se constituera que si l'école l'aide à
naître, le fortifie, l'anime et le stimule de son inspiration
continuelle. C'était cet ensemble de vues théoriques et spé-
culatives qu'on lui demandait de traduire en actes, en institutions, en choses d'administration et de pédagogie.

Il ne douta pas un seul instant du succès.

Il crut fermement qu'en s'adressant à l'élite de la France,

à des hommes universellement connus et respectés comme les maîtres de la pensée et de la parole dans les arts et dans les sciences, qu'en allant frapper à leur porte, en demandant au Collège de France, à la Sorbonne, au Muséum, à l'Institut de lui prêter quelques-uns de ces hommes qui sont l'honneur du pays pour venir instruire des jeunes filles du peuple destinées à instruire d'autres jeunes filles, chargées de créer, presque d'improviser l'enseignement féminin laïque, il ne serait pas rebuté. Et il ne le fut pas. Immédiatement on lui répondit : et ainsi sous sa conduite, avec l'aide discrète et précieuse d'une incomparable collaboratrice, Mᵐᵉ de Friedberg, se constitua de toutes pièces, dans une merveilleuse unité d'inspiration, un enseignement sans précédent, dans lequel les maîtres de la science française s'efforçaient, non pas de mettre leur enseignement à la portée du peuple, paroles méprisantes qu'aucun d'eux n'aurait acceptées, mais d'élever le peuple à la hauteur de leurs leçons.

Et pour y parvenir, à Fontenay d'abord, à Saint-Cloud ensuite, car les mêmes causes produisent les mêmes effets, à Saint-Cloud où nous eûmes le bonheur de pouvoir placer une jeunesse d'élite sous la direction d'un autre homme non moins digne de toute la confiance de la République, M. Jacoulet, que nous sommes si heureux de pouvoir saluer ici de nos sympathies respectueuses, dans ces deux écoles, sous la direction de ces deux hommes si semblables par tant de côtés et frères d'armes résolus à mettre le même dévouement au service de la même œuvre et à la poursuite du même but, sous leur conduite on vit les hommes éminents, les hommes illustres, étudier minutieusement comment ils pourraient débarrasser leur savoir de tout ce qui en constituait l'appareil technique, pour n'en garder que la plus pure substance, car cela seul est digne du peuple qui est le meilleur dans l'excellent. Le peuple n'a pas de loisirs, et il a éternellement soif de justice, de beauté et de vérité !

C'est ainsi que des historiens comme Lavisse, comme Albert Sorel, des savants comme Paul Bert, comme Stanislas

Meunier que vous entendiez hier avec tant de charme, c'est ainsi que des hommes voués à la fois aux lettres et à l'éducation — deux d'entre eux sont présents à notre mémoire plus peut-être que s'ils étaient au milieu de nous, tant leur absence a laissé de vide douloureux, Henri Marion et Charles Bigot, — que des maîtres comme Bréal, Darlu, Compayré ; des artistes comme Ravaisson, Guillaume, Bourgault-Ducoudray, que dirai-je encore les Croiset, les Vidal-Lablache, les Perrens et d'autres que j'oublie — je n'oublie que des noms illustres — que tous ceux-là d'un même élan entreprirent dans ces deux écoles de résoudre ce problème : créer un type inédit d'enseignement, enseignement vraiment populaire par la simplicité, la sobriété, le souci des nécessités pratiques, vraiment primaire dans le bon sens du mot et cependant restant en communication avec les sources les plus hautes de l'inspiration intellectuelle et morale.

Comment ce programme fut-il rempli ? On vous l'a laissé entrevoir. Pour en suivre le détail il faudrait des développements dans lesquels je ne songe pas à entrer.

Disons seulement qu'au fond de cette entreprise, à la base de cette institution il y avait un double acte de foi.

D'une part, foi profonde dans la vertu de la haute culture intellectuelle, foi dans la raison comme l'instrument par excellence d'émancipation ; et d'autre part foi non moins profonde et ardente dans la démocratie, dans sa capacité native d'aimer le bien et le vrai, dans sa droiture innée, dans son appétit de justice, de vérité et de sagesse. C'étaient ces deux pensées qui se rencontraient et qui donnaient notamment à Fontenay, dès ses premiers mois d'existence, ce caractère qu'un visiteur étranger, l'éminent Mathieu Arnold, signalait à l'attention de ses contemporains comme le fait le plus extraordinaire qu'il eût rencontré dans sa tournée pédagogique à travers les deux mondes.

Et maintenant faut-il nous excuser si, en ce jour, nous

tous, qui avons connu plus ou moins ce passé et d'aucuns même qui ne l'ont connu que par ouï-dire, si tous, nous nous laissons aller à une sorte de glorification, comme on le disait tout à l'heure, de ceux que nous avons aimés, qui furent de bons serviteurs de la démocratie et de la République?

Pourquoi nous en excuserions-nous ? Ce sentiment est juste, il est légitime, il l'est d'autant plus qu'il ne se traduit pas chez nous en un sentiment d'admiration aveugle et fanatique. Au contraire, et vous l'avez entendu tout à l'heure, monsieur le Ministre ; les deux orateurs qui ont parlé avec tant d'émotion de leurs souvenirs, chacun en sa langue, vous a dit combien ces anciens élèves de M. Pécaut et de M. Jacoulet s'attachent à ne pas être esclaves même de leurs souvenirs, même de leur reconnaissance, même de leur admiration ! Ils sont bien par là les dignes élèves de ces maîtres qui furent toujours des excitateurs de pensée, jamais des directeurs de conscience. Et c'est bien là une des différences profondes entre l'éducation donnée par l'esprit religieux et l'éducation qui s'inspire de l'esprit laïque. L'esprit laïque ne place pas dans le passé un modèle immuable. S'il se tourne un instant en arrière, c'est pour rendre hommage par un souvenir reconnaissant à ceux qui ont bien mérité de la patrie et de l'humanité. Mais la manière de les honorer ce n'est pas de les copier, c'est de les continuer librement.

Qu'on ait cette liberté d'esprit à Saint-Cloud, rien de plus naturel : ces jeunes gens touchent de trop près à la vie politique de la démocratie pour n'avoir pas appris de bonne heure que le monde marche et marche vite. Ils ne jurent pas sur la parole du maître, même le plus vénéré, et ils ne s'étonneront pas de le voir, de leur vivant même, dépassé, tant les besoins nouveaux commandent vite de nouveaux progrès.

Peut-être s'étonnera-t-on davantage que chez les jeunes femmes formées à Fontenay, la même indépendance d'esprit se retrouve, nullement étouffée par la vivacité même des sentiments de pieux respect dont elles entourent la mémoire de leurs premiers maîtres.

Permettez-moi donc, monsieur le Ministre, de vous lire quelques lignes de l'allocution qu'adressait hier, à ses anciennes compagnes, la présidente de leur Association. Ce sera, je crois, le document le plus probant pour faire connaître ce qu'on a nommé « l'esprit de Fontenay ».

Mlle Mahaut se posait cette question : à vingt-cinq ans de distance, où en sommes-nous ? De nos pensées et de nos espérances d'alors, que reste-t-il d'intact, qu'y a-t-il de changé ? Qu'ont ajouté ou retranché aux leçons de M. Pécaut les leçons de la vie ?

Et voici ce qu'elle répondait :

« Outre la vertu de l'enseignement et de la discipline laïque, M. Pécaut comptait aussi sur les restes de tradition morale que le christianisme, même mal interprété, mal enseigné, avait laissés dans les âmes. Il comptait sur la puissance éducatrice du sentiment religieux, cultivé désormais sous sa forme la plus large et la plus humaine, établi au for même de la conscience individuelle.

« Il faisait fond aussi sur l'esprit de famille, sur ces réserves de bon sens, de simplicité, de fermeté, que peut donner aux plus humbles parents le souci du bien de leurs enfants.

« Enfin, il espérait que, sous le régime de la liberté, les mœurs publiques fortifieraient l'action de l'école.

« Et si, en 1880, l'œuvre à laquelle il nous destinait lui paraissait nouvelle et hardie, il avait confiance dans ces aides précieuses pour la mener à bonne fin.

« Il suffira, je crois, de les avoir énumérées pour sentir à quel point elles nous font défaut aujourd'hui.

« Non seulement, par la faute de l'Église, la désaffection à son égard est complète et son influence morale chaque jour plus faible. Mais l'idée religieuse elle-même, même sous sa forme spiritualiste et rationnelle, semble s'être momentanément retirée de la conscience publique. Et nous ne pouvons guère nous appuyer sur ce que M. Pécaut appelait « le sen-

« timent du divin et de l'infini » pour agir sur l'âme de l'enfant.

« Quant à la famille, qui de nous toutes n'a éprouvé ou appris par les confidences d'anciennes élèves, combien il est rare qu'elle collabore efficacement avec nous, combien l'autorité des parents est faible et comment les directions morales de la famille tendent à se réduire à cette seule règle de conduite : l'intérêt personnel.

« Enfin est-il possible d'affirmer qu'il se soit formé chez nous un esprit public et des mœurs publiques plaçant l'intérêt général au-dessus de tout ? Et ne voyons-nous pas, au contraire, partout l'effort, habile ou violent, pour servir les intérêts particuliers, allant jusqu'à fausser par la faveur, à tous les degrés de la hiérarchie administrative, l'exercice même de l'autorité ? »

N'est-il pas vrai, monsieur le Ministre, que mieux que tous les commentaires, ce ferme et viril jugement donne la mesure de l'éducation de Fontenay et fait deviner quelle trempe y recevaient les esprits.

Encore faudrait-il, pour tout voir, compléter cette citation et vous lire après ces franches constatations, les conclusions qu'en tire l'auteur, ses raisons d'espérer, son noble appel à l'effort de chacun qui ne doit pas attendre celui des autres.

On a dit que la philosophie de cette éducation était un individualisme exaspéré ! Ah ! qu'il est peu à craindre l'individualisme qui n'exalte que le sentiment du devoir et ne surexcite que les exigences de la conscience !

De Fontenay, de Saint-Cloud, cet esprit a soufflé sur toutes nos écoles normales. Ne l'oublions pas, c'est cette belle exagération du devoir individuel, c'est cette confiance dans l'œuvre d'éducation et cette haute opinion du rôle de l'école, c'est ce vif sentiment d'avoir charge d'âmes et d'être responsables envers la nation, qui a donné à nos instituteurs, à nos institutrices la force de remplir leur tâche, d'être longtemps chez nous comme les sentinelles avancées de la République. On nous reproche d'avoir demandé trop à l'école. C'est vrai.

Mais pourquoi ? C'est que l'école a été en France, par la force des circonstances, le premier instrument de la démocratie, par moments le seul dont elle fût sûre. Tandis qu'à des heures critiques l'ancienne bourgeoisie libérale reculait, hésitait, mettait ses fils chez les jésuites et ses filles au couvent, l'instituteur et l'institutrice, pionniers toujours exposés aux premiers coups et aux premiers périls, obscurément, obstinément, s'acharnaient dans le village à gagner, âme par âme et enfant après enfant, les recrues futures de la République, et l'événement prouve qu'ils ont réussi.

Ils avaient donc raison, les fondateurs de cet enseignement nouveau, qui soutenaient que le meilleur moyen et le plus court de faire une république c'est de faire des républicains. Et ils avaient raison encore de croire que, pour faire un républicain, il faut créer une conscience, une intelligence et une volonté. C'est sur cette utopie qu'est fondée l'œuvre scolaire de la troisième République.

La troisième République n'a fait que reprendre l'œuvre de la première. Tout ce que nous tentons de plus hardi n'est que la mise en pratique de cette Déclaration des droits de l'homme qu'on s'est étonné de nous voir afficher dans les écoles. Nous savions bien, nous, ce qui en sortirait, de ces textes qu'on disait vieillis et démodés. Nous comptions sur l'instituteur et sur ses élèves pour les vivifier. Ils n'ont pas eu de peine à en restituer le sens intégral : le droit de l'homme, de tout homme sans exception, c'est de réaliser pleinement la personne humaine, c'est de vivre pleinement la vie humaine.

Ce seul mot embrasse toutes les réformes économiques et politiques, celles d'hier et celles de demain. Et c'est pour que ce programme ne reste pas lettre morte que nous avons résolu de le faire entrer, par l'école, dans la conscience publique. Nos lois scolaires sont une Déclaration des droits de l'enfant. C'est l'école qui continue la Révolution, car la Révolution n'est pas finie, elle est à peine commencée. C'est

par les enfants qu'elle se fait, c'est sur eux qu'elle s'appuie,
en eux qu'elle espère.

En attendant, Mesdames et Messieurs, la fête d'aujourd'hui,
au lendemain des élections du mois dernier, donne la mesure
de ce qui a été fait en vingt-cinq ans. L'école a semé, la
République moissonne. Et ce n'est que la première moisson !

Discours de M. Aristide Briand, ministre de l'Instruction publique.

MESDAMES, MESSIEURS,

Les événements que nous traversons caractérisent de la
façon la plus forte, la plus heureuse, cette belle fête de laïcité
que je me réjouis et m'honore de présider. La République
vient, en effet, de remporter une victoire dont l'éclat éblouit
nos adversaires eux-mêmes et les oblige à faire l'aveu de
leur impuissance, à confesser leur défaite. Sans vouloir
rechercher toutes les causes récentes ou lointaines de ce
succès sans précédent, sans oublier que les divers partis
républicains, guidés et conseillés par leurs chefs, ont, dans
cette bataille décisive, fait montre d'un esprit politique et
d'une discipline auxquels il faut rendre hommage, il est particulièrement doux au ministre de l'Instruction publique de
constater que personne en France ne s'est mépris sur le
caractère véritable de la récente consultation nationale.

L'entrée au Parlement d'une majorité républicaine compacte et résolument réformatrice atteste que les nouvelles
générations, élevées dans les écoles primaires, ont su profiter
des leçons de leurs éducateurs et qu'elles naissent à la vie
politique, fortement imprégnées d'esprit laïque, pleinement
confiantes dans les destinées de la démocratie.

Aucun régime n'a fondé plus d'espérances que le nôtre sur
l'école primaire. La République fut établie en France sur
des bases si fragiles que depuis plus de trente ans, à chaque
consultation des électeurs, on a pu trembler pour son exis-

tence. De fortes traditions séculaires, des aristocraties puissantes et qui conservaient leur prestige aux yeux des masses insuffisamment éclairées, une Église militante dont les éducateurs habiles avaient su séduire ou dominer les jeunes intelligences de la bourgeoisie éclairée, toutes ces forces combinées s'opposaient à ce qu'en ce pays fût établie une société enfin conforme aux principes humains de 1789.

Les hardis fondateurs de la troisième République mirent leur principal espoir dans le peuple. Des trésors d'argent, des trésors d'intelligence furent dépensés pour créer un enseignement susceptible de donner aux enfants du peuple les notions indispensables au citoyen qui doit devenir, dans une démocratie libre, un individu instruit de ses droits, conscient de ses devoirs, responsable de ses jugements et de ses actes.

Les régimes antérieurs avaient mis des limites au droit de suffrage, l'avaient tenu sous leur tutelle étroite ou subordonné aux conditions de la fortune; la République prétendit faire confiance — pleine et entière confiance — à la démocratie populaire. Elle crut à son intelligence pour comprendre où étaient ses intérêts véritables, à son bon sens pour discerner à travers la mêlée des partis, parmi les intrigues et les bruits contradictoires du forum, la voix de ceux qui lui parlaient le vrai langage de la Justice et de la Raison.

La République reçoit aujourd'hui sa récompense en même temps que sa consécration définitive. Éternellement vraie, d'une vérité supérieure mais abstraite, la République prend corps, elle devient vivante; elle se réalise dans des œuvres qui porteront sa marque et vivront de son esprit. Le moment est enfin venu des grandes réformes démocratiques, sociales, et à l'heure où nous allons entrer dans une nouvelle phase de l'action républicaine, non plus exclusivement défensive, il est juste de rendre hommage aux bons ouvriers de la première heure, à tous les éducateurs laïques, — instituteurs, institutrices, directeurs et directrices d'école, — qui ont contribué, par leur labeur patient et modeste, à façonner le cerveau de cette génération de jeunes hommes auxquels nous devons la victoire définitive de la République.

Nulle circonstance ne pouvait être mieux choisie pour cet hommage nécessaire, que celle qui m'est offerte aujourd'hui par le glorieux anniversaire que vous m'avez invité à célébrer avec vous.

C'est en fondant l'École supérieure de Fontenay-aux-Roses, en juillet 1880, puis un peu plus tard, celle de Saint-Cloud, que Jules Ferry put former tout un personnel de maîtresses et de maîtres susceptibles de s'associer à ses espérances et de seconder son effort. Ces deux établissements devinrent une pépinière d'éducateurs laïques.

Il faut reconnaître que Jules Ferry avait eu la main heureuse lorsqu'il avait appelé Félix Pécaut à la direction de l'École supérieure de Fontenay-aux-Roses, et à la tête de l'École de Saint-Cloud, un homme dont la verte et active vieillesse se prolonge entourée du respect de tous, M. Jacoulet.

Félix Pécaut fut un des plus grands éducateurs de tous les temps et de tous les pays. Il a fort peu écrit sur la pédagogie, et les ouvrages sont rares où il ait lui-même condensé sa pensée. Son œuvre, ce fut Fontenay. Elle vit dans le souvenir attendri que lui gardent toutes celles qui l'ont approché, dans l'empreinte ineffaçable qu'il a laissée sur elles. On a souvent comparé Félix Pécaut, pour l'originalité et l'intensité de son action, à Saint-Cyran et à ces Messieurs de Port-Royal, et ceux qui l'ont connu savent que lui-même ne désavouait pas cette parenté lointaine. Un de ses livres de chevet était les *Pensées* de Pascal. Si rien ne s'éloigne plus de la doctrine libérale et démocratique de Pécaut que le dogmatisme étroit et impitoyable des jansénistes, il s'avouait séduit par l'indépendance et la fierté de ces caractères, par le sérieux avec lequel ils prenaient la vie et plaçaient dans la pensée et la raison le tout de la personne humaine. Et enfin, à tout prendre, si l'on fait abstraction de différences qui tiennent au temps et à l'éducation, le dieu jaloux et omni-

potent devant qui les religieux humiliaient en toute occasion
la superbe de l'homme, qu'est-ce au fond que cette conscience morale, ombrageuse et difficile, à laquelle Pécaut
prétendait ramener tous nos actes et toutes nos pensées.

Ce n'était pas un mystique. Tous ses conseils étaient orientés
vers l'action. Nul ne fut jamais plus préoccupé des problèmes contemporains et surtout de l'éducation de la démocratie. Il en sentait toute la difficulté et aussi la nécessité
dans un temps et dans un pays, où la plupart des principes et
des croyances sur lesquels a vécu le passé sont remis en
question. Avant la désagrégation de l'édifice ancien, il se pres-
sait de pousser la sonde jusqu'au terrain solide capable de
porter les assises de la cité de l'avenir. Il redoutait un régime
de médiocrité d'esprit, de vulgarité de caractère correspon-
dant à une diminution de la noblesse d'âme et un abaissement
de l'idéal. Il comprenait qu'aux futurs éducateurs du suffrage
universel, il fallait plus qu'aux autres une solide armature
morale, des principes de conduite inébranlables, pour tenir
l'homme debout sans défaillance au milieu des controverses
et des contradictions d'une opinion inquiète et qui a perdu la
certitude. C'est pourquoi, si sensible qu'il fût aux délicatesses
de la pensée, il prisait au-dessus de tout la valeur du caractère ou, plutôt, il n'entendait pas les séparer, estimant que
l'homme complet est une volonté servie par une intelligence
éclairée.

On lui a reproché d'avoir de parti pris exalté les âmes et
de les avoir portées d'un essor disproportionné jusqu'à des
hauteurs où elles ne pouvaient se soutenir, et d'où elles
devaient retomber, au contact des dures réalités, meurtries
et désabusées. La vérité est que ces défaillances, si elles se
sont produites, eussent été sans lui plus fréquentes et plus
graves. Ce n'est pas en vain que dans cette maison de Fontenay seize générations de femmes d'élite ont passé, appli-
quées de tout leur cœur à se mieux connaître, à s'ouvrir à
toutes les manifestations du bien et du vrai, à s'efforcer vers
un idéal de noblesse morale et de dévouement au peuple.

Ces années ont laissé derrière elles comme un sillage de
lumineuse beauté. Que de fois ne les avez-vous pas évoquées,
soit ensemble dans vos entretiens familiers, soit de préfé-
rence en ces heures de solitude que le maître vous conseillait
de réserver chaque jour à la méditation et au recueillement!
Que de fois, après des journées de lassitude et de sécheresse
où la vie vous avait froissées, où le doute en l'efficacité de
l'effort vous avait effleurées, ne vous êtes-vous pas relevées,
par la vertu de ces souvenirs plus vaillantes, réconfortées
et retrempées pour la tâche et les devoirs du lendemain,
pareilles à ces voyageurs qu'ont fatigués le soleil et la poussière d'une longue route et à qui le souffle salubre des purs
sommets rend en quelques moments leur énergie et leur
sérénité!

Et maintenant que j'ai dit ma pensée sur Félix Pécaut, il
convient de préciser quelle fut la valeur de son œuvre. A
l'instant où, par un coup d'audace qui lui rallia les sourires
de la fortune, Jules Ferry créait de toutes pièces un enseignement spécial pour le peuple, obligatoire et indépendant
de tous les dogmes des religions révélées, il était nécessaire,
indispensable, que cet enseignement qui devait faire face
aux besoins les plus pressants et tenir tête à des préjugés
redoutables, fût réduit, notamment en ce qui concerne les
devoirs civiques, à quelques formules assez simples pour
s'adapter aux conditions de penser des esprits simples.

Conformes aux données de la morale qui, tant que des
êtres humains seront groupés en sociétés, réglera leurs rapports et conseillera leurs actes, ces formules n'emprunteraient
leur vertu, ni à une révélation divine, ni à l'autorité d'un
chef, mais à un sentiment intérieur de justice que tout
homme découvre en lui avec une intelligence éclairée.

De même en ce qui concerne les éléments des sciences qui
sont enseignées dans nos écoles primaires. A des jeunes gens
qui, dans la société présente, étaient appelés à vivre pour
la plupart d'un métier manuel, il fallait donner, dans un
laps de temps très restreint, une nourriture intellectuelle

suffisante et qui fût conforme aux nécessités de leur état.

Un programme d'enseignement fut rédigé dans cet esprit, sous l'influence de ces préoccupations et, pour le propager, des éducateurs spéciaux furent préparés dans des écoles spéciales.

Aujourd'hui l'œuvre d'éducation laïque a porté ses fruits. A cette heure, la République dispose, pour l'éducation du peuple, d'une armée de 117 000 instituteurs et institutrices. Les écoles normales en ont formé le plus grand nombre; elles sont capables désormais d'en fournir la presque totalité puisqu'elles comptent, en ce moment même, 9 500 élèves, maîtres ou maîtresses. Tous les enfants du peuple reçoivent gratuitement l'enseignement primaire.

Sans qu'il y ait danger pour l'œuvre laïque d'éducation de la démocratie, on peut désormais prêter l'oreille aux critiques qu'elle suggère à un certain nombre d'esprits éclairés. Ceux-ci ne se trouvent pas parmi les adversaires de la République; ils sont dans les rangs des plus dévoués et des plus ardents serviteurs de la démocratie. Ils craignent que, cloîtrés dans une École normale supérieure, — quelques-uns disent une sorte de séminaire laïque, — le futur instituteur ne parti-cipe pas assez, ni aux leçons de la vie, ni aux grands cou-rants d'idées de l'existence contemporaine, et que, par suite, son enseignement, figé dans des formules immuables, trop étroites, ne prenne bientôt l'apparence d'un dogme nouveau. Et pourtant, lorsqu'il va sortir de l'école normale, l'institu-teur « est investi de la mission la plus haute qui se puisse imaginer. C'est entre ses mains que sont toutes les espérances de la nation ».

Sans doute on peut répondre que ces écoles normales d'instituteurs ne sont guère des internats que de nom. Il est juste aussi de faire remarquer que les fondateurs de Saint-Cloud et de Fontenay ont eu l'idée très judicieuse de faire exclusivement appel aux maîtres les plus éminents puis-qu'ils ont pris soin de les recruter à la Sorbonne, au Col-lège de France, au Muséum, dans les grands lycées. La

démocratie a voulu pour les siens une élite, comme la
monarchie donnait à ses Dauphins pour précepteurs les
Bossuet et les Fénelon.

En province nos écoles d'instituteurs ont recours aux professeurs des universités régionales; ils suivent les cours qui
les attirent ou en provoquent de spéciaux. Aussi, nulle part,
le contact ne se trouve perdu entre ceux qui créent la science
et ceux qui sont appelés à la vulgariser.

Je conviens que cette fréquentation des cours où enseigne
l'élite des professeurs de nos universités par les futurs éducateurs du peuple ne peut qu'être profitable à ceux-ci. Mais
il serait désirable à mon sens, qu'elle fût généralisée et,
pour ainsi dire, systématisée. Cela, ce doit être la tâche de
demain.

MESDAMES, MESSIEURS,

A présent que la République est définitivement fondée,
que l'œuvre négative qui consistait à dégager la démocratie de
l'influence si longtemps prépondérante des anciennes aristocraties, est achevée, l'œuvre positive qu'il va falloir maintenant accomplir, œuvre de réorganisation, de progrès social,
réclamera des ouvriers capables de comprendre les problèmes
nouveaux dans leur infinie complexité, de reconnaître les
écueils, d'éviter les périls sans nombre en face desquels se
trouvera leur volonté réformatrice.

C'est sur le peuple que la République compte encore pour
s'établir dans les faits puisqu'elle règne aujourd'hui sur les
esprits. Comme hier, elle est prête à lui faire confiance; mais
il devra s'élever d'un nouveau degré dans l'échelle du savoir.

L'idéal d'une démocratie ne réside pas uniquement dans
un enseignement primaire généralisé à tous les enfants du
peuple; c'est à réaliser un enseignement intégral pour tous,
— primaire, secondaire et supérieur suivant les mérites,
les aptitudes et les capacités, — que la démocratie doit
tendre désormais.

Il appartient à la majorité républicaine du Parlement de

faire tomber successivement les cloisons qui séparent en les emprisonnant les divers ordres d'enseignement, et d'ouvrir dès maintenant de l'une à l'autre de larges voies d'accès, tant aux élèves les plus méritants de nos écoles primaires, qu'aux instituteurs et institutrices qui auront ainsi devant eux des espaces plus vastes pour orienter leurs efforts et satisfaire leurs ambitions légitimes.

Placés par leurs études en face des grands horizons de la pensée, les maîtres comprendront qu'ayant à enseigner il leur reste beaucoup à apprendre, et ils se persuaderont de plus en plus que bien faible est l'effort personnel que chacun peut faire dans le champ si vaste des connaissances. Ils acquerront peu à peu cette conscience réfléchie du vrai savant qui, sans rien abdiquer de sa fierté légitime, s'éloigne de l'égoïsme, de l'orgueil, de la présomption au fur et à mesure qu'il s'élève vers la science, apprend l'indulgence auprès des héros, la tolérance au contact des systèmes et des philosophes.

Loin de perdre le goût de ses besognes quotidiennes, l'instituteur acquerra une notion plus nette et plus exacte de son rôle dans l'évolution de la démocratie. Sans exagérer son importance, il reconnaîtra son utilité.

Depuis vingt-cinq ans l'instituteur a été dans chaque commune et par le fait même de sa fonction, le représentant des idées républicaines. Cette situation l'a mis en butte aux attaques sournoises, aux calomnies intéressées de tous les adversaires des principes sur lesquels est fondé son enseignement. Sans trêve et sans relâche on a cherché à compromettre son action, à diminuer son autorité et son prestige. Sans doute, l'instituteur ne doit pas se laisser ébranler par les intrigues dont il est l'objet, mais il serait imprudent à lui de n'en pas tenir compte dans la mesure où elles doivent l'appeler à combiner son action comme citoyen avec les exigences de sa fonction d'éducateur.

Sans doute l'instituteur n'a pas le droit de se désintéresser des problèmes sociaux. Comme tout autre citoyen, il peut et doit participer aux luttes politiques, mais le caractère même de sa mission lui impose de faire un usage prudent, circonspect et, si j'ose dire, plus raffiné des libertés civiques, c'est pour lui une question de tact et de mesure. Il dépend de la tenue morale qu'il aura su garder au milieu de ces luttes qu'il en sorte grandi ou fortement diminué. Ici encore, pour son attitude, il doit s'inspirer du caractère de sa fonction pour faire œuvre d'éducateur civique. Au milieu des luttes politiques, comme dans son école, l'instituteur doit être et rester un exemple.

C'est ainsi que, chaque jour, par ses enseignements, par ses conseils, par ses actes, il ajoutera modestement sa pierre à l'édifice commun et, lorsque le succès viendra couronner l'œuvre de tous, il pourra prendre sa part légitime dans l'allégresse générale.

Lorsque je définis ainsi, après tant d'autres, le rôle et la fonction de l'éducateur laïque, c'est à une idée chère à Félix Pécaut que j'obéis : je puis presque dire que c'est sa pensée qui me guide, que c'est l'esprit même de Fontenay qui m'inspire :

« Point de démocratie noble, disait Pécaut dans une assemblée annuelle de ses élèves, sans une éducation pénétrée de la pensée des meilleurs, des plus instruits, des plus généreux, une éducation qui dispense libéralement aux membres les plus humbles de la Cité, hommes ou femmes, pour les mieux fondre ensemble, le pain jugé le plus nourrissant pour les privilégiés de la fortune et de la science. »

Pour nous reposer de tant de prose, M. Bouchor vint nous lire ses vers, de la belle voix que l'on sait. Les primaires firent à leur poète un accueil très chaud, comme à un ami dont on a éprouvé l'affection fidèle et forte, et que l'on est tout aise de revoir. Je me garderai bien d'affaiblir en le commentant le beau poème qu'on va lire.

OÙ NOUS EN SOMMES

Aux Instituteurs, aux Institutrices.

Ouvriers d'un labeur sans relâche et sans terme,
Bons semeurs de la graine invisible qui germe
    Dans les cerveaux et dans les cœurs,
Salut! A vous aussi salut, ô nobles femmes
Qui sans fin, comme nous, ensemencez les âmes,
    O chères et vaillantes sœurs!

Jetons ensemble, pour grandir notre courage,
Un regard sur le champ parcouru, sur l'ouvrage
    Dans un quart de siècle accompli.
Combien de souvenirs lointains il faut revivre!
On croirait, par instants, feuilleter un vieux livre
    Qui nous reproche notre oubli.

C'est d'hier, cependant, les premières semailles;
C'est d'hier, remuant le sol jusqu'aux entrailles,
    Les premiers et rudes labours;
C'est d'hier, l'âpre effort, la bataille héroïque
Pour défendre une frêle et pâle République
    Apparue en de sombres jours.

Honneur à nos aînés pour leur pure victoire!
Plusieurs ne vivent plus que dans notre mémoire;
    Mais un exemple ne meurt pas.

Comme les survivants de la lutte première,
Ils nous conduisent, nos grands morts, vers la lumière ;
    Nous n'avons qu'à suivre leurs pas.

Œuvre de bonne foi, de clarté, d'harmonie,
L'École que fonda leur patient génie
    Se dresse au cœur de la cité.
Elle n'enseigne point quelque nouvelle Bible ;
Elle a pour fondement solide, indestructible,
    La raison et la liberté.

Ses ouvriers pensifs, ses graves ouvrières
N'évitent pas toujours l'insulte, ni les pierres ;
    Chacun doit conquérir la paix.
Dignité, conscience, amour de notre tâche,
Sauront peut-être au plus fanatique, au plus lâche,
    Imposer de tardifs respects.

Mais pour l'achèvement de l'œuvre commencée,
Frères, ne laissons point fléchir notre pensée :
    Fortifions-la chaque jour ;
Sachons la délivrer de toute chose morte,
De tout poids inutile, et qu'elle nous emporte
    Vers plus de justice et d'amour !

Changer, c'est vivre ; c'est la grande loi des êtres.
Tout en ayant au cœur le culte de nos maîtres,
    Ne disons jamais : C'est écrit.
Devant un redoutable et délicat problème
Prendre conseil, c'est bien ; mais pour chercher soi-même,
    Comme un libre et sincère esprit.

Sans nous préoccuper d'obscures divergences,
Nous voulions, au-dessus de toutes les croyances,
        Élever la foi de chacun ;
Nous voulions, écartant de l'enfance les doutes,
Les vains débats, garder l'âme commune à toutes,
        Pour en faire un trésor commun.

Mais nous avons compris qu'en face du mystère
Le plus loyal et le plus sage est de nous taire ;
        Que l'atténuer serait vain ;
Que nulle foi devant la raison ne s'impose,
Et que nous ne pouvons enseigner autre chose
        Que le relatif et l'humain.

Tant de fois anxieux pour la France meurtrie,
C'est âprement que nous exaltions la patrie,
        En rêvant de prochains périls ;
Même, oublieux du large idéal de nos pères,
Trop souvent nous n'avons célébré que leurs guerres,
        Pour former des cœurs plus virils.

Maintenant, prêts à tout pour la juste défense,
Voulant le droit, mais par une libre alliance
        Entre les peuples fraternels,
Nous travaillons à faire aimer la paix féconde,
N'étant point de ceux-là qui livreraient le monde
        Aux ressentiments éternels.

Nous fiant trop, peut-être, au pouvoir des idées,
Naguère nous pensions que les foules guidées
        Iraient au bien d'un pas vaillant ;

Et voici que, malgré notre ferveur d'apôtres,
L'égoïsme des uns, la misère des autres,
    Hélas ! font le progrès bien lent.

Mais nous voyons le peuple — et c'est l'espoir suprême —
De ses puissantes mains élaborer lui-même
    La matière des jours meilleurs ;
Et, certes, nous pouvons, sans orgueils téméraires,
Assumer une part dans l'effort de nos frères,
    Les innombrables travailleurs.

Plus modeste, la tâche est peut-être plus belle.
Il est bon que la voix du peuple nous appelle
    A notre devoir le plus cher :
Donner à ses enfants, pour en faire des hommes,
Le peu que nous savons et le peu que nous sommes,
    Les aimer d'un cœur tendre et fier...

Courage donc, amis ! Voyez : l'heure est propice.
O vous tous, travaillons pour l'entière justice
    Et pour la pleine liberté,
Pour la France au grand cœur, chaque jour plus humaine,
Pour le peuple, éclairé par nous, et qui nous mène
    Vers l'immense fraternité !

Maurice Bouchor.

Il n'est pas possible de se contenter d'une banale indication pour les chœurs chantés en Sorbonne, et une manifestation musicale de cette ampleur mérite qu'on s'y arrête. Il y avait là une masse de 700 chanteurs, groupés

sur la droite de la salle. Les voix de femmes étaient fournies par l'École normale supérieure de Fontenay, l'école
normale des Batignolles, les écoles primaires supérieures
Edgar-Quinet et Sophie-Germain. Les voix d'hommes
étaient fournies par l'école normale d'Auteuil, cinquante
choristes du Conservatoire, et cinquante instituteurs
diplômés qui avaient bien voulu prêter leur concours. Si,
depuis vingt ans, M. Bourgault-Ducoudray et le personnel de l'École de Fontenay se sont dépensés pour résoudre le problème de l'éducation populaire par le chant,
ils peuvent se dire que ces vingt années d'efforts ne sont
pas perdues, et la cérémonie de la Sorbonne leur fait le
plus grand honneur. Lors des répétitions, dans la salle
vide, le chant sonnait un peu rude. Mais dans l'amphithéâtre empli, ouaté par la foule, toute dureté disparut,
et M. Bourgault-Ducoudray put obtenir des effets d'une
incomparable puissance. Le chœur le plus impression-
nant fut peut-être celui que composa M. Bourgault-
Ducoudray lui-même.

Après le chœur *Fraternité*, le ministre remit la croix
de la Légion d'honneur à M. Martine, professeur à
Fontenay et à Saint-Cloud, la croix du Mérite agricole
au jardinier de l'École normale de Fontenay et se retira.

La cérémonie se termina par l'audition d'artistes bien
connus : Mlle DUDLAY, de la Comédie-Française ; Mlle VERLET,
de l'Opéra ; Mlle CESBRON, de l'Opéra-Comique ; M. NOTÉ,
de l'Opéra. Mlle DUDLAY récita l'*Hommage à Corneille*,
M. NOTÉ chanta deux airs fort goûtés, Mlle VERLET chanta
l'air des Bijoux de *Faust*, et Mlle CESBRON le grand air
d'*Iphigénie en Tauride*, de Glück.

Puis l'assemblée se dispersa sous le ciel gris.

Le banquet du Mardi.

M. Fallières n'était pas venu à la Sorbonne, M. Briand ne vint pas à l'Hôtel Moderne, et M. Gasquet présida le troisième et dernier banquet. Nous étions 600 convives. Les deux immenses salons de l'Hôtel Moderne étaient pleins, si pleins que l'on dut refuser les souscripteurs de la onzième heure.

Société Amicale des Anciens Élèves

de

SAINT-CLOUD ET FONTENAY-AUX-ROSES

Banquet du 5 Juin 1906

MENU

POTAGES

Consommé Lamballe — Crème Joinville

RELEVÉS

Petites Barquettes de Foie Gras
Duchesse de Turbot

ENTRÉE

Filet de Bœuf Sauce Madère

ROTS

Poulardes et Canetons rôtis Cresson
Salade de Saison

ENTREMETS

Asperges Sauce Hollandaise
Petits Pois à la Française
Parfait Vanille et Framboise

DESSERTS

Fromages — Corbeilles de Fruits
Biscuits — Gaufrettes

CAFÉ-FINE

VINS

Médoc — Graves — Saint-Julien
Champagne Hôtel-Moderne

La réunion fut gaie, voire bruyante, comme il sied. Fontenay et Saint-Cloud alternaient, et chacun en fut si content qu'il devint bientôt impossible de s'entendre, même entre voisins. A l'heure des toasts, il fallut sacrifier une moitié des convives, fermer les grandes portes qui coupent en deux la vaste salle, et tandis que d'un côté le bruit continuait de grandir, de l'autre, les convives plus sages écoutaient les discours.

Toast de M. Besnard.

Mesdames, Messieurs,

Rassurez-vous, je n'ai pas l'intention de faire un discours; je sais trop bien que vous attendez des orateurs plus autorisés que moi; aussi serai-je extrêmement bref.

Je dois vous présenter tout d'abord les excuses de tous ceux, qu'il est inutile de nommer, que vous vous attendiez à voir ici, qui auraient voulu y être, mais que des raisons plus fortes que leur volonté ont retenus loin de nous.

J'ai le devoir aussi d'adresser à nouveau les remerciements du Comité d'organisation à tous nos invités, à tous nos collègues et camarades qui nous ont fait l'honneur d'assister à nos fêtes et qui, par leur présence, leur ont donné un éclat dont nous sommes fiers. Vous me permettrez de remercier tout spécialement nos invités étrangers, les représentants des écoles normales de Londres, de Vienne et d'Espagne. Les sympathies nous étaient venues nombreuses de toutes les villes où nos camarades, boursiers à l'étranger, avaient reçu une hospitalité bienveillante que nous n'avons pas oubliée; mais beaucoup de nos amis qui avaient accepté notre invitation se sont trouvés empêchés au dernier moment; des collègues de Londres et d'Oxford, notamment, avaient promis d'assister à nos fêtes; les nécessités de « l'entente cordiale » les ont retenus en Angleterre;

parmi eux j'ai plaisir à citer le nom de M. le professeur Sadler qui nous avait, dès le premier jour, assurés de sa présence, mais qui a dû se rendre aujourd'hui même à Londres pour souhaiter la bienvenue aux délégués de l'Université de France.

Nous aurions mauvaise grâce, assurément, à nous plaindre de la concurrence que nous fait « l'entente cordiale ». Mais puisque, ce soir, on célébrera l'union de l'autre côté du détroit, permettez-moi de porter un toast, moi aussi, à l'entente cordiale.

Je bois à l'entente cordiale entre tous les maîtres de l'enseignement primaire, à l'entente cordiale si nécessaire entre tous les chefs et leurs subordonnés, à l'entente cordiale entre tous les membres de l'Université, depuis les maîtres éminents de l'enseignement supérieur jusqu'aux membres modestes de l'enseignement primaire.

Discours de M. Buisson.

Mesdames, Messieurs,

Je ne puis que m'approprier l'exorde de M. Besnard : « rassurez-vous ». Moi non plus, je ne vous ferai pas un discours, encore moins une seconde conférence.

Vous n'attendez plus que le signal de cette « entente cordiale » dont la jeunesse est impatiente de marquer les accords. Et ce n'est pas nous qui en retarderons le moment.

Je ne me lève que pour remplir un devoir, le plus doux de tous : vous remercier. Je suis dans cette assemblée celui qui dois le faire, car parmi vous, Mesdames et Messieurs, je représente l'antiquité !

Presque le seul survivant des temps que vous avez rappelés cet après-midi avec tant de grâce, de cordialité, de reconnaissance, il me semble un peu comparaître devant vous comme le passé devant l'avenir. Il y a de quoi trembler. Aussi vous comprenez ma joie en trouvant, chez ce juge qui pourrait être si sévère, un accueil si bienveillant.

Je vous remercie d'avoir conservé pour ces hommes et ces choses d'autrefois, avec l'indulgence nécessaire, un peu d'estime et beaucoup de sympathie. En mon nom, au nom de tous ceux qui furent mes chers compagnons de travail, merci ! Ils ne sont plus, mais vous avez fait revivre, autant qu'il était en vous, le meilleur d'eux-mêmes en rendant un si bel hommage à leur œuvre et à leurs intentions. C'est un exemple que vous donnez : vous démentez la calomnie banale qui accuse la démocratie d'être ingrate. Il est beau de voir tant de générations d'élèves qui sont devenus des maîtres se donner le mot les uns aux autres pour entretenir ainsi la flamme du souvenir et la plus belle de toutes les religions : la piété filiale envers ceux qui nous ont faits ce que nous sommes.

Parmi les personnes dont M. Besnard regrettait l'absence, il y en a deux surtout dont pour ma part je déplore de voir ici la place vide. C'est tout d'abord notre ami, notre vieil ami, le grand inspirateur des chants de Fontenay, Bourgault-Ducoudray. Nous n'avons pas pu tantôt interrompre l'ordre si bien réglé de cette magnifique cérémonie de la Sorbonne pour lui dire tout l'enthousiasme qu'il réveillait en nous de sa vieille baguette qu'il manie toujours avec la même vigueur, et tous les souvenirs qu'il nous rappelle, cet homme qui a entrepris avec tant de courage et de bonheur de faire aimer aux masses le chant choral. Nous aurions été heureux de le fêter ici dignement ce soir, de lui dire combien nous avons été touchés de le voir une fois de plus à la tête de ses élèves, leur montrant avec le même enthousiasme ce que peut être l'art au service de la patrie et de l'humanité.

Un autre absent qui, s'il était là, m'aurait donné, je le crois, la permission de lui adresser des remerciements, des éloges et peut-être aussi quelques questions, c'est le ministre de l'Instruction publique. Je n'oublie pas que le ministre est dignement représenté ici et que pour les questions M. Gasquet est en mesure de nous répondre avec la plus grande autorité.

Je dis : les questions, car dans les belles paroles que le ministre nous adressait tantôt à la Sorbonne, il y en a qui nous ont fait immédiatement réfléchir. Non pas que nous ayons été étonnés du grand et vaste tableau qu'en quelques traits il nous a fait entrevoir. Nous y avons retrouvé l'homme d'une politique très avancée — et c'est la bonne — quand il nous a laissés deviner que dans sa pensée l'enseignement national doit être un. Il veut que, du haut en bas de l'Université, ce soit le même esprit qui souffle et la même âme qui vibre.

Il condamne cette séparation absolue des trois comparti- ments qui dressent entre les collaborateurs de l'éducation nationale de véritables préjugés et des malentendus aux- quels il faut mettre fin. Nous avons applaudi quand il a dit qu'il ne veut plus distinguer comme différents de valeur les efforts de celui ou de celle qui travaille au fond des campa- gnes, de l'instituteur primaire, du professeur d'école pri- maire supérieure, du professeur d'école normale, du profes- seur de collège ou de lycée et du professeur appartenant au plus haut enseignement. Tout cela a été au fond de nos âmes comme une bonne parole et comme un grand réconfort.

Puis le ministre, parlant d'un avenir que nous ne croyons pas immédiat, nous a dit, faisant allusion à tant de projets qui ont cours et qui sont plus vite lancés qu'étudiés : « Je suis l'homme des réformes, et vous êtes vous aussi les hom- mes de toutes les réformes nécessaires ; vous les voudrez même dans ces écoles normales dont vous êtes les représen- tants. » Il avait raison, il peut compter sur ce personnel auquel il a rendu un éclatant hommage si bien mérité. Ce personnel n'a peur d'aucun des changements que le progrès amène, mais il ne confond pas changement et progrès. C'est pourquoi il eût été heureux, sur la transformation des écoles normales, que M. le ministre pût nous donner quelques pré- cisions de plus.

S'il était ici, je me serais permis de lui dire : « Après avoir fait entrevoir en termes d'une grande élévation, que

tôt ou tard, il faut que nous arrivions à fondre en quelque
sorte, en une même éducation, toutes les parties aujour-
d'hui séparées de l'action éducatrice de la nation, vous avez
ajouté : mais cela, c'est la réforme de demain ! Je serais
tenté de vous dire : Monsieur le ministre, ne vous êtes-vous
pas trompé d'un jour ? Ne serait-ce pas la réforme d'après-
demain ? Il y en a une qui doit la précéder. Il faut, dites-
vous, jeter les écoles normales dans le grand courant de
l'éducation nationale, briser les cloisons factices et la prétendue hiérarchie de trois degrés d'enseignement. Très bien,
mais à une condition, c'est que d'abord on ait établi l'éducation primaire universelle comme base commune pour toute
la nation. »

La voilà, la réforme de demain, sans laquelle celle d'après-
demain serait non seulement impossible mais dangereuse.

Je sais bien que M. le ministre m'aurait répondu : je l'ap-
pelais la réforme de demain, parce que celle dont vous me
parlez c'est la réforme d'aujourd'hui. (*Rires.*) Et à cela j'ap-
plaudirais et vous applaudiriez tous. En effet, quand on aura
mis à la base de l'éducation de tous les Français l'école primaire, comme on le fait en Suisse et en Amérique, quand
tous les jeunes Français passeront ensemble au moins leurs
premières années d'école, et ne seront plus nourris dès le
berceau dans l'idée qu'il y aura deux classes d'enfants comme
deux classes d'hommes : pour les uns, des écoles primaires
gratuites ; pour les autres, des classes primaires payantes
dans les lycées, quand on aura supprimé cette distinction
beaucoup plus sociale que scolaire et qui n'a d'autre raison
que de flatter la vanité bourgeoise, alors on pourra nous
dire : « Allons plus loin ! n'ayons qu'une instruction nationale, qu'une éducation nationale ! et puisque les petits
enfants commencent déjà à pratiquer l'unité de l'éducation
nationale et apprennent ainsi la fraternité sociale, suivons
cet exemple et que les maîtres, à leur tour, cessent de se
préparer dans des maisons distinctes qui s'ignorent et parfois
se méconnaissent les unes les autres ; que jeunes gens ou

jeunes filles se destinant à l'enseignement, que ce soit le primaire ou le secondaire, fassent ensemble, dans les lycées démocratisés, les longues années d'études générales qui doivent précéder les études professionnelles. »

C'est là un vaste et beau programme démocratique, c'est un programme social — je ne dis pas socialiste (pour ne pas faire de politique) — auquel nous sommes tout prêts à nous rallier et que nous avons salué quand M. le ministre nous l'a fait entrevoir tantôt comme un coin de ciel bleu.

Mais plus nous comprenons ce plan de réformes formant un tout méthodique à longue portée, plus nous jugerions déplorable un semblant de réforme qui consisterait à détruire ce que nous avons pour ne rien mettre à la place. Nous savons bien qu'il n'y a pas de danger que pareil accident nous arrive avec un ministre qui connaît si bien l'importance de l'éducation et les lois de l'évolution en matière sociale. Il lui suffira, comme à nous, d'avoir vu avec quel empressement charitable le *Journal des Débats* et la *République Française* lui conseillent de réformer les écoles normales en les supprimant (*Rires*), pour qu'il soit bien décidé à les garder jusqu'à nouvel ordre. Il y a des réformes que le nom seul des réformateurs compromet.

C'est certainement la pensée de la grande majorité des républicains. Sûrs aujourd'hui à la Chambre de faire respecter leur volonté, ils n'auront pas de peine à se souvenir, comme M. le ministre nous le disait cet après-midi, qu'en effet la République doit beaucoup à l'enseignement primaire en général, mais tout particulièrement aux écoles normales. La parole de Jules Ferry que l'on rappelait à la Sorbonne : « Il n'y a pas d'instruction publique sans écoles normales, » est toujours vraie. Elle ne cessera de l'être, du moins à la lettre, que quand nous aurons franchi une étape nouvelle et peut-être, hélas, encore un peu lointaine, quand le lycée gratuit et démocratique, les facultés des lettres et des sciences ouvertes à tous pourront se charger de l'instruction générale, et quand l'école normale pourra être une des écoles d'application de l'Université, un institut pédagogique comme il y a un institut de physique, de chimie ou de géographie. Mais nous nageons là en plein avenir. En attendant, qui pourrait avoir l'idée de briser un instrument en pleine activité, ou pour mieux dire un organisme en pleine vitalité, un organisme qui a fait ses preuves et qui a rendu au pays de si grands services ?

Encore une fois nous savons tous que le Gouvernement de la République n'y pense pas. Et c'est pourquoi j'aurais été très heureux d'entendre, ici, ce soir, M. le ministre en quelques paroles, dans une conversation familière, je ne dis pas rassurer les craintifs — il n'y en a pas ici, nous sommes prêts à tout entendre, nous savons bien que vivre c'est changer — mais nous dire toute sa pensée et descendre avec nous dans le détail des réformes, soit prochaines, soit lointaines. Nous l'aurions entendu avec joie et avec confiance comme des soldats écoutent le chef qui veut bien s'ouvrir à eux. Car, il faut bien le dire, nous sommes encore des soldats : la bataille n'est pas finie, nous ne pouvons pas encore déserter le terrain de la lutte sous aucun prétexte. La recherche même du mieux ne nous excuserait pas d'abandonner le peu que nous avons conquis. Certaines transformations séduisantes pourraient être périlleuses, si elles étaient prématurées.

Je bois à l'unité de l'éducation nationale, à la disparition des hiérarchies factices de notre régime scolaire. Et, songeant à ce qu'ont fait déjà pour préparer ces réformes, les deux grandes écoles normales dont nous fêtons aujourd'hui le 25ᵉ anniversaire, je bois à leur vie, à leur longue vie, à leur vie grandissante, toujours plus belle, plus riche, plus féconde. Je bois avec non moins de confiance à la vie, et j'entends à la vie continuée, élargie, approfondie, à la vie grandissante aussi des écoles normales départementales d'instituteurs et d'institutrices, sans lesquelles je ne me représente pas encore l'enseignement primaire remplissant ses destinées.

Cris : « Vive Buisson ! »

Allocution de M. Gasquet, directeur de l'Enseignement primaire.

Mesdames et Messieurs,

Je dois à l'absence de M. le ministre de l'Instruction publique l'honneur périlleux qui m'est fait aujourd'hui de présider ce banquet qui clôt si bien vos belles fêtes. Elle me donne en même temps la joie profonde de me trouver ce soir au milieu d'un concours inusité de professeurs d'écoles normales et de professeurs d'écoles primaires supérieures pour lesquels ma sollicitude a toujours été la plus profonde depuis que je dirige l'enseignement primaire au ministère de l'Instruction publique. C'est parce que je suis convaincu qu'il n'y a pas d'enseignement public possible en France, sans les écoles normales, que tout progrès dans l'enseignement public ne sera fait que par les écoles normales, que je me suis toujours attaché à améliorer cet organisme merveilleux que la France possède et auquel elle ne devra jamais porter atteinte tant qu'elle n'aura pas trouvé un instrument meilleur.

Je désirerais certes de tout mon cœur satisfaire les curiosités de M. F. Buisson. Mais comme M. le ministre, en ce qui concerne ses vues sur la destinée de l'enseignement primaire, ne m'a fait aucune confidence particulière, je ne pourrai le suivre sur le terrain où il m'invite. Toutefois, on connaît assez la ferveur de sa foi démocratique et sa confiance absolue dans l'avenir de la démocratie, pour lui faire quelque crédit et pour être assuré que c'est toujours dans le sens de la liberté et d'une égalité sociale plus complète qu'il entrevoit les progrès possibles de nos écoles normales, de nos écoles primaires supérieures et de l'enseignement public tout entier.

Pour moi, Mesdames et Messieurs, je n'ai pas qualité, de par mes fonctions, pour esquisser ce programme de l'avenir. Je ne puis parler que du présent, des écoles normales d'aujourd'hui et c'est à ce titre que je vous demande la permission de terminer ce banquet par quelques paroles que je ferai aussi brèves que possible afin de ne pas retarder plus longtemps le moment où vous pourrez vous livrer aux plaisirs que vous êtes venus chercher ici.

J'ai écouté avec la plus grande satisfaction les discours très nombreux qui ont été prononcés depuis trois jours, aussi bien dans les réunions provoquées par la Ligue de l'Enseignement que par les associations de Fontenay et de Saint-Cloud et dans la belle cérémonie que nous avons entendue à la Sorbonne. J'ai remarqué que les orateurs étaient plus ou moins préoccupés de savoir exactement où ils en étaient, quel était le bilan exact du travail qui avait été accompli dans les vingt-cinq dernières années ! Vingt-cinq ans, un quart de siècle, c'est bien peu de chose dans les destinées d'une institution ; la reculée même me paraît insuffisante pour que les contemporains puissent juger cette grande œuvre avec une impartialité sereine.

Néanmoins on a pu vous dire que l'État par l'intermédiaire de ses écoles normales avait rempli sa tâche à son honneur. Il l'a remplie, bien que l'école ait été trop souvent l'enjeu et comme le champ de bataille des partis, la place forte dont chacun essayait de s'emparer, bien que sa vie ait été très tourmentée, bien que nos institutions n'aient pas pu toujours fonctionner d'une manière normale, qu'elles aient subi des à-coups imprévus, comme par exemple la disparition des écoles congréganistes qui nous a obligés en trois ans de faire entrer dans les cadres du personnel plus de 6 000 instituteurs et institutrices non préparés par nous à leur fonction. Malgré ces inconvénients, malgré ces obstacles, l'État a suffi à tous les besoins. Je dois dire en outre que le niveau de l'enseignement s'est élevé dans les mêmes proportions. Songez au temps où l'occupation principale dans les écoles normales était de préparer au brevet élémentaire !

Aujourd'hui, il n'en est plus question, et à l'heure qu'il

est, il est connu de tous dans les départements que les instituteurs et surtout les institutrices doivent être munies du brevet supérieur pour espérer trouver un poste.

Déjà nous sommes en mesure de former dans une école normale presque tous les instituteurs que le pays réclame : demain ces mêmes écoles, grâce à certaines mesures que M. le ministre ratifiera, auront assez d'élèves pour fournir à la totalité des emplois. Mais une question plus haute se pose : il s'agit de savoir si la qualité répond à la quantité et si le pays a les instituteurs qu'il attend et qu'il espère. Bien des gens en ont douté. Eh bien, Messieurs, je relève parmi les critiques qui ont été adressées à notre enseignement primaire, deux principales. Heureusement, elles sont en une certaine mesure contradictoires.

Tout d'abord, on nous a reproché, et M. Besnard, dimanche, l'a répété et a fait sentir d'une manière très vive combien il était sensible à ce reproche, on nous a reproché d'avoir des maisons fermées ; on a reproché à nos écoles normales d'être comme des séminaires laïques formant des hommes d'un dogmatisme étroit et déplaisant, d'une logique courte et raide, qui croient que la vérité peut se mettre en formules et en axiomes et que les problèmes de la vie sociale se résolvent comme des équations algébriques. On a dit que l'instituteur formé dans ces écoles rappelait trop l'ancien éducateur et qu'il n'avait fait que changer de *credo*. M. le ministre, dans le discours que vous avez entendu à la Sorbonne, a fait justice de ces accusations, et je ne voudrais pas affaiblir, en les reprenant, la force des arguments qu'il a fournis. J'ajouterai cependant quelques observations. Cette raideur dogmatique, cette raideur dans l'affirmation n'est pas le propre des maîtres seuls de notre enseignement primaire. Je dirai que c'est le caractère propre de toute jeunesse, qu'elle sorte du collège, qu'elle sorte même des universités. La première fois qu'on verse aux jeunes gens ce vin nouveau de la science, il n'y a pas à s'étonner que ses fumées leur en montent un peu au cerveau ; mais ces fumées ne sont pas longues à se dissiper, et c'est l'expérience de la vie qui se charge de remettre toute chose au point et en équilibre. Vous verrez cette jeunesse, aussi bien celle qui sort de l'enseignement primaire que celle qui sort de l'enseignement secondaire, reprendre ce bon sens et ce juste sentiment des réalités qui sont l'apanage de notre race.

Nous avons du reste tout fait pour échapper à ce reproche et à ce danger : quand je dis nous, je fais allusion surtout à ces ouvriers de la première heure, à ceux qui, comme J. Ferry, Pécaut et M. Ferdinand Buisson, ont eu l'idée à Fontenay et à Saint-Cloud, de tenir en contact permanent la jeunesse de nos écoles, les maîtres des futurs instituteurs, avec ce que la France possédait de plus illustre, de plus exquis dans tous les domaines de l'esprit. Et la tradition s'est continuée ici même à Paris et dans nos écoles départementales.

Celles qui se trouvent dans les centres d'Universités sont en relations continues avec nos Universités régionales. Nos élèves sont les plus dociles et les plus empressés pour leur plus grand profit à se grouper autour de leur chaire. Et puisque je parle de ces universités de province, je m'empresse d'envoyer un tribut de remerciements et d'hommages à l'université de Lyon, à celles de Lille, de Nancy, de Marseille, etc., à bien d'autres encore qui n'ont pas cru déchoir en descendant jusqu'aux primaires et qui ont tenu au contraire à s'en faire une gloire et comme un accroissement de dignité et d'honneur. Grâce à ces contacts avec l'enseignement supérieur, un grand courant d'appel circule à travers tout notre enseignement public. Cette science que vous enseignez, nous prétendons la puiser à ses réservoirs les plus élevés, d'où d'étage en étage, filtrée et canalisée, elle descend par l'intermédiaire du plus modeste instituteur jusqu'au plus humble de nos villages

D'autres contradicteurs nous disent au contraire : « Vos écoles ne sont pas assez fermées ; tous les bruits du dehors, tous les échos des agitations de la place publique y pénètrent; vos maîtres sont loin de pratiquer cette neutralité dont on leur fait un devoir, qu'on leur prescrit et qu'on nous promet sans cesse. Vos instituteurs se mêlent aux luttes politiques et aux luttes sociales dont ils devraient avoir le souci de s'abstenir. » Certes, j'avoue que pour ma part je voudrais que l'école fût toujours, ait toujours été ce qu'elle sera, je l'espère, un jour, un asile de paix, de concorde ; je voudrais que tous les bruits des partis vinssent s'éteindre et s'assoupir à son seuil; je voudrais qu'elle devînt le lieu où se préparent les réconciliations de l'avenir, Ce jour-là viendra sûrement lorsque les partis aux prises auront perdu l'ardeur de leurs passions et lorsque la République n'aura plus en France d'adversaires.

En attendant on peut largement plaider, en faveur de nos instituteurs, les circonstances atténuantes. Nos instituteurs, tous ou presque tous, viennent du peuple; ils doivent aller au peuple; ils sont baignés tout entiers par le courant populaire qui les enveloppe et les pénètre de toutes parts, et j'estime que c'est une chose à peu près impossible que de leur demander de s'abstraire et de se tenir en dehors des questions qui intéressent et qui soulèvent la démocratie dont ils sont une émanation. Mais ces questions nous devons nous préoccuper de leur enlever leur aiguillon, d'empêcher qu'elles ne troublent et n'égarent les esprits de nos jeunes maîtres.

Tous, professeurs d'écoles normales, directeurs et directrices, nous ne devons pas négliger cet état d'esprit. Il nous importe de ne pas ignorer le danger et de le regarder face à face. Ces problèmes sociaux et politiques, agités par la presse et par nos assemblées et dont la discussion s'insinue jusque parmi nos élèves, qui en font l'objet de leur conversation, il faut aller au-devant d'eux hardiment. Il ne faut pas les considérer comme un fruit défendu qui en augmente pour eux la saveur et le charme; il faut qu'avec tact et quand vous en rencontrez l'occasion, vous les passiez au crible de l'examen de la raison; il faut que vous leur montriez le fort et le faible, le creux et le plein, et à côté des revendications légitimes qu'elles soulèvent, vous fassiez apparaître les sophismes et les chimères qui s'y mêlent. C'est ainsi que vous arriverez, en ayant pleine confiance en la vertu de la raison et du libre examen, à faire de vos élèves des hommes bien préparés à la vie, habitués à regarder en face les problèmes qui passionnent la démocratie.

Est-ce à dire que tout soit pour le mieux dans l'école telle qu'elle existe actuellement? Je suis loin de le croire. Toute institution, par cela même qu'elle est humaine, est imparfaite. Elle réclame des retouches incessantes, une mise au point continuelle pour s'adapter aux besoins du moment. Mais est-ce que l'école normale, depuis le temps où vous la connaissez vous-mêmes, n'a pas beaucoup changé? Elle n'est plus ce qu'elle était il y a vingt ans; les réformes n'ont pas manqué de s'y introduire et de la transformer.

Je ne citerai que cette réforme qui date de l'année dernière, qui a en quelque sorte affranchi l'école normale d'une des servitudes qui pesaient le plus lourdement sur elle, qui l'a libérée de l'obsession de l'examen de fin d'études et qui a donné aux jeunes gens et aux jeunes filles une année entière libre de ces soucis pour leur permettre de se livrer à un travail et à une recherche personnels et de s'orienter au mieux dans le sens de leurs préférences et de leurs aptitudes. D'autres réformes viendront par la suite. Soyez sûrs qu'elles seront toutes favorables à la liberté, qu'elles achemineront le peuple vers l'égalité devant le mérite et qu'elles tendront à abaisser et à faire disparaître en même temps que les compartiments qui divisent encore notre enseignement public, ceux qui séparent encore les fils d'une même démocratie. Notre enseignement primaire doit prendre et garder pour devise cette parole de Gœthe : « Plus d'air, plus de lumière. »

Je bois, Mesdames et Messieurs, à tous ces professeurs et directeurs d'écoles normales, professeurs d'écoles primaires supérieures, venus de tous les points de la France, dont quelques-uns ont fait un long chemin pour assister à cette fête. Qu'ils aient en s'en retournant chez eux l'âme et le cœur rassérénés sur les destinées de la tâche glorieuse à laquelle ils se sont donnés.

Aussitôt après le banquet, et tandis que l'on préparait la salle pour le bal, les camarades qui, depuis un an, avaient vu Besnard et Douchez à l'œuvre, et savaient au prix de quel labeur acharné ils avaient assuré le succès des fêtes, s'étaient réunis pour offrir aux deux amis un objet d'art comme témoignage de reconnaissance et d'affection. Un professeur autrichien en profita pour nous dire l'enthousiasme que lui inspiraient Saint-Cloud et la France. « Je puis aimer l'Autriche, c'est ma patrie; mais j'aime aussi votre grand pays, qui toujours devance les nations, et je crie de tout cœur : Vive la France! » On lui fit une ovation.

Je ne sais trop qui, de la moitié folle et de la moitié sage, ouvrit le bal. Il paraît bien que toutes deux eurent la même sagesse, et dansèrent tout de suite avec entrain. Il est bien difficile de décrire un bal. Laissons les valseurs à leurs valses, si vous voulez bien; la glace est rompue, très rompue. Ils n'abandonneront la danse que demain matin, au jour.

Les fêtes closes, nos amis ne se dispersèrent pas tout de suite : un terrible malheur les rassembla près du cercueil de l'un des nôtres. Venu pour se réjouir avec ses camarades, Fiancé fut victime d'un cruel accident, avant même d'avoir pu assister aux premières réunions. Le mercredi, le triste cortège de ses amis accompagna ses pauvres restes. C'est dans ce deuil que l'on se quitta, et nos fêtes en furent assombries.

G. GOUJON.

Promotion 1900.

APPENDICE

SAINT-CLOUD. — LA PLACE D'ARMES ; LA STATION DU CHEMIN DE FER.

STATISTIQUE

Langues vivantes. — Soixante et onze élèves ont joui d'une bourse à l'étranger, dont 70 littéraires et 1 scientifique ; 58 ont obtenu le C. A. à l'enseignement des langues dans les É. N. dont 57 littéraires et 1 scientifique ; 31, tous littéraires, ont obtenu le C. A. à l'enseignement des langues vivantes dans les lycées.

Travail manuel. — Le C. A. à l'enseignement du travail manuel a été obtenu par 130 élèves, dont 2 littéraires et 128 scientifiques.

Chant. — Le C. A. à l'enseignement du chant dans les É. N. a été obtenu par 10 élèves, dont 4 littéraires et 6 scientifiques.

LETTRES

ANNÉES	Internes	Externes	Âge moyen à l'entrée	Brevet supérieur	Baccalauréat	Décédés	Perdus de vue	Inspecteurs primaires	Direct. École normale	Direct. École primaire supérieure	Prof. École normale	Prof. École primaire supérieure	Économes	Colonies et Orient	Agrégation	Doctorat	Officiers d'Académie	Offic. d'Instruction publique	Légion d'honneur	Congé	Retraite	Démission
1	2	3	4	5	6	7	8	9	10	11	12	13	14	15	16	17	18	19	20	21	22	23
Sèvres. . .	13	(?)	(?)	(?)	»	»	10	2	3	»	»	»	»	»	»	»	»	3	2	»	2	»
Mars 1882 . .	15	(?)	23 ans.	15	»	4	»	3	5	»	1	»	1	»	»	»	4	5	»	»	»	»
— 1882 . .	9	(?)	22 a. 9 m.	8	1	»	1	4	2	»	4	»	»	2	»	»	3	3	»	»	»	»
— 1883 . .	12	2	21 a. 9 m.	13	1	»	»	6	»	»	4	»	»	»	2	1	7	4	»	»	»	»
— 1884 . .	8	3	21 a. 9 m.	10	1	2	»	5	1	1	»	»	»	»	1	»	3	7	»	»	»	1
— 1885 . .	10	3	22 a. 8 m.	12	1	1	»	2	1	»	»	»	»	3	1	»	6	2	1	»	»	»
— 1886 . .	10	4	22 a. 10 m.	13	1	3	»	3	2	»	1	»	»	»	»	»	6	»	»	»	»	1
— 1887 . .	10	3	21 a. 9 m.	13	»	»	»	4	»	»	»	»	»	1	1	»	6	1	1	»	»	»
— 1888 . .	10	3	23 ans.	12	1	1	»	4	»	»	4	»	1	»	1	»	6	»	»	1	»	1
— 1889 . .	10	»	22 a. 6 m.	10	»	2	»	6	1	1	1	»	»	»	»	»	5	»	»	»	»	»
— 1890 . .	10	»	23 a. 5 m.	10	»	»	»	5	1	»	1	»	»	1	»	»	5	»	»	»	»	»
— 1891 . .	10	1	21 a. 9 m.	10	1	»	»	3	»	»	6	»	»	»	1	»	7	»	»	»	»	»
— 1892 . .	10	»	20 a. 5 m.	10	»	»	»	6	2	»	3	»	»	5	»	»	3	»	»	»	»	»
— 1893 . .	10	»	20 a. 8 m.	8	»	»	»	3	»	»	4	»	»	4	»	»	5	»	»	»	»	»
— 1894 . .	10	»	21 a. 5 m.	7	»	»	1	3	»	»	»	»	1	»	1	»	2	»	»	»	»	1
— 1895 . .	10	»	21 a. 8 m.	8	»	1	»	6	»	»	»	»	»	1	1	»	1	»	»	»	»	»
— 1896 . .	10	»	21 a. 9 m.	10	»	1	1	7	1	»	2	»	»	»	»	»	»	»	»	»	»	»
— 1897 . .	10	»	20 a. 9 m.	8	»	»	»	8	1	»	4	»	»	»	»	»	»	»	»	1	»	1
— 1898 . .	10	»	21 a. 4 m.	6	»	»	»	3	»	»	8	»	»	»	»	»	2	»	»	»	»	»
— 1899 . .	10	»	22 a. 3 m.	7	»	»	»	»	»	»	3	1	»	»	1	»	1	»	»	»	»	»
— 1900 . .	10	»	21 a. 6 m.	6	»	»	»	»	»	»	7	»	»	»	»	»	»	»	»	»	»	»
— 1901 . .	10	»	20 a. 6 m.	5	»	»	»	1	»	»	7	2	»	»	»	»	»	»	»	»	»	»
— 1902 . .	10	»	21 a. 4 m.	8	»	»	»	»	»	»	6	4	»	»	»	»	»	»	»	»	»	»
— 1903 . .	10	»	21 a. 6 m.	9	1	»	»	»	»	1	1	6	»	»	»	»	»	»	»	»	»	»
Totaux . . .	247	19	21 a. 10 m.	218	35	15	13	84	24	3	71	13	3	17	10	1	72	25	4	2	2	5

ANNÉES	Internes	Externes	Âge moyen à l'entrée	Brevet supérieur	Baccalauréat	
1904 Lettres .	12	1	21 a. 3 m.	9	3	Encore à l'École au moment de l'établissement du tableau.
— Sciences.	9	»	20 a. 6 m.	9	»	
1905 Lettres .	10	»	22 a. 4 m.	7	3	
— Sciences.	10	»	20 a. 10 m.	8	2	

SCIENCES

ANNÉES	Internes	Externes	AGE moyen à l'entrée	Brevet supérieur	Baccalauréat	Décédés	Perdus de vue	Inspecteurs primaires	Directeurs — École normale	Directeurs — École primaire supérieure	Professeurs — École normale	Professeurs — École primaire supérieure	Économes	Colonies et Orient	Agrégation	Doctorat	Officiers d'Académie	Offic. d'Instruction publique	Légion d'honneur	Congé	Retraite	Démission
24	25	26	27	28	29	30	31	32	33	34	35	36	37	38	39	40	41	42	43	44	45	46
Sèvres	21	(²)	(²)	(²)	»	1	9	2	6	»	1	»	»	»	»	1	»	3	1	»	1	»
Mars 1882	45	»	24 ans.	15	»	2	»	1	3	5	2	»	1	»	»	»	6	6	»	»	»	»
— 1882	11	»	21 a. 4 m.	11	»	3	2	2	2	»	6	»	»	1	»	»	5	4	»	»	»	1
— 1883	10	10	21 a. 10 m.	20	»	1	»	2	1	»	6	2	»	»	»	»	8	4	»	»	»	»
— 1884	12	3	22 a. 11 m.	15	»	1	»	1	1	2	2	1	»	1	2	»	8	4	1	»	»	»
— 1885	10	4	22 a. 9 m.	11	»	1	»	1	»	»	4	»	1	»	»	1	5	3	»	1	»	»
— 1886	10	6	21 a. 11 m.	15	1	»	»	6	1	»	5	4	»	1	»	»	6	6	»	»	»	»
— 1887	10	10	22 a. 6 m.	20	»	1	»	3	2	2	6	»	1	3	»	»	6	2	1	»	»	»
— 1888	10	6	23 a. 2 m.	16	»	1	»	2	1	1	4	2	»	1	»	»	5	1	»	1	»	»
— 1889	10	»	20 ans.	8	2	»	1	1	»	1	3	1	1	»	»	»	4	»	»	»	»	»
— 1890	12	»	22 a. 5 m.	12	»	»	»	1	»	»	4	»	1	»	»	»	2	1	»	1	»	»
— 1891	10	»	21 a. 2 m.	9	1	»	»	1	»	»	5	»	»	1	»	»	3	»	»	»	»	»
— 1892	9	»	22 ans.	9	»	2	»	»	»	1	3	»	»	»	»	»	2	»	»	»	»	»
— 1893	10	»	21 ans.	9	1	1	»	3	»	»	2	»	1	1	»	»	3	»	»	»	»	»
— 1894	10	»	20 a. 11 m.	8	2	»	»	1	»	»	3	2	»	1	»	»	4	»	1	»	»	»
— 1895	10	»	23 a. 6 m.	8	2	1	»	2	»	2	4	»	»	1	1	»	1	»	»	»	»	»
— 1896	8	x	21 a. 10 m.	5	3	»	»	1	»	»	5	»	»	»	»	»	1	»	»	»	»	»
— 1897	8	»	20 a. 11 m.	5	3	»	»	1	»	»	3	»	»	»	»	»	»	»	»	»	»	»
— 1898	8	»	21 a. 7 m.	8	»	1	»	»	»	»	5	»	»	»	»	»	»	»	»	»	»	»
— 1899	8	»	21 a. 7 m.	8	»	»	»	»	»	»	5	3	»	»	»	»	»	»	»	»	»	»
— 1900	7	»	20 a. 10 m.	5	2	»	»	»	»	1	5	5	»	2	»	»	»	»	»	1	»	»
— 1901	8	»	21 a. 8 m.	6	1	»	»	»	»	»	»	1	»	1	1	»	»	»	»	1	»	»
— 1902	8	»	22 a. 1 m.	8	»	»	»	»	»	»	»	3	»	»	»	»	»	»	»	»	»	»
— 1903	10	»	21 a. 2 m.	10	1	1	»	»	»	»	2	5	»	»	»	»	»	»	»	»	»	»
TOTAUX	245	39	21 a. 10 m.	244	19	17	12	31	17	23	85	35	5	15	3	2	69	34	4	3	1	1
Sciences	245	39	21 a. 10 m.	244	19	17	12	31	17	23	85	35	5	15	3	2	69	34	4	3	1	1
Lettres	247	19	21 a. 10 m.	218	35	15	13	84	21	3	71	13	3	17	10	1	72	25	1	2	2	5
TOTAL GÉNÉRAL	492	58	21 a. 10 m.	462	54	32	25	115	38	26	156	48	8	32	13	3	141	59	5	5	3	6

Dessin. — Le C. A. à l'enseignement du dessin dans les E. N. a été obtenu par 2 élèves, un littéraire et un scientifique.

Camarades casés dans les E. P. S. de Paris. — Quinze littéraires et 4 scientifiques sont professeurs ; 1 littéraire et 2 scientifiques sont répétiteurs.

Camarades ayant quitté l'enseignement primaire. — Deux littéraires et 12 scientifiques sont casés dans le E. N. P., tant industrielles que commerciales ; 2 littéraires sont professeurs dans les lycées de Paris ; 4 littéraires et 1 scientifique sont professeurs dans des lycées de province ; 1 camarade est professeur à l'École de médecine de Rennes ; 1 camarade est professeur à l'École des mousses ; 3 sont inspecteurs du travail ; 1 est inspecteur d'Académie ; 1 est sous-directeur du laboratoire au Muséum ; 1 est préparateur au Muséum ; 1 est professeur au Muséum.

Enfin, le camarade Gourdon est directeur général de l'Enseignement en Indo-Chine ; le camarade Chevalley est consul général de France à Prétoria, et le camarade Bouvier est membre de l'Institut.

Étrangers. — Vingt-deux étrangers ont été envoyés par leurs gouvernements pour suivre les cours de l'école. (Il n'a pas été tenu compte des étrangers qui n'ont passé à Saint-Cloud que quelques mois.)

Le nouveau régime. — L'année 1906 est marquée par deux faits : 1° l'augmentation du nombre des internes (43) ; 2° l'autorisation donnée aux candidats admis sur la liste supplémentaire, de suivre les cours de l'École en qualité d'auditeurs libres.

REMARQUES

Établissement des tableaux statistiques. — Ces tableaux ont été établis au moyen du *Bulletin de Saint-Cloud* 1er janvier 1906, complété dans la mesure du possible à l'aide des registres matricules de l'École. Ils ne tiennent donc pas compte des modifications survenues au cours de l'année 1906. Ils s'arrêtent à la promotion 1903, parce que les promotions 1904 et 1905 étaient encore à l'École quand les statistiques furent établies. Les tableaux ne sont pas rigoureusement exacts en ce sens que les renseignements font défaut ou sont incomplets, sur un certain nombre de camarades. Une difficulté se présentait pour les externes : ont été comptés comme élèves tous ceux qui ont accompli leur carrière en France, étant munis de titres français. Ceux qui sont ensuite entrés comme internes n'ont été comptés qu'une fois, l'année de leur entrée définitive. Tels quels, et malgré les inévitables erreurs de relevé, les tableaux statistiques peuvent donner une idée suffisamment exacte de ce que sont devenus, dans leur ensemble, les élèves de l'École de Saint-Cloud.

Age moyen d'entrée à Saint-Cloud. — L'âge moyen tend à baisser, mais sans régularité. La moyenne générale est la même pour les lettres et pour les sciences.

Titres à l'entrée. — Le baccalauréat, rare jusqu'en 1893, devient beaucoup plus fréquent depuis cette date, surtout en lettres. Quand un élève était muni à la fois du brevet supérieur et du baccalauréat, il a été compté dans cette dernière catégorie quand il sortait d'un établissement d'enseignement secondaire.

Inspecteurs. Directeurs. Professeurs. — De la comparaison des colonnes 9 à 13 et 32 à 36, on peut dégager les faits suivants :

Les littéraires sont surtout inspecteurs primaires, directeurs d'école normale, et professeurs d'É. N. On ne compte parmi eux que 3 directeurs et 13 professeurs d'É. P. S.

Les scientifiques sont moins nombreux que les littéraires dans l'inspection primaire (31 contre 84) dans la direction des É. N. (17 contre 21). Ils prédominent dans la direction des É. P. S. (23 contre 3), dans le professorat des É. N. (85 contre 71) dans le professorat des É. P. S. (35 contre 13).

Les littéraires débutent en général dans une É. N. S'ils débutent dans une É. P. S., ils y restent peu de temps (colonne 13). Ils deviennent assez tôt inspecteurs primaires, puis directeurs d'École normale.

Les scientifiques débutent fréquemment dans les É. P. S. La faiblesse des chiffres des deux tiers supérieurs de la colonne 36 montrent qu'ils s'en évadent assez vite, pour passer dans les É. N., où ils restent assez souvent jusqu'à la fin de leur carrière (années 83, 84, 85, 87, 88, 89, etc., colonne 35). Ceux qui quittent le professorat, se partagent entre la direction des É. P. S., d'une part, l'Inspection primaire et la direction des É. N. d'autre part.

Économes. — Le nombre des économes sortant de Saint-Cloud est faible.

Colonies et Orient. — Le contingent, assez fort, se

partage également entre les sciences et les lettres. Les camarades qui enseignaient dans les établissements d'Orient ont été comptés comme coloniaux.

Titres non primaires. — Le relevé des licenciés n'a pas été publié faute de renseignements assez sûrs. Les succès de 1906 augmentent le nombre des agrégés de 4.

Décorations. — La Légion d'honneur est rare.

G. GOUJON.

22

LISTE

DES ANCIENS ÉLÈVES DE SAINT-CLOUD

AYANT EXERCÉ OU EXERÇANT

DANS LES COLONIES OU A L'ÉTRANGER

MM.

Baccus, professeur É. N. Le Caire (1884-1903).

Baille, professeur à l'É. N. de Tunis (1884-1887), inspecteur primaire à Tunis depuis 1887.

Bailly (Ad.), directeur de l'École Faidherbe à Saint-Louis (Sénégal) (1900).

Balkhoume, professeur É. Ras-el-Tin, Alexandrie, professeur É. N. Le Caire (1892).

Benoist, professeur É. N. Le Caire (1892-1894).

Bolelli, inspecteur primaire, Mascara (1899-1901), inspecteur primaire à Constantine (1901), inspecteur primaire à Mascara (1901).

Bouvier (L.), professeur à l'É. N. de Tunis (1897-1902).

Boyadjian, directeur de l'E. arménienne de Saint-Mesrob, Smyrne (1898).

Brun, délégué à l'É. N. de Constantine (1884-1885), professeur à l'É. N. d'Alger (1887-1888).

Charlet, inspecteur primaire à Madagascar (1904), à la Martinique (1906).

Chevalley (A.), professeur à l'É. N. et au lycée Tewfik, Le Caire (1893-1897), consul général de la République française à Prétoria (1905).

MM.

CHEVALLEY (E.), professeur au collège Alaoui, Tunis (1893-1894),
professeur au lycée Tewfik, Le Caire (1895).

CLÉAU, directeur É. P. S. Pondichéry (1886-1888), directeur
collège Calvé, Pondichéry (1888-1889).

COLIN, professeur au lycée Tewfik, Le Caire (1898-1900).

COLLOTTE, professeur à l'É. N. d'Alger (1893-1895).

DANCER, professeur É. N. Constantine (1888-1889).

DELEUZE, professeur à l'É. N. de Constantine (1890).

DESCHAMPS, professeur à l'É. N. de Tunis (1894-1895), directeur de
l'É. centrale de La Réunion (1895-1897), inspecteur de l'enseignement primaire de Madagascar (1897-1900), chef du service de l'Enseignement à Madagascar (1900-1906).

DESPATIN, inspecteur primaire à Sidi-Bel-Abbès (1905).

DEVAUX, professeur à l'É. N. de Tunis (1895-1901), inspecteur primaire à Madagascar (1901).

DUMAS, directeur de la section indigène à l'É. N. d'Alger (1904).

ESTIENNE, directeur de l'É. N. à Alger (1888-1896).

FAHMI, professeur au lycée Tewfik, Le Caire (1897).

FARAG, professeur à l'É. N. Le Caire (1892), professeur à l'É. polytechnique, Le Caire.

FERRIER, professeur à l'É. N. d'Alger (1885-1887), inspecteur primaire à Tizi-Ouzou (1887-1890), inspecteur primaire à La
Martinique (1891-1895), inspecteur primaire à Pondichéry
(1895-1900).

FLEUREAU, professeur à l'É. N. d'Alger (1890).

GIROD, professeur à l'É. N. de Constantine (1887-1890).

GOLFIER, directeur du collège Calvé, Pondichéry (1898).

GOURDON, directeur général de l'Enseignement en Indo-Chine
(1905).

GUILHON, professeur à l'É. N. de Tunis (1901).

HASSANINE, professeur à l'É. polytechnique, Le Caire (1888), directeur É. secondaire, Alexandrie.

HUMBERT, professeur à l'É. N. de Constantine (1890-1897), professeur à l'É. P. S. de Constantine (1897).

JAHAN, inspecteur primaire à La Martinique (1903-1906).

LEGRAND (E.), professeur au lycée Tewfik, Le Caire (1898).

LELONG, professeur au collège de Tlemcen (1891).

LEPEINTRE, professeur à l'É. N. d'Alger (1896).

MM.

Mahuet, directeur de l'É. N. de Constantine (1895-1902).

Massé, inspecteur primaire à La Martinique (1895-1896).

Méheust, directeur É. P. S. à Tananarive (1905).

Mirguet, professeur à l'É. N. Le Caire (1884-1903), inspecteur, Le Caire (1903).

Misson, professeur au lycée de Saint-Louis (Sénégal) (1904).

Moy, directeur de l'É. annexe d'Alger (1896).

Paemelaere (De), professeur au lycée de Fort-de-France (1903).

Perrin (A.), directeur de l'É. N. de Tunis (1887-1889).

Quilici, professeur à l'É. N. d'Alger (1889-1890), professeur à l'É. N., Le Caire (1894).

Redon, professeur à l'É. N. de Constantine (1897), professeur à l'É. N. d'Alger (dir. sec. indigène) (1897-1903), inspecteur primaire à Constantine (1903-1905), inspecteur primaire à Alger (2e circ.) (1905).

Regnauld, professeur à l'É. N. de Tunis.

Restouin, inspecteur primaire à Sétif (1887-1893).

Reynaud (F.), professeur à l'É. N. de Constantine (1898-1905), inspecteur primaire à Constantine (1905).

Risson, inspecteur primaire au Sénégal (1903).

Rodière, professeur à l'É. N. de Constantine (1903-1906).

Rolland, professeur à l'É. N. Le Caire (1897-1900).

Simart, professeur au collège de Mytho (1898), directeur de l'école professionnelle de Saïgon (1898), directeur de l'école normale de Gia-Dinh (1899), directeur du collège Paul-Bert, Hanoï (1904), directeur de l'É. N. d'Hanoï (1905), directeur de l'enseignement au Tonkin (1906).

Vallory, professeur à l'É. N. de Tunis (1902-1903).

Vaunac, professeur d'É. P. S. au Sénégal (1904-1905).

Wassef, professeur à l'É. N. Le Caire (1894), professeur à l'É. Ras-el-Tin à Alexandrie.

PERSONNEL
ADMINISTRATIF ET ENSEIGNANT
DE
L'ÉCOLE NORMALE SUPÉRIEURE
DE SAINT-CLOUD
(1881-1906)

ADMINISTRATION

Directeurs	MM. Jacoulet	1881-1899
	Pierre	1899
Sous-Directeur	Meilheurat . .	1881-1889
Surveillants généraux	Bizouard	1889-1893
	Tallent	1893-1900
	Gourdon	1900-1902
	Cornuel	1902-1905
	Goujon	1905
Économes	Wartel	1881-1887
	Abraham	1887-1900
	Reversé	1900

ENSEIGNEMENT COMMUN AUX DEUX SECTIONS

Psychologie et Morale	MM. Marion	1881-1882
	Dereux	1882-1902
	Mélinand	1902
Instruction civique	Boiteau	1881-1886
Histoire des doctrines pédagogiques.	Compayré . . .	1881-1890

Économie politique	MM. CHEVALLIER	1881-1902
	CHARLOT	1902
Allemand	SIGWALT	1881
Anglais	EAST	1881-1883
	HARRIS	1883-1887
	COPPINGER	1887-1896
	MOREL	1896
Dessin artistique	MARQUERIE	1881-1898
	KELLER	1898
Chant	VERNAËLDE	1881

SECTION DES LETTRES

Littérature et composition française.	MM. MAROT	1881-1895
	MOSSOT	1895-1903
	BRUNEL	1903
Littérature ancienne ; lecture expliquée ; récitation.	MARCOU	1881-1899
	VIAL	1899
Histoire de la littérature française.	PERRENS	1881-1897
	REBELLIAU	1897-1905
Conférences d'histoire littéraire.	BIGOT	1883-1893
Grammaire	ROCHEROLLES	1881-1905
	PEINE	1905
Histoire ancienne.	MARTINE	1881
Histoire du moyen âge et des temps modernes	JALLIFFIER	1881
Histoire contemporaine.	GOURRAIGNE	1881
Conférences d'histoire des institutions politiques.	DUCOUDRAY	1881-1890
Géographie.	PAQUIER	1881-1905
	MÉTIN	1905
Espagnol	SARAHANDY	1902-1903
	LANQUINE	1904
Italien.	BATTESTI	1904

SECTION DES SCIENCES

Mathématiques	MM. REBIÈRE	1881-1900
	GOURSAT	1900
Physique	LEFEBVRE	1881-1899
	LEDUC	1899
Chimie	POIRÉ	1881-1899
	SIMON	1899
Sciences naturelles	PERRIER	1881
Préparateurs	CAUSARD	1882-1889
	BIZOUARD	1889-1893
	TALLENT	1893-1900
	PASTOURIAUX	1900
Histoire de la littérature et com-	CHABRIER	1881-1896
position française	REBELLIAU	1896-1906
	DESJARDINS	1906
Dessin géométrique	BOUGUERET	1881
Modelage	CAPELLARO	1883-1899
	KELLER	1899
Travaux manuels	LAMAURE	1883-1904
	PASTOURIAUX	1904
Topographie	le Cap° MOËSSARD	1884-1886
	le Com¹ LAGARDE	1886-1890
	le Com¹ LEGRAND	1890-1893
	le L¹-C¹ LANREZAC	1893-1903
	le Com¹ JOCARD	1903
Interrogations de Physique	DAGUENET	1885-1905
	MAUGUIN	1905
— de Chimie	VILLIERS-MORIAMÉ	1885-1895
	SIMON	1895-1899
	JOANNIS	1899
— de Sciences naturelles	BOUVIER	1885-1895
	GRAVIER	1895
— de Mathématiques	MACÉ DE L'ÉPINAY	1897
Excursions botaniques	MANGIN	1884-1905
	LECOMTE	1905-1907
	HARIOT	1907
— géologiques	Stanislas MEUNIER	1884-1893
	BOULE	1893-1903
	THEVENIN	1903

LISTE GÉNÉRALE

PAR PROMOTIONS ET PAR SECTIONS

DES ÉLÈVES DE L'ÉCOLE NORMALE SUPÉRIEURE
DE SAINT-CLOUD

COURS PRÉPARATOIRES DE SÈVRES

LETTRES

MM. Barrier	MM. Estienne	MM. Moucherat
Bouffandeau	Grossein	Sagot
Claudon	Jean	Thiébault
Delignon	Lacroix	
Devinat	Meslet	

SCIENCES

MM. Bidault	MM. Dussillol	MM. Lecointe
Boucheron	Fatalot	Millet
Bousquet	Fénard	Mutelet
Bouvier	Fortrat	Poussel
Curély	Jassey	Simiand
Dubois	Lalaurie	Vaché
Ducourti	Leclerc	Vergier

Externes : MM. Bourgoin, Combrouse, Godefroy, Mortreux.

PROMOTION DE MARS 1882

LETTRES

MM. Baccus	MM. Gougère	MM. Péré
Balland	Journet	Perrin
Brémond	Liodon	Restouin
Davin	Mathieu (Georges)	Séjourné
Escande	Moenner	Tendil

SCIENCES

MM. Adam	MM. Cornut	MM. Mazerès
Causard	Doré	Mergier
Chaux	Douchez	Mirguet
Chevallier	Duvoisin	Reynaud
Cléau	Martin	Thériot

PROMOTION D'OCTOBRE 1882

LETTRES

MM. Bonnehon	MM. Finot	MM. Mouchet
Cestac	Laugier	Poirel
Ferrier	Lejeune	Simard

SCIENCES

MM. Baille	MM. Girod	MM. Robert
Bécam	Gombert	Salviat
Bois	Goumon	Vernadet
Brisset	Mathieu (Louis)	

Externe : M. Kunnen (P. N.)

PROMOTION DE 1883

LETTRES

MM. Ameline	MM. Guillaume	MM. Salles
Aubaud	Masseron	Sauzin (P.-Ch)
Driault	Mossier	Thouin
Dubourdieu	Sabatier	Toutey.

SCIENCES

MM. Bazin
    Cahier
    Cayasse
    Clairay

MM. Gegoux
    Louis
    Marichal
    Morizot

MM. Munier
    Prin

Externes :

MM. Bidart
    Bourgoin
    Collin
    Deramond

MM. Fallot
    Fourié
    Guérin
    Jully

MM. Lebéau
    Leparc
    Parant
    Perrin (Valéry)

PROMOTION DE 1884

LETTRES

MM. Bec
    Charton
    Delage

MM. Delsériès (J.)
    Gilbert
    Parant

MM. Simonnot
    Vernay

SCIENCES

MM. Baudry
    Bavière
    Berson
    Bizouard

MM. Dancer
    Fleury
    Fosy
    Mahuet

MM. Menat
    Millet
    Moussy
    Plubel

Externes :

MM. Bourgoin
    Connesson

MM. Gandon
    Hurtault

MM. Massé
    Moreau

PROMOTION DE 1885

LETTRES

MM. André
    Benoît
    Charff
    Chopin

MM. Frixon
    Hurtault
    Lelong
    Olive

MM. Proix
    Sauvageot

SCIENCES

MM. Accary
Bouvier
Bridelance
Brun

MM. Dantonel
Dupuy
Félisaz
Fleureau

MM. Gravier
Ruthon

Externes :

MM. Aubaud
Berthonneau
Boix

MM. Delsériès (Am.)
Nique
Prot

MM. Sauzin (P.-Ch.)
Sauzin (René)

PROMOTION DE 1886

LETTRES

MM. Chanticlaire
Chauvet
Desbordes
Etienne

MM. Gendre
Giraud
Lamborion
Lepape

MM. Monsinjon
Toussaint

SCIENCES

MM. Arnould
Chollet
Delsériès (Am.)
Garnier

MM. Lambert
Legrand
Millerot
Tallent

MM. Vareil
Vincent

Externes :

MM. Bouchon
Dubarry
Dubuisson

MM. Hassanine
Kunnen (Jean)
Lavignac

MM. Manson
Moreau
Sevenig

PROMOTION DE 1887

LETTRES

MM. Benoist
Bessé
Bouchon (Aug.)
Charlet

MM. Chevalley (Abel)
Combes
Corbineau
Goyet

MM. Quilici
Turquet

SCIENCES

MM. Boitiat
Deleuze
Dubarry
Dubuisson

MM. Gérard
Lenoble
Morre
Pillot

MM. Remion
Ruche

Externes :

MM. Bunlet
Chaumien
Dinguizli
Doury
Dufresse

MM. Faivre
Kunnen (Jean)
Labergère
Morlet

MM. Nicolas
Saunier
Sembon
Uehlecke

PROMOTION DE 1888

LETTRES

MM. Bascan
Déghilage
Dessagnes
Gillard

MM. Gros
Lalbie
Lançon
Pacotte

MM. Patusset
Risson

SCIENCES

MM. Bolelli
Bunlet
Dessaudres
Golfier

MM. Humbert
Labergère
Menat (Pierre)
Millardet

MM. Petit
Regnauld

Externes :

MM. Barthet
Bastide
Brunet
Cuminal

MM. Droit
Hauduroy
Laborde
Leher

MM. Rivalland
Uehlecke

PROMOTION DE 1889

LETTRES

MM. BERGER
    CUMINAL
    GUÉRIMAND
    LABORDE

MM. LÉPINE
    LE TEMPLIER
    LOTTIN
    PERRIN

MM. THIÉBAUT
    THOUVENOT

SCIENCES

MM. CAILLAT
    CHALON
    COLLOTTE
    DROIT

MM. GAMBIER
    MANOUVRIER
    MARCEAU
    MARTIN

MM. QUENEY
    ROLLIN

PROMOTION DE 1890

LETTRES

MM. ACHARD
    AUBISSE
    BARADEL
    BROSSOLETTE

MM. CARPENTIER
    CHOPIN
    LE LÉAP
    MÉTAYER

MM. NICOLAS
    RIS

SCIENCES

MM. ADAM
    BAKHOUME
    BEAUDROUX
    BRASSART

MM. BUGNARD
    FARAG
    GAULOT
    LABBÉ

MM. MAZERT
    NARDON
    PENNELLIER
    PEYRONNET

Externe : M. FONTENAILLE

PROMOTION DE 1891

LETTRES

MM. BAUD
    BÉNARD
    BESNARD
    BON

MM. CHEVALLEY (Élie)
    DÉPLAT
    DESPARRAIN
    MOULET

MM. PAGÈS
    SCHEID

SCIENCES

MM. BERTIN	MM. HARTENBERGER	MM. SOREAU
DESBROSSES	NOBLE	TANQUERAY
DUCHÊNE	PARINGAUX	
GIRARD	PHILIBERT	

PROMOTION DE 1892

LETTRES

MM. DELÉPÉE	MM. MARLANGE	MM. ROYER
DESCHAMPS	OZANNE	TRUPHÉMUS
FÈVRE	PIERSON	
LOMONT	ROBERT	

SCIENCES

MM. ADDE	MM. HEUBERT	MM. RIGNAULT
AURIOL	HUIN	WASSEF
FAUDRY	LE MARINEL	
FIANCÉ	PERRIN	

Externes : MM. MONTCHEFF, KAUDER.

PROMOTION DE 1893

LETTRES

MM. BOIS	MM. GAY	MM. VIGNERAS
DELAHAYE	LEPOINTE	VINCENT
FALLOURD	MARY	
FRIRY	RONDEAU	

SCIENCES

MM. DELANNOY	MM. EVANO	MM. SABOURET
DELAPERRIÈRE	FIGAROL	SENICOURT
DEMONGEOT	FRANÇOIS	
DEVAUX	ROUDIL	

Externes : MM. MONTCHEFF, MOHAMED CHÉRIF.

PROMOTION DE 1894

LETTRES

MM. Bastien
Caron
Cholet
Cornuel

Flotte
Lepeintre
Mus
Pelluet

MM. Puech
Rolland

SCIENCES

MM. Bailly
Bouvier
Bugnard
Colin

MM. Freychet
Giguet
Jacquemard
Jaubertie

MM. Moy
Piffault

PROMOTION DE 1895

LETTRES

MM. Couillet
Déprez
Gau
Génillon

MM. Gourdon
Kuhn
Legrand
Redon

MM. Reynaud
Riquet

SCIENCES

MM. Bay
Beaufils
Boutault
Clareton

MM. Dubois
Froment
Le Brun
Messager

MM. Petit
Plantié
Fahmi

Externe : M. Salentiny.

PROMOTION DE 1896

LETTRES

MM. Bourdin
Fauchère
Girard
Jahan

MM. Larmignat
Lepigoché
Loury
Magnin

MM. Philippon
Privault
Boyadjian

SCIENCES

MM. Bailly
Barat
Doumerc

MM. Marchand
Pallaud
Pastouriaux

MM. Rainaud
Vidal
Gazarossian

Externes : MM. Salentiny, Lévieff, Maslaroff, Zoeff.

PROMOTION DE 1897

LETTRES

MM. Arrivetz
Boutiron
Briquet
Brizon

MM. Geyer
Gleyze
Goy
Launay

MM. Reynier
Thibault

SCIENCES

MM. Chemin
Chénard
Hasenfratz

MM. Jouglas
Montagut
Nicolas

MM. Pézard
Vialle

Externes : MM. Lévieff, Maslaroff, Zoeff.

PROMOTION DE 1898

LETTRES

MM. Berrouet
Bizette
Boursin
Brunet

MM. Chapotot
Corriger
Despatin
Gambey

MM. Léaud
Villatte

SCIENCES

MM. Bordas
Brigonnet
Duffas

MM. Grandmontagne
Jupeau
Laurent

MM. Mangin
Valdenaire

PROMOTION DE 1899

LETTRES

MM. Caillon	MM. Lebossé	MM. Sorre
Canova	Orgeolet	Vincent
Fousson	Puechmaille	
Guérard	Rodière	

SCIENCES

MM. Cretin	MM. Guilhon	MM. Tarrin
Danchaud	Guyot	Vallory
Franchet	Oger	

Externe : M. Schmit.

PROMOTION DE 1900

LETTRES

MM. Allard	MM. Denard	MM. Rebour
Berteaux	Goujon	Thierry
Brienne	Jeoffroy	
Delezay	Luguet	

SCIENCES

MM. Boissonnet	MM. Meheust	MM. Peyret
Croze	de Paemelaere	Vaunac
Gillard		

PROMOTION DE 1901

LETTRES

MM. Cathala	MM. Lafferranderie	MM. Sagot
Dumas	Laforest	Sotteau
Fardet	Marié	
Jouanny	Maurice	

SCIENCES

MM. BILLIONNET	MM. MILLET	MM. ROVER
COTTON	MISSON	SANDON
DELHOTEL	PEQUIGNOT	

PROMOTION DE 1902

LETTRES

MM. BARALLIER	MM. DOREAU	MM. SAUVAN
BUGNON	JACQUIAU	SETIER
BRUN	MILOU	
CHARCOSSET	RIGAUD	

SCIENCES

MM. BERNARDEAU	MM. GAMARD	MM. MAUGUIN
BOULIN	HUGONNIER-GINET	ROBERT
COSTES	LARCHER	

PROMOTION DE 1903

LETTRES

MM. BLANC	MM. LYONNET	MM. RENAULT
CRESSOT	MICHEL	ROYER
DÔME	POCHON	
GRIVET	PONS	

Externe : M. ABLANCOUS.

Élève étranger interne : M. PASBANIAN.

SCIENCES

MM. BARRÉE	MM. COULANGHEON	MM. SIMON
BLAUD	DUBOIS	VAROQUAUX
BOURRETTE	JARRY	
CHAMPETIER	LALLEMAND	

PROMOTION DE 1904

LETTRES

MM. Allovon
Besseige
Cottet
Flandre

MM. Goron
Gourdon
Guibillon
Loiseau

MM. Potet
Vallette
Vigneau
Wahl

Externe : M. Romanette.

SCIENCES

MM. Béchet
Billot
Boudry

MM. Brunlet
Chatillon
Daunois

MM. Duittoz
Jaloustre
Millet

PROMOTION DE 1905

LETTRES

MM. Charlier
Dodeman
Etchart
Irrmann

MM. Leroux
Madeline
Malarmey
Manzagol

MM. Ratinaud
Schérer

SCIENCES

MM. Angenscheidt
Charnier
Collet
Descalle

MM. Gaudel
Gonneau
Leloup
Luce

MM. Puireux
Roger

PROMOTION DE 1906

LETTRES

MM. Besseige
Coche
Daugareilh
Fournié

MM. Genissieux
Plenneau
Pillet
Piollet

MM. Richard
Tarnier
Vettier
Vidalenc

SCIENCES

MM. Berlande	MM. De Baillard de	MM. Reboul
Braudeau	Lévy [Lys	Roudières
Cointet	Loüys	Violant

Externes :

MM. Agopian	MM. Brisset	MM. Reuland
Amyot	Canjoni	Rodière
Autuly	Guigues	Uriot

LISTE

DES MEMBRES D'HONNEUR DE LA SOCIÉTÉ AMICALE
DE SAINT-CLOUD

———

MM.

ABRAHAM, ancien économe de l'É. N. de Saint-Cloud.

BOUGUERET, professeur de dessin au lycée Condorcet et à l'É. N. de Saint-Cloud, rue Michel-Ange, 8, à Paris.

BRUNEL, professeur à l'É. N. de Saint-Cloud.

BUISSON, directeur honoraire de l'enseignemént primaire, professeur à la Sorbonne, député de Paris.

CHARLOT, ministre plénipotentiaire, professeur à l'É. N. de Saint-Cloud.

COMPAYRÉ, insp. général de l'Instruction publique.

COPPINGER, inspecteur général des langues vivantes, rue des Saints-Pères, 5, Paris.

DEREUX, ancien professeur à l'É. N. de Saint-Cloud, 80, boulevard Saint-Michel, Paris.

EAST, proviseur de lycée, en retraite.

GOURRAIGNE, professeur au lycée Janson de Sailly et à l'É. N. de Saint-Cloud, 33, rue Greuze, Paris.

GOURSAT, professeur de calcul différentiel et intégral à la Sorbonne, professeur à l'É. N. de Saint-Cloud, boulevard Raspail, 270, Paris.

JACOULET, inspecteur général honoraire de l'instruction publique, directeur honoraire de l'É. N. de Saint-Cloud, rue Pasteur, 19, Saint-Cloud.

JALLIFFIER, professeur d'histoire au lycée Condorcet et à l'É. N. de Saint-Cloud, ancien président du conseil d'administration, rue Viollet-le-Duc, 9, Paris.

MM.

Kaan, éditeur, rue Soufflot, 11, Paris.

Keller, professeur de dessin artistique et de modelage à l'É. N. de Saint-Cloud, rue Pierre-Guérin, 8, Paris.

Lamaure, professeur honoraire de l'É. N. de Saint-Cloud, 30, rue de Silly, Boulogne-sur-Seine.

Lanquine, professeur d'espagnol à l'É. N. de Saint-Cloud.

Leduc, professeur adjoint de physique à la Sorbonne, professeur à l'É. N. de Saint-Cloud, 1, rue Michelet, Paris.

Lefebvre, ancien professeur à l'É. N. de Saint-Cloud, 2, rue des Réservoirs, Versailles.

Marcou, ancien professeur de littérature à l'É. N. de Saint-Cloud, rue du Four, 6, Paris.

Marquerie, ancien professeur de dessin à l'É. N. de Saint-Cloud.

Martine, professeur d'histoire ancienne à l'É. N. de Saint-Cloud.

Meilheurat, ancien sous-directeur de l'É. N. de Saint-Cloud, inspecteur primaire en retraite, route de Paris, Moulins.

Mélinand, professeur à l'É. N. de Saint-Cloud.

Métin, professeur à l'É. N. de Saint-Cloud.

Morel, professeur d'anglais au lycée Montaigne et à l'É. N. de Cloud, rue de Cluny, 13, Paris.

Mossot, ancien professeur de littérature à l'É. N. de Saint-Cloud, rue de Verneuil, 20, Paris.

Paquier, ancien professeur de géographie à l'É. N. de Saint-Cloud, rue Gay-Lussac, 21, Paris.

Perrier (Edmond), membre de l'Institut, directeur du Muséum d'histoire naturelle et professeur à l'É. N. de Saint-Cloud, rue Cuvier, 57, Paris.

Picard (Alcide), éditeur, rue Soufflot, 11, Paris.

Pierre, inspecteur général de l'instruction publique, directeur de l'É. N. de Saint-Cloud.

Quenardel, directeur honoraire d'école normale, ancien membre du conseil supérieur de l'instruction publique, directeur de l'école Pompée, Ivry (Seine).

Rébelliau, bibliothécaire adjoint à l'Institut, ancien professeur de littérature à l'É. N. de Saint-Cloud, quai Conti, 23, Paris.

Reversé, économe de l'É. N. de Saint-Cloud.

Rocherolles, ancien professeur à l'É. N. de Saint-Cloud, rue de Fleurus, 2, Paris.

MM.

Sigwalt, professeur d'allemand au lycée Michelet et à l'É. N. de Saint-Cloud, rue Diderot, 6, Vanves.

Simon, professeur de chimie à l'É. N. de Saint-Cloud, rue Vauquelin, 15, Paris.

Steeg, député de la Seine.

Vernaelde, professeur de solfège au Conservatoire de musique et professeur de chant à l'É. N. de Saint-Cloud, boulevard Bineau, 36 *bis*, Levallois-Perret (Seine).

Vial, professeur au lycée Lakanal et à l'É. N. de Saint-Cloud, boulevard de Versailles, 62, Saint-Cloud.

LISTE

DES MEMBRES DÉCÉDÉS DE LA SOCIÉTÉ

MM.

1881.   Vergier, décédé à Privas, le 4 novembre 1883.

Oct. 1882.   Salviat, décédé à Cours-de-Pile (Dordogne).

Mars 1882.   Journet (Michel), décédé à Puycerda (Espagne), le 9 septembre 1885.

M. H.   Boiteau (Paul), décédé à Paris le 11 juillet 1886.

Mars 1882.   Péré (Albert), décédé à Lescar, le 12 septembre 1889.

Oct. 1882.   Robert (Louis), décédé à Draguignan, le 2 janvier 1890.

1884.   Dancer, décédé à Saint-Galmier, le 17 septembre 1890.

Mars 1882.   Cléau (Jean-Marie), décédé à Angoulême, le 4 décembre 1890.

1889.   Thiébaut, décédé à Wiener-Neustadt (Autriche), le 19 août 1892.

1887.   Goyet, décédé à Saint-Fraimbault, le 13 décembre 1892.

1883.   Deramond, décédé à Bagnères-de-Bigorre, le 1er mars 1893.

1885.   Hurtault, décédé à Lyon, le 26 juin 1893.

1887.   Benoist, décédé au Caire (Égypte), le 14 juillet 1894.

1887.   Lorans, décédé à Noyalo (Morbihan), le 11 février 1895.

M. H.   Marot, décédé à Paris, le 12 avril 1895.

M. H.   Chabrier, décédé à Paris, le 16 avril 1896.

1890.   Chopin (Jules), décédé à Bourg, le 1er septembre 1897.

1892.   Heubert, décédé à Montpellier, le 28 octobre 1897.

1895.   Froment, décédé à Rozoy-sur-Serre, le 15 février 1898.

MM.

1885.   Benoît, décédé à Quimper, le 16 novembre 1898.

1885.   Nique, décédé à Bougival, le 18 février 1900.

M. H.   Rebière, décédé à Paris, le 21 février 1900.

1887.   Morre, décédé à Dijon, le 5 mars 1900.

M. H.   Poiré, décédé à Paris, le 18 mai 1900.

1896.   Bourdin, décédé à Loches, le 25 octobre 1900.

1888.   Rivalland, décédé à Roquebrune (Gers), le 17 avril 1901.

1893.   Figarol, décédé à Perpignan, le 4 mai 1901.

1895.   Salentiny, décédé au Havre, le 19 décembre 1901.

1898.   Mangin, décédé à Vaxoncourt (Vosges), le 3 juillet 1902.

1890.   Carpentier, décédé à Courrières (Pas-de-Calais), le 6 août 1902.

1882.   Bécam, décédé à Saint-Brieuc, 1902.

Mars 1882.   Causard, décédé à Laval, le 20 avril 1903.

1886.   Chauvet, décédé à Saint-Claude, le 6 mai 1903.

Mars 1882.   Baccus, décédé à Saint-Léonard (Vosges), le 14 juin 1903.

1882.   Davin, décédé à Perpignan, 1903.

M. H.   Ducoudray, décédé à Paris, 1905.

1903.   Coulancheon, décédé à Saint-Maignier (Puy-de-Dôme), le 1er avril 1906.

1892.   Fiancé, décédé à Paris, le 3 juin 1906.

M. H.   Harris, décédé à Croisilles (Pas-de-Calais), le 4 juillet 1906.

Mars 1882.   Duvoisin, décédé à Périgueux, le 16 décembre 1906.

Oct. 1882.   Simart, décédé en 1906.

1895.   Clareton, décédé à Die, le 13 janvier 1907.

1881.   Estienne, décédé à Aix-en-Provence, 1907.

SOCIÉTÉ AMICALE

DES

ANCIENS ÉLÈVES DE SAINT-CLOUD

ORIGINES DE LA SOCIÉTÉ

Les élèves de l'École normale supérieure d'enseignement primaire de Saint-Cloud, ayant résolu, dès l'année 1883, de fonder une Société amicale des Anciens Élèves de Saint-Cloud, nommèrent pour l'élaboration des statuts une commission ainsi composée :

MM. BAILLE, CLÉAU, FERRIÉ, MATHIEU (Georges), PÉRÉ, REYNAUD.

Les statuts préparés par cette commission furent discutés par les Élèves dans une série de réunions tenues les 25, 26 et 27 mai 1883.

La première réunion générale annuelle eut lieu le 2 juillet 1883, sous la présidence de M. PÉRÉ, assisté de MM. MATHIEU (Georges) et REYNAUD. Quarante-deux sociétaires assistaient à cette réunion. Furent élus membres du conseil d'administration : MM. Paul BOITEAU, JALLIFFIER, LEFEBVRE, membres honoraires, professeurs à l'École ; LECOINTE, ancien élève des cours préparatoires de Sèvres ; BAILLE, CLÉAU, CORNET, PÉRÉ, PERRIN, élèves de l'École.

Le 13 juillet, le conseil se réunissait à l'École et nommait son bureau ainsi composé : MM. Paul BOITEAU, président ; PÉRÉ, vice-président ; PERRIN, trésorier ; BAILLE, secrétaire.

Dans sa séance du 22 juillet suivant, le conseil réglait ainsi qu'il suit le sommaire du premier *Bulletin* : Il contiendra la notice exposant le but de la Société, la composition de la commission provisoire qui a élaboré les statuts, les statuts et l'approbation préfectorale, le compte rendu de l'assemblée générale du 2 juillet 1883, la liste des membres honoraires, celle des membres actifs par ordre de promotion à l'École normale, et enfin la liste générale des membres de la Société par ordre alphabétique. Il décide qu'il sera tiré 300 exemplaires au moins du premier *Bulletin*.

NOTICE

INSÉRÉE DANS LE PREMIER BULLETIN
DE LA SOCIÉTÉ

En publiant ce premier *Bulletin*, nous sentons la nécessité de nous adresser tout d'abord à ceux qui s'intéressent spécialement à l'enseignement primaire; nous croyons devoir leur indiquer le but que nous nous sommes proposé quand nous avons fondé la « Société amicale des Anciens Élèves de Saint-Cloud ».

Peut-être que, après nous avoir entendus, ils voudront bien accorder à notre œuvre les sympathies dont elle a besoin pour réussir, et que nous réclamons pour elle.

L'article 2 de nos statuts l'indique clairement : « Notre Société a pour but d'entretenir entre ses membres des rapports de bonne confraternité. » Elle n'a pas d'autre objet. Ce qui l'a fait naître, c'est en effet le désir que nous avions chacun de ne point nous isoler à la sortie de l'École, mais de nous revoir, de nous parler et de nous entendre le plus fréquemment possible. Au moins une fois chaque année, il nous sera donné en revenant à Saint-Cloud de nous y retrouver en grand nombre, et nous pensons que rien ne saurait nous être plus utile que ces réunions amicales. Revoir ses anciens camarades, se retremper dans les souvenirs, retrouver

comme un écho des leçons d'autrefois, parler quelques instants
avec nos professeurs et surtout entendre la parole toujours aimée
de notre cher Directeur, ne sont-ce point là des sources d'émotions
aussi douces que fortifiantes?

Qu'on nous pardonne d'insister un peu sur cette idée, puisqu'elle
est fondamentale et qu'elle contient l'esprit même qui nous a inspirés et guidés, esprit que nous avons voulu bien marquer quand
nous avons appelé notre Société une « Société amicale ». Sans
crainte de nous voir accusés de jouer au sentiment, nous explique-
rons notre pensée tout entière en reprenant pour notre compte
une comparaison de notre Directeur : « Nous voulons former
« comme une grande famille ; les fils, de plus en plus nombreux,
« seront répandus par toute la France ; mais il leur suffira de
« revenir à Saint-Cloud pour y retrouver le foyer et le père. »

C'est ainsi que, dans notre intention, notre Société est fondée
particulièrement sur l'amitié qui doit exister entre d'anciens camarades, et aussi sur cette espèce de culte que l'on conserve pour
l'École où l'on a passé quelques années. On pourrait dire qu'elle
repose exclusivement sur ces sentiments, si elle n'était aussi une
Société de secours mutuels. Nous avons cru, en effet, qu'il était
bon d'établir entre nous les liens les plus nombreux et les plus
étroits, pour assurer la continuité et la régularité dans nos relations, et pour donner à notre Société des fondements solides et
durables. D'ailleurs, il est tels cas où les conseils, les paroles affectueuses ne suffisent plus, où les meilleurs sentiments peuvent
même paraître inutiles s'ils ne se traduisent par des secours
matériels. Nous avions donc à prévoir l'accomplissement de ce
devoir de bonne confraternité et à nous mettre en mesure de l'accomplir. Telle est la raison pour laquelle nous avons fixé une
modique cotisation annuelle pour chaque sociétaire.

Assurément, pendant quelques années au moins, nos ressources
resteront bien faibles ; nous n'arriverons que lentement à procu-
rer à nos sociétaires les avantages que donnent aux leurs les véritables Sociétés de secours mutuels. Mais on sait déjà que notre
but n'a pas été d'obtenir un tel résultat : il suffit que chaque fois
que l'un d'entre nous aura été atteint par l'infortune, nous puissions lui venir en aide. Notre Société saura toujours remplir ses
devoirs à cet égard.

Nous pensons avoir suffisamment indiqué pourquoi nous avons

fondé une Société, le but que nous poursuivons et l'esprit qui
nous anime.

Telle qu'elle est, notre Société trouvera, nous en sommes sûrs,
un accueil bienveillant auprès des personnes qui s'intéressent à
l'École de Saint-Cloud. Nous faisons pour celle-ci ce que d'autres
ont si bien fait dans une autre sphère d'action.

Pour être plus modeste, notre œuvre n'en aura pas moins son
utilité. Nous espérons qu'elle fera connaître davantage notre
École, d'une fondation si récente ; qu'en lui conservant son passé,
elle lui créera une tradition ; et qu'enfin elle contribuera pour sa
part à lui assurer un avenir.

Nous n'avons pas à prévoir le rôle que le temps lui réserve ;
mais, quoi qu'il arrive, nous nous réjouirons d'avoir travaillé pour
elle, et nous croirons toujours être entrés ainsi dans la pensée du
ministre qui l'a fondée.

Déjà nous pouvons nous féliciter de l'accueil qui a été fait à nos
débuts. Nous avons eu le plaisir de voir nos professeurs se faire
inscrire comme membres honoraires. Plusieurs même ont bien
voulu nous aider de leurs avis et ont accepté de faire partie de
notre Conseil d'administration. Qu'ils reçoivent tous ici l'hommage de notre reconnaissance pour le précieux témoignage de
sympathie qu'ils nous ont donné.

Nous remercions aussi MM. les Anciens Élèves de Sèvres, qui ont
déjà répondu à notre appel.

Quand nous avons nommé notre Société, *Société Amicale des
Anciens Élèves de Saint-Cloud,* nous n'avons pas oublié que notre
École a son premier berceau à Sèvres, et que dès lors nous avons
des aînés qui ont droit de prendre la première place parmi les
sociétaires actifs. La plupart l'ont déjà prise. Bientôt sans doute
nous aurons la joie de pouvoir dire que la famille est complète.

Toutes ces adhésions venant de personnes qui connaissent notre
École et s'intéressent particulièrement à elle sont pleines d'encouragement et d'espoir. Il nous sera permis de dire cependant que
seules elles ne nous satisferaient point et que nous sommes plus
exigeants.

En fondant notre Société, nous n'avons pas seulement pensé,
en effet, à notre École et à nous-mêmes, nous avons voulu que
notre œuvre fût utile à l'enseignement primaire en général.

C'est que notre Société est essentiellement une œuvre d'union, qu'elle répond à un besoin de notre temps et qu'elle prouvera que l'enseignement primaire sait s'unir. Voilà pourquoi nous ne désirons rien davantage que de voir notre œuvre accueillie avec bienveillance par ceux qui, comme nous, sont des ouvriers de l'instruction élémentaire, et principalement par le personnel des Écoles normales. Nous tiendrons à honneur de recevoir parmi nous MM. les directeurs et professeurs d'école normale qui voudront bien se faire inscrire comme membres honoraires de notre Société.

Telles sont les explications que nous avons cru devoir à ceux qui voudront bien lire ce premier *Bulletin*. Notre Société est dès maintenant fondée. Puisse-t-elle durer longtemps et produire tous les fruits que nous en attendons !

CONSEIL D'ADMINISTRATION

MM.

<table>
<tr><td>Présidents . . . . . .</td><td>Paul Boiteau (1883-1886).
R. Jalliffier (1886-1904).
Abel Chevalley (1904-1905).
Edmond Besnard (1905).</td></tr>
<tr><td>Vice-Présidents . . . .</td><td>Péré (1883-1884).
Lecointe (1884-1905).
E. Besnard (1905).
Bessé (1905).</td></tr>
<tr><td>Trésoriers . . . . . .</td><td>A. Perrin (1883-1887).
Brémond (1887-1889).
Louis Mathieu (1889-1892).
Chopin (1892-1902).
Pastouriaux (1902-1905).
Douchez (1905).</td></tr>
<tr><td>Secrétaires . . . . . .</td><td>Baille (1883-1884).
Gégoux (1884-1885).
Causard (1885-1890).
Bizouard (1890-1894).
Tallent (1894-1903).
Besnard (1903-1905).
Vincent (1905).
Cornuel (1904-1906).
Goujon (1906).</td></tr>
</table>

MM.

Membres . . . . {
Cléau (1883-1886).
Cornut (1883-1886).
Lefebvre (1894-1904).
Marichal (1886-1893).
Proix (1887-1905).
Nique (1892-1895).
Simonnot (1893-1905).
Rebière (1895-1900).
Gravier (1900-1904).
Fiancé (1904-1906).
Lalbie (1905).
Brossolette (1906).
Perrier (1906).

TABLE DES MATIÈRES

                                                                        Pages.

INTRODUCTION : Souvenirs historiques sur Saint-Cloud et son château (A. KELLER) 5

A mes anciens élèves (E. JACOULET) 17

Interview (A. PIERRE) 33

Paul Boiteau (E. GOUGÈRE) 41

L'Association amicale (R. JALLIFIER) 45

L'Enseignement des sciences naturelles à l'École normale de Saint-Cloud (E. PERRIER) 55

L'Enseignement des mathématiques à l'École normale de Saint-Cloud (E. GOURSAT) 74

L'Enseignement de l'histoire à l'École normale de Saint-Cloud (L.-G. GOURRAIGNE) 83

L'Enseignement du travail manuel à l'École normale de Saint-Cloud (L. PASTOURIAUX) 91

Origine des élèves de Saint-Cloud (E. GOUGÈRE) 104

Les cours préparatoires de Sèvres (E. DEVINAT) 111

Une poignée de souvenirs (G. MOUCHET) 120

Souvenirs de Saint-Cloud : impressions d'un littéraire (E. CORNUEL) . 127

Dans le parc (G. SCHEID) 156

Les excursions scientifiques à Saint-Cloud (M. ROYER) 173

Boursiers d'Allemagne (A. MOULET) 202

Les Boursiers de séjour en Angleterre (A. GUÉRARD) 213

Les réunions « Mouffetard » (Ch. JOUANNY) 222

LES FÊTES

Compte rendu des fêtes du 25e anniversaire de la fondation de Fontenay et de Saint-Cloud 231

La première idée 231

L'organisation 236

Pages.

Fêtes du 25⁰ anniversaire, 3, 4 et 5 juin 1906 ; programme général 241
Journée du dimanche 3 juin 244
Journée du lundi 4 juin 253
Journée du mardi 5 juin 271
Le banquet du mardi 313

APPENDICE

Statistique 331
Remarques 335
Liste des anciens élèves de Saint-Cloud ayant exercé ou exerçant dans les colonies ou à l'étranger 338
Personnel administratif et enseignant de l'École normale supérieure de Saint-Cloud 341
Liste générale par promotions et par sections des élèves de l'École normale supérieure de Saint-Cloud 344
Liste des membres d'honneur de la Société amicale de Saint-Cloud 357
Liste des membres décédés de la Société 360
Société amicale des anciens élèves de Saint-Cloud : origines de la Société 362
Notice insérée dans le premier *Bulletin* de la Société 363
Conseil d'administration 367
Table des gravures 369

Paris. — Imprimerie Alcide Picard et Kaan, 192, rue de Tolbiac.

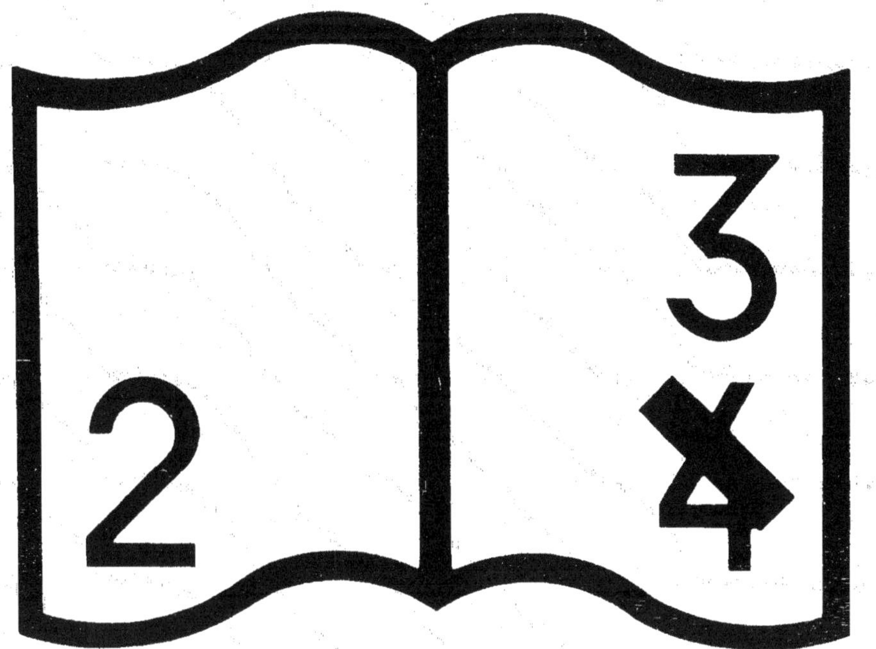

Pagination incorrecte — date incorrecte

NF Z 43-120-12

TABLE DES GRAVURES

	Pages.
Palais de Saint-Cloud : ruines d'un portique	2
Frontispice Saint-Cloud : le château bâti sous Louis XIV, incendié le 13 octobre 1870	5
Saint-Cloud : panorama	7
Lendemain de guerre	11
Saint-Cloud : ruines du château	13
Saint-Cloud : l'économat	17
E. Jacoulet	24
L'école de Saint-Cloud : pavillon principal	25
Emplacement du palais : vue prise de l'école	33
A. Pierre	35
Parc de Saint-Cloud : place du château et jardin du Trocadéro	41
Paul Boiteau	43
Saint-Cloud : le parc	45
R. Jalliffier	49
Vue prise d'une chambre d'élève	51
Emplacement de l'orangerie	55
Ed. Perrier	59
École de Saint-Cloud : les salles de physique et de sciences naturelles	65
La maison du jardinier	74
M. Goursat	77
Entrée du parc	83
M. Martine	85
Ecole de Saint-Cloud : les salles de classe	87
Travail manuel : la salle des tours	91
Appareils de physique construits par les élèves	93
Atelier d'ajustage	99
Parc de Saint-Cloud : la grande allée du bas parc	104
Cartes : origine des élèves de Saint-Cloud	106-107
L'école de Sèvres	111

Pages.

Parc de Saint-Cloud : les grandes eaux. 120
Saint-Cloud : place d'armes. 123
Parc de Saint-Cloud : le Trocadéro. 127
M. Coppinger. 131
Entrée de l'école 133
Une salle d'étude. 137
M. Marcou. 140
M. Mossot 142
Les ateliers et la salle de dessin 145
M. Rocherolles. 146
M. Perrens. 152
Parc de Saint-Cloud : plateau de la lanterne 156
Le pont du Diable 159
Parc de Saint-Cloud : l'allée de Marnes. 161
Parc de Saint-Cloud : la cascade de Mansard 165
Parc de Saint-Cloud : allée du Centaure 169
En excursion. 173
En forêt. 182
Excursion de géologie. 189
Excursion de botanique. 192
Parc de Saint-Cloud : point de vue de la lanterne. 202
Saint-Cloud : avenue du palais. 213
Saint-Cloud : un coin du parc. 222
Effet de neige 231
Ecole de Saint-Cloud : le billard 237
La bibliothèque 245
Parc de Saint-Cloud : les Goulettes 255
Les convives du 4 juin. 267
Reproduction du programme distribué à la Sorbonne 274
Saint-Cloud : la place d'armes, la station du chemin de fer . . . 331

9 782016 120583